THE ENGLISH GRAMMAR

www.tommysm.co.kr
www.properenglish.co.kr

www.properenglish.co.kr

PROLOGUE

한국어와 영어의 관계에 입각한 문법서를 완벽하게 만드는 것은 영어강의자나 영어학습자의 오랜 염원입니다. 염원은 실현되어야 합니다. 부족하나마 국내에서 발간되어진 모든 영문법서중 일부 영역은 가장 자세하고 효율적으로 설명하려고 애썼습니다.

목표하고 있는 모델은 영문법의 사전과 같은 것입니다.

국문법도 자세히 들어가면 한국인들 이라 해도 고개를 가로 젓게 되는 부분이 있을 수밖에 없습니다. 그렇다고 지나치게 단순화하게 되면 문법사전서의 역할이 축소되고 그 의미도 퇴색될수밖에 없습니다.

다소 난해하고 이론상 충돌이 있어 보인다 해도 일반문법서에서 찾을 수 없는 가장 세밀한 용법까지 설명하였다는 부분에 가치를 두고 읽어가다 보면 큰 그림뿐만 아니라 세부적 성찰까지도 할 수 있을 것입니다.

The English Grammar 는 기존의 문법 기본서인 [Back To The Basics], 중급서인 [Understanding And Using Fundamentals Of English Grammar], 고급서인 [문법의 신] 과 함께 **한국어적 관점에서 영문법을 총정리** 하는데 방점을 찍으려고 노력했습니다.

한국인들이 국제적 의사소통에서 어법에 맞지 않는 생활회화 몇 마디를 하는 것에 목숨을 걸고 또 그것이 영어의 실질적 능력의 전부인양 착각하는 한 우리는 국제사회에서 의사소통에 의한 정보력과 경쟁력은 늘 한계를 절감하게 될 것입니다.

말을 배우는 것은 해당국가에서 가장 효율적으로 이루어집니다. 몰입환경이 구축되기 때문입니다. 하지만 글, 즉 문서정보는 우수한 길잡이인 문법서를 지침삼아 많은 책을 읽음으로써 충분히 가능한 일이며 또한 그렇게 하도록 촉구되어야 합니다. 한국 영어교육의 가장 큰 문제점중의 하나는 영어능력의 실질적 향상을 염두에 두기보다, 항상 어떤 종류의 테스트 점수를 지향하고 있다는 것입니다. 이러다 보니 테스트 테이킹 스킬에 맞추어서 공부하게 되고 이것의 결과는 다소 참혹한 모습입니다. 부디 앞으로 문제풀이 스킬은 잊고 진정으로 훌륭한 영작을 해낼 수 있는 경지에 이를 때까지 구조공부를 열심히 해주기 바랍니다.

부디 이 졸서가 여러분의 영어학습에 많은 도움이 되기를 바랍니다.

2013년 9월 김정호 씀

CONTENTS

1 whole 과 all — 011
I. whole 완전정리 — 011
II. all 완전정리 — 013

2 most 와 almost — 017
I. most 연구 — 017
II. almost 연구 — 021

3 3. no 와 none — 023
I. no 연구 — 023
II. none 연구 — 027

4 both 와 half, double 등의 수식위치 — 031

5 관계대명사 앞의 주요 전치사 — 033
I. 전치사 + 관계대명사 연구 — 034

6 의문사를 이용한 생략형 의문문 — 035

7 it is 로 출발하는 강조구문 — 037

8 관계사절과 동격절 구분 — 039

9 there 연구 — 041

10 that — 047

11 비례의 부사절 심화연구 — 059
I. 비례부사절의 기본형태 4종 : [~할수록 ~ 하다] 로 해석한다. — 059
II. 비례부사절의 심화법칙 — 061
III. 비례부사절에서 비교급이 적용되는 품사별 구분 — 062
IV. 비례부사절에서 적용되는 내용상의 구별 — 063
V. 비례부사절에서 적용되는 형용사의 종류별 구별 — 064
VI. 비례부사절에서 적용되는 형용사보어의 종류별 구별 — 065

12 배수, 분수에 의한 비교 — 067

13 비교급과 수식어의 순서 — 071

14 비 교구문내에서의 병렬구조 — 073

15	명사의 한정성과 불가산성	075
16	수사 (numerals)	079
17	조수사	083
18	부정관사 a, an (indefinite article)	085
19	정관사 the (definite article)	093
20	정관사의 생략 (Omission of 'the')	107
21	next 와 last	117
	I. next	117
	II. last	120
22	[매우] 에 해당하는 강조의 부사 very / much / too	123
	I. very	123
	II. much	127
	III. too	132
23	어순과 도치	137
24	부정어 not 과 never	141
	I. not	141
	II. never	148
25	비교구문 심화	151
	I. more 의 활용	151
	II. less 의 활용	162
26	not so much A as B 의 활용	165
27	전치사 + 목적어의 위치	167
28	관사와 형용사의 어순	169
29	can't + 비교급	171
30	whatever	173
31	숨겨진 가정법 찾기	177

CONTENTS

32 조동사 should — 181

33 as 완전정리 — 187

34 self 총정리 — 195

35 전치사와 관계대명사 어순 집중 연구 (명사절 which 와 구별할 것) — 205

36 명사 + 전치사 + 관계대명사 — 217

37 과거시제와 과거완료 시제의 적절한 사용 — 221

38 과거완료시제 (past perfect tense) 의 구체적 용법 — 223

39 과거시제의 적절한 사용 — 229

40 현재완료시제의 적절한 이해와 응용 — 231

41 주요전치사 of, for, to 용법 총정리 — 239
  I. of — 239
  II. for — 246
  III. to — 259

42 혼동하지 말아야 할 특정 접속사의 용법 — 267

43 all but, nothing but, anything but — 277

44 선행사와 관계사절의 인접성향 — 279

45 명사와 절의 분리 — 281

46 정관사 the 의 특별한 해석법 — 283

47 문장순서에서 부정어의 위치 — 285
  I. not — 285
  II. never — 289
  III. neither — 290
  IV. no — 291

48 today, tomorrow, yesterday 와 the, this, that, next, last +시간명사   293
I. today, tomorrow, yesterday   293
II. the + day, week, month, year, time, moment   294
III. this, that, these, those, next, last + 시간명사   296

49 such 와 so   297
I. such   297
II. so   301

50 명사와 동사의 품사공용   307
I. pay 와 visit   307
II. 주요한 명사, 동사 공용어의 활용   310

51 명사의 가산성과 불가산성   353
I. 가산명사 (countable nouns)   353
II. 불가산명사 (uncountable nouns)   354
III. 불가산 명사의 가산 명사화   355

52 수동태 심화   363
I. 관계사절이 3형식일 때의 태전환   363
II. 관계사절이 4형식일 때의 태전환   364
III. 관계사절이 5형식일 때의 태전환   364
IV. 목적어와 목적보어의 수동적 전환   365

53 one 연구   367

54 [명사 - 형용사] 복합어 구조 연구   371
I. 형용사   371
II. 형용사는 그 정도를 비유하는 명사를 앞에 쓰는 복합어로 만들기도 한다.   375

55 복합분사구조 연구   377

56 동격표현 심화연구   383
I. 절의 내용을 한 단어로 축약하는 동격   383
II. 명사와 동격의 that 절을 쓰는 방법   384
III. 명사와 명사의 동격   385
IV. 대명사와 명사의 동격   387

CONTENTS

57 [삽입, 생략] 구문의 심화   **389**
Ⅰ. 삽입   389
Ⅱ. 생략   392

58 정답 및 해설   **395**

01

whole 과 all

Question 01

★ 문제 001 ~ 문제 061까지 정답은 396~397

■ 다음에 알맞은 표현은?

I've been home (　　) week.

① whole　　② all　　③ entire　　④ past

Memo

I. whole 완전정리

1) 명사를 수식하는 whole

(1) [모든, 전체의] 라는 의미를 가진다.

따라서 뒤에 가산명사를 받을 경우 whole 앞에는 전한정사인 the, a, his, my, this 등을 받아야 한다. 불가산명사는 한정사 없이 바로 수식할 수 있다.

the whole world = 전 세계	the whole truth = 있는 그대로의 사실
this whole nation = 이 온 나라	the whole night = 그 날 밤새도록
the whole people = 그 모든 사람들	my whole money = 나의 돈 모두
a whole year = 일 년 내내	two whole days = 이 틀 내내

0001 He gave me his whole heart.
그는 그의 온 마음을 나에게 주었다.

(2) 뒤에 오는 명사가 단수 가산명사일 경우 [꼬박, 가득] 이라는 의미를 가진다.

> a whole year = 꼬박 일 년, a whole night = 온 밤

(3) [~동안] 을 의미하는 for 는 생략하고 바로 부사적으로 사용할 수 있다. 이 형용사는 entire 와 용법이 거의 동일하다.

0002 I waited (for) a whole night.
  나는 밤 새 기다렸다.

0003 He returned after a whole year.
  그는 꼬박 일 년 후에 돌아왔다.

(4) whole 과 자주 어울리는 명사구

> whole blood = 전혈 [다른 성분이 제거되지 않은 피 그대로]
> whole brother = 친형제 / half brother : 배다른 형제
> whole-hearted = 성심성의의 / half hearted : 성의 없는
> whole holiday = 하루 종일 휴일 / half holiday : 반휴일
> whole life insurance = 종신보험
> whole meal = whole wheat meal = 통밀음식
> whole milk = 전유 / skim milk = 탈지유
> whole note = 온음표 / half note = 2분 음표
> whole number = 정수 / prime number = 소수 / decimal number = 일 보다 작은 수
> whole rice = 현미
> whole sale = 도매의, 대대적인

2) 명사 whole

(1) [모두, 전부] 개념으로서 part 와 상대적 의미이다.

0004 I traveled in the whole of Korea.
  나는 한국 전역을 여행했다.

여기서 나온 관용어로 as a whole [총괄적으로] , upon the whole [개략적으로] 가 있다.

II. all 완전정리

1) 명사를 수식하는 all

(1) 명사 앞에서 [전체, 전부] 를 의미한다. 불가산 명사나 복수가산명사 앞에 온다.

0005 All New York wanted to see the war hero.
뉴욕전체가 그 전쟁영웅을 보고 싶어 했다.

> all Korea = 한국전체 / all day = 하루 종일 / all night = 온 밤
> all (the) morning = 오전 내내 / all yesterday = 어제 내내
> all my life = 내 일생동안 / all this time = 지금까지
> all men = 모든 남자들 / all books = 모든 책들

(2) 시간관련 명사와 함께 사용될 경우, 명사와 부사구의 역할을 동시에 수행할 수 있다.

즉, I will spend all the morning listening to my favorite music.
[나는 내가 좋아하는 음악을 들으며 오전시간 전체를 보낼 것이다.] 의 경우,
all the morning 은 명사로 spend 의 목적어이지만, what have you doing all the morning?
[너는 아침시간 내내 무엇을 하고 있었는가?] 의 경우 전치사를 사용하지 않고도 [동안, 내내] 이라는
의미의 부사구역할을 할 수 있다.

(3) all 은 정관사나 지시대명사, 소유격 등과 함께 명사를 꾸밀 때 위치상 가장 앞에 오게 된다.

따라서 all the, all this, all these, all that, all those, all my, 등의 형태 뒤에 명사를 받을 수 있다.

0006 All the world knows that you are a fool = The whole world knows that you are a fool.
온 세상이 당신이 바보인 것을 안다..

(4) all 은 긍정문에서는 [최고, 최대치] 라는 의미가 있고 부정문에서는 [일절, 전혀 아닌] 이라는 의미가 있다.

0007 He ran with all speed.
그는 전속력으로 달렸다.

0008 I denied all connection with the crime.
나는 그 범행과 아무런 연관이 없다.

(5) all + 추상명사 = very + 형용사 / all + 복수명사 = very 형용사적 의미

0009 She is all anxiety = She is very anxious.
그녀는 매우 근심하고 있다.

0010 He is all attention = He is very attentive.
그는 매우 집중하고 있다.

0011 She is all smiles. = She is much pleased.
그녀는 함박 웃고 있다.

0012 She is all ears. = She is very attentive.
그녀는 귀를 세우고 집중한다.

0013 She is all eyes. = She is very focused.
그녀는 한 눈 팔지 않고 시선을 집중한다.

(6) all + 복수명사 = [셀 수 있는 모든] 이라는 의미를 가진다.

0014 All men are required to attend the meeting.
모든 남성들이 그 모임에 나갈 것을 요구받는다.

0015 They searched for the missing child in all directions.
그들은 그 미아를 사방팔방으로 찾았다.

0016 Why today of all days?
왜 하필 오늘이야?

2) 대명사 all

(1) 불가산명사를 대신 받을 수 있다. 주어로 사용될 때 단수 취급한다.

0017 All is lost.
만사가 틀렸다.

0018 All is calm.
온 누리가 고요하다.

0019 All is well.
만사가 형통하다.

0020 That is all. (there is)
그것이 전부이다.

0021 All is not gold that glitters.
　　　반짝이는 모든 것이 전부 금은 아니다.

(2) all 이 대명사일 경우 뒤에 전치사 of 에 의한 수식어구를 받을 수 있는데 이 때 수식어구 내의 명사 앞에는 정관사, 지시형용사, 소유격 등의 다른 한정사를 받아야 한다. All of the milk is spilt. = All the milk is spilt. 이 경우 특정한 의미로 한정되어 있다. All milk is spilt 라고 하면 [세상 모든 우유가 엎질러진다] 는 의미가 되므로 설득적이지 않다. 하지만 All milk easily goes bad at the room temperature. [모든 우유는 실온에서 쉽게 상한다.] 라는 의미가 되어 이상이 없다. 물론 All the milk.. 라고 해도 특정한 의미의 모든 우유가 되어 성립된다.　all milk 는 all of milk 와 호환되지는 않는다. 정관사를 쓸 경우 정관사외에 지시형용사나 소유격을 사용할 수도 있다.

> all of the 명사 = all + the + 명사
> all of this(these) 명사 = all + this (these) + 명사
> all of 소유격 + 명사 = all + 소유격 + 명사

3) 대명사 all

(1) 복수가산명사를 대신할 수 있다. 주어로 사용될 때 복수 취급한다. all of 형태가 되면 위에서 언급한 것과 같이 다른 한정사를 받은 명사가 뒤에서 꾸밀 수 있다.

0022 All were sad.
　　　모든 사람들이 슬펐다.

0023 All are automatic.
　　　모든 제품들이 다 자동이다.

0024 All of the books are novels.
　　　그 책들은 모두 소설들이다.

4) 동격으로 사용하는 all

(1) 인칭대명사 + all = all of 인칭대명사

0025 We all are happy. = All of us are happy.
우리 모두가 행복하다.

0026 I love them all = I love all of them.
나는 그들 모두를 사랑한다.

5) 부사 all

(1) wholly, entirely, completely 등의 의미로 사용되어 동사 및 준동사, 형용사, 부사 등을 꾸민다.

0027 The fields were all covered with snow.
들판은 온통 눈으로 덮여 있었다.

0028 They are dressed all in white.
그들은 온통 흰옷 차림이다.

6) 일반명사 all

(1) 전 재산, 일체의 소유물 등을 의미한다.

0029 He lost his all.
그는 전부를 잃었다.

0030 It was my little all.
그것이 내가 가진 얼마 안 되는 전부였다.

02

most 와 almost

Question 02

■ 다음에 알맞은 표현은?

(   )my friends had come to that great party held in my residence.

① All　　　　　② Whole　　　　　③ Most　　　　　④ None

Memo

I. most 연구

1) 형용사 many 나 much 의 최상급

(1) [가장 많은] - 정관사 the 와 함께 사용된다.

0031 He has the most money, but is not the happiest.
그는 가장 많은 돈을 가지고 있지만 가장 행복하지는 않다.

0032 The movie has won the most prizes.
그 영화가 가장 많은 상을 탔다.

2) most + 명사

(1) [대부분의] 명사 - 이 경우는 most 앞에 정관사를 쓰지 않는다.

0033 Most people like apples.
대부분의 사람들은 사과를 좋아한다.

0034 I save most money.
나는 대부분의 돈을 저축한다.

0035 The competitors, for the most part, are men.
경쟁자들은 대부분의 경우 남자들이다.

0036 I think I will get C plus for the most part.
나는 기껏해야 c 플러스를 얻을 것이다.

3) 대명사 most

(1) 최대다수, 최대량, 최고액, 최고한도' 이 경우 뒤에서 [of + 명사] 구조로 수식받을 수 있다.

대부분의 것을 의미할 때는 앞에 정관사 the를 받지 않는다.

0037 This is the most that I can do.
이것이 내가 할 수 있는 최대치이다.

0038 Most of the boys are boarders.
남학생 대부분은 기숙생들이다.

0039 For most, life is work, but for me, life is pleasure.
대부분의 사람들에게 삶은 노동이다. 하지만 나에게는 즐거움이다.

(2) most of the + 명사 / most of 소유격 + 명사 / most of 지시형용사 + 명사

0040 Most of his books were written in Korean.
그의 저서들의 대부분은 한국어로 집필되었다.

0041 Most of her early life was spent in London.
그녀의 인생 초반부의 대부분이 런던에서 보내어졌다.

(3) 전치사 for가 생략되고 [기간] 을 의미하는 부사구로 사용되기도 한다.

`0042` He has been ill in bed (for) most of the term.
그는 이번 학기 대부분을 아파서 누워있었다.

4) 부사 much 의 최상급으로

(1) [가장 많이, 제일 많이] - 동사를 수식하며 정관사는 생략할 수 있다.

`0043` He is the one who works (the) most.
그가 가장 많이 일하는 사람이다.

`0044` This troubles me (the) most.
이것이 나를 가장 많이 괴롭힌다.

5) 3음절 이상의 형용사나 부사에 접두어로 붙어서 [가장]이라는 의미의 최상급 접두어

`0045` You are the most beautiful woman I have ever seen.
당신이 내가 지금까지 보았던 가장 아름다운 여성이다.

6) 부사 most

(1) very, much [매우] 라는 의미 - 이 경우 정관사를 쓰지 않는다.

`0046` She is most kind to me.
그녀는 나에게 매우 친절하다.

`0047` She is a most attractive woman.
그녀는 매우 매력적인 여성이다.

`0048` This is the southernmost island.
이 섬은 최남단이다.

easternmost = 동단의	westernmost = 서단의
northernmost = 북단의	southernmost = 남단의
foremost = 최고의	outermost = 가장 바깥쪽의
topmost = 가장 위쪽의	innermost = 가장 안쪽의
farmost = 가장 먼	upmost = 가장 위의
downmost = 가장 아래의	utmost = 최고의
backmost = 가장 뒤의	

0049 He is the world's foremost authority on the subject.
그는 그 분야에서 세계 최고의 권위자이다.

0050 The ex-convict was foremost among those who condemned the violence.
그 폭력행위를 비난한 사람들 가운데 그 전과자가 가장 앞에 있었다.

0051 The giraffe can reach the topmost branch of the tree.
그 기린은 그 나무의 가장 높은 가지에 닿을 수 있다.

0052 I could not express my innermost feelings to anybody.
나는 나의 가장 내밀한 감정들을 누구에게도 표현할 수가 없었다.

7) most를 사용하는 관용어

(1) at (the) most : 많아 봐야, 기껏해야

0053 He has one or two at most.
그는 기껏해야 한, 두 개를 가지고 있다.

(2) make the most of : 최대한으로 활용하다

0054 We must make the most of our opportunities.
우리는 우리의 기회를 최대한 활용해야 한다.

II. almost 연구

Question 03

- 다음에서 알맞은 것은?

  A: I guess he didn't have a chance to win the election.
  B: He certainly didn't. (   ) the people in the city voted for his opponent.

  ① Almost all   ② Most all of   ③ Most of all   ④ Almost the whole of

Memo

---

(1) 부사 : 동사나 수량형용사, 성상형용사, 부사 등을 수식해서 매우 근접한 상태라는 것을 알린다.

[거의, 대부분] 이라는 의미이고 nearly로 대신 사용할 수 있다.

0055 I had almost forgotten that.
나는 그것을 거의 잊었었다.

0056 He is almost always late.
그는 거의 언제나 늦는다.

0057 He almost never expresses gratitude.
그는 거의 감사를 표현하지 않는다.

0058 It is almost four o'clock.
거의 4시이다.

0059 He is almost dead.
그는 거의 죽었다.

0060 He earns almost double my income.
그는 내 수입의 거의 두 배를 번다.

0061 I checked almost all the answer sheets.
나는 거의 모든 답안지를 검사했다.

0062 Almost a third of the northern island has lost its glacier.
그 북쪽 섬의 거의 3분의 1은 빙하를 잃었다.

0063 He has repaired the machine almost completely.
그는 그 기계를 거의 완벽히 수리했다.

0064 Almost everybody in this town has a gun or two.
이 마을의 거의 모든 사람이 한, 두 자루의 총기를 가지고 있다.

03 no 와 none

Question 04

■ 다음 빈 곳에 가장 알맞은 것은?

It is thought that (　　)two fingerprints are identical.

① no　　　　② none　　　　③ never　　　　④ nor

Memo

I. no 연구

1) 형용사 no

(1) 단수보통명사나 복수보통명사 혹은 불가산 명사 앞에서 전체의 수나 양을 부정하는 의미로 [전혀 없는, 전혀 아닌]

0065　A : Is there a toy on the table?
　　　B : No, there is no toy there.
　　　A : 테이블위에 장난감이 한 개 있는가?
　　　B : 아니다. 그곳에는 장난감이 하나도 없다.

0066　He has no brothers.
　　　그는 형제들이 전혀 없다.

0067　There are no clouds in the sky.
　　　하늘에는 구름이 전혀 없다.

0068　I have no money with me.
　　　나는 수중에 돈이 전혀 없다.

(2) be 동사의 보어 명사 앞에서 [전혀 그런 성격이 아닌] - not a 와 no의 의미를 비교할 것

0069 He is not a scholar.
그는 학자가 아니다..

0070 He is no scholar.
그는 전혀 학자답지 않다.

0071 I am no match for him.
나는 그에게 상대가 되지 않는다..

0072 It's no joke.
그것은 결코 농담이 아니다..

0073 He showed no great skill.
그는 대단한 솜씨라고는 보여주지 못했다..

0074 This is no place for a child at night.
이곳은 아이가 밤에 있을 성격의 장소가 아니다.

(3) 생략문에서 사용되어 [반대, 금지, 거절, 배격]

> No militarism ! [군사주의 반대]
> No smoking. [금연]
> No parking. [주차금지]
> No talking in class. [수업 중 잡담금지]
> No trespassing. [횡단금지]

2) A or no

(1) [A 이건 아니건] - or 뒤에서 앞 사실 전체를 부정하는 부사로

0075 Pleasant or no, it is true.
유쾌하건 아니건 그것은 사실이다.

0076 I do not know whether it is true or no.
나는 그것이 진실인지 아닌지 모르겠다..

▲ 이 용법에서는 no 대신 not을 사용할 수 있다.

3) no + 비교급 : 비교급 앞에서 '조금도 더 -하지 않은' 이라는 의미

0077 I can walk no further.
나는 조금도 더 멀리 걸을 수 없다..

0078 She is a little girl no bigger than I.
그녀는 나보다 조금도 더 크지 않은 즉 나와 같이 작은 소녀이다..

0079 He had no sooner drunk the water than he felt nausea.
그가 메스꺼움을 느낀 것보다 그가 그 물을 마신 것이 조금도 더 먼저가 아니었다, 즉 마시자마자 메스꺼움을 느꼈다.

4) 앞 문장 전체에 대한 부정문의 대용

0080 A : Have you ever been happier than now, Darling?
B : No, I have never been happier.
A : 이보다 더 행복했던 적이 있었나요?
B : 아니오, 더 행복했던 적은 없어요..

5) no + 비교급의 주요 관용어

(1) no better than [진배없는, 다름없는]

0081 He is no better than a ferocious beast.
그는 사나운 짐승보다 나을 게 전혀 없다..

(2) no less than [자그마치]

0082 The guide contains details of no less than 115 hiking routes.
그 안내서는 자그마치 115개의 하이킹 루트에 대한 자세한 내용을 담고 있다.

(3) no less A than B [B 못지않은 A]= A no less than B

0083 Our soldiers fought with no less bravery than skill.
우리 병사들은 기술 못지않은 용기를 가지고 싸웠다..

0084 Wealth, no less than poverty, is a test of character.
부는 빈곤에 못지않게 인격의 시금석이다.

(4) no less a person than [다름 아닌 바로]

0085 He is no less a person than your father.
그는 다름 아닌 바로 너의 아버지이다.

(5) no longer = no more [더 이상 -하지 않다]

0086 He no longer lives in this house.
그는 더 이상 이 집에서 살지 않는다.

(6) no later than [아무리 늦어도 -까지는]

0087 Please stop the delivery no later than this weekend.
늦어도 이번 주말까지는 배달을 중단해 주세요.

(7) no sooner.... than [-하자마자 -하다]

0088 They are no sooner born than they are done the circumcision.
그들은 태어나자마자 포경수술을 받는다.

(8) 원급 형용사 앞에서 사용될 수도 있다.

0089 I am no good at dancing.
나는 춤에 전혀 소질이 없다.

0090 My family is no different from the average one.
우리 가족은 남들과 다를 바 없다.

II. none 연구

1) 주로 no one 이나 nobody 의 대용어로 복수대명사

0091 There were none present at the meeting.
그 회의에는 아무도 참석하지 않았다.

(1) none but A 숙어 활용 : 이 경우 but 은 전치사 except 가 되어서 뒤에 목적어를 받는다.
[오로지 A 만 ~ 하다]

0092 None but the brave deserve the fair.
용감한 사람들을 제외하고 누구도 미인을 가질 자격이 없다.

0093 None but the fools have ever fallen in love with her.
바보를 제외하고는 그녀와 사랑에 빠진 자가 없었다.

2) none of + 복수명사 : 전체를 부정함

0094 I have read 3 books concerning the subject but none of them have been helpful.
그 주제와 관련된 책을 3권 읽었지만 그것들 중 어떤 것도 도움이 되지 않았다.

3) none of + 단수명사 : 전체를 부정함

0095 It is none of your business.
네가 알 바 아니다.

0096 I want none of that.
그런 짓 하지마라.

4) 관용어

(1) none at all : [전혀 아닌, 전혀 없는]

0097 A : Is there any sugar left in the pot?
B : No, none at all.
A : 그릇 속에 설탕이 남아 있는가?
B : 아니, 전혀 없다.

0098 Half a loaf is better than none at all.
반조각의 빵이나마 없는 것 보다는 낫다.

(2) second to none = next to none : [일인자인]

0099 He is second to none in math.
그는 수학에서 일인자이다.

(3) none other than : [다름 아닌] = none other but

0100 He was none other than the prince.
그는 다름 아닌 왕자였다.

(4) none the 비교급 : [조금 도 더 ~ 하지 않은]

0101 He is none the wiser.
그는 조금도 더 현명해지지 않는다.

0102 He is none the better.
그는 조금도 좋아지지 않는다.

(5) none too + 형용사, 부사 = none so + 형용사, 부사 : [너무~하지는 않다, 많이 ~하지는 않다.]
[적당히, 알맞게 ~하다]

0103 I got home none too soon.
나는 집에 알맞은 시간에 왔다.

0104 I am none so fond of him.
나는 그를 많이는 좋아하지 않는다..

(6) none the worse for A : [A에도 불구하고 더 나빠지지 않다]

`0105` He got the flu but was none the worse for it.
그는 감기에 걸렸지만 그것으로 인해 더 나빠지지는 않았다.

(7) none the better for A : [A 에도 불구하고 더 좋아지지 않다.]

`0106` He was none the better for my support.
그는 나의 지지와 후원에도 불구하고 더 좋아지지 않았다.

`0107` He is none the wiser for his experience.
그는 그의 경험에도 불구하고 더 현명해지지 않았다.

(8) none the less : 접속사로 사용되어 [그래도 여전히, 그래도 아직은] 이라는 양보적 의미

`0108` The grammar book is too long but, nonetheless, informative and entertaining.
그 문법책은 길지만 그래도 여전히 유익하고 재미있다..

`0109` I love her none the less for her faults.
나는 그녀의 결점에도 불구하고 여전히 그녀를 사랑한다.

04 both 와 half, double 등의 수식위치

Question 05

■ 다음 빈 곳에 가장 알맞은 것은?

(　　) had already been there when I arrived.

① Both they　　② All of them　　③ All them
④ They half

Memo

Question 06

■ 다음 빈 곳에 가장 알맞은 것은?

I bought the house (　　　　).

① at half the price　　② half at the price　　③ at the half price
④ at price the half

Memo

(1) all, both, half, double 등은 다른 한정사인 정관사 the, 지시형용사 this, that, these, those, 소유격 등에 앞에서 명사를 수식한다.

> all the, all this, all that, all these, all those, all my..
> both the, both these, both those, both my..
> half the, half a, half this, half, these, half that, half those, half my..
> double the, double this, double that, double these, double those, double my..

05 관계대명사 앞의 주요 전치사

Question 07

■ 다음에서 가장 알맞은 것은?

Democracy is a word ( ) which we are so familiar that we hardly take the trouble to ask what we mean ( ) it.

① with - by　　　② to - for　　　③ of - by　　　④ from - for

Memo

Question 08

■ 다음 빈 곳에 가장 알맞은 것은?

The ideals 1) upon which American society is based 2) is primarily 3) those of Europe and not ones 4) derived from the native Indian culture.

Memo

I. 전치사 + 관계대명사 연구

0110 The window through which I looked out was very small.
내가 밖을 내다본 창문.

0111 I had been following the rainbow over which I was wondering if there was a paradise.
그 너머에 낙원이 있을지도 모른다고 궁금해 했던 그 무지개를 나는 좇고 있었다.

(1) 선행명사 + 전치사 + 관계대명사 구조에 의한 용례

0112 the Roman origin from which the word is derived.
그 어휘가 기원한 로마의 기원

0113 the whole rice on which they should be advised to live.
그들이 먹어야 한다고 충고를 받은 그 현미.

0114 the reason for which they were absent from class.
그들이 수업을 결석한 이유.

0115 the river by which his small cottage is located.
그의 작은 오두막이 옆에 위치해 있는 그 강.

0116 the car accident for which he was responsible.
그가 책임이 있었던 그 차사고

0117 the rate at which calories are burned.
열량이 소모되는 속도

0118 the city life to which I was very accustomed.
내가 매우 익숙해 있었던 도시의 삶

0119 the wood of which the walking stick is made.
그 지팡이의 원료인 목재

0120 the milk from which our cheese used to be made.
우리의 치즈가 만들어지곤 했던 그 우유

0121 the news of which I should have been informed earlier.
내가 조금 더 일찍 들었어야 했던 그 소식

0122 the subject about which I was very enthusiastic.
내가 열광해 있었던 그 주제

0123 the only son for whom I feel sorry because he might not have a chance to share experiences with brothers and sisters.
형제, 자매들과 경험을 공유할 기회를 갖지 못할 것이라는 이유로 내가 어여삐 여기고있는 외동아

06 의문사를 이용한 생략형 의문문

Question 09

- 다음에서 문법적으로 어색한 의문문은?

(   )my friends had come to that great party held in my residence.

① Why me of all the employees?
② Why bother to stay married to such a woman?
③ Where to ?
④ How come didn't you keep your promise?

Memo

---

(1) 의문사를 사용할 경우 문맥에 의해 생략될 수 있는 문장요소들이 있다.

의문부사는 뒤에서 목적어, 주어, 보어, 부사, 부사구, 부사절 등만 남기고 의문문의 구조를 생략하는 경우가 많다.

0124 A : They say they have to let you go to keep this company running a little more.
B : Why is it me of all the employees that they have to let go?
A : 그들은 회사를 조금 더 돌아가도록 하기 위해 자네를 해고해야한다고 말하는군.
B : 그들이 해고해야 하는 것이 왜 그 모든 직원들 중 하필 나여야 하는 것이지?

0125 Why today of all days?
수많은 날 들 중 왜 하필 오늘이지?

0126 Why without her?
왜 그녀 없이 그래야 하는 거지?

0127 Why before 2 p.m.?
왜 두 시 전이어야 하지?

0128 Why after the sun sets?
왜 해가 진 다음이어야 하지?

0129 Why quickly?
왜 빨리 여야 하지?

0130 Why not me?
왜 나는 아닌 거지?

0131 Why not now?
왜 지금은 안 되는 거지?

0132 Why not here?
왜 여기는 안 되는 거지?

이 용법은 반드시 문맥을 정확히 파악해야 오해가 없이 의미를 전달하고 이해할 수 있다.
why 다음에서 동사의 원형을 바로 쓸 경우는 why do you, why do we, why do I 등이 생략된 것으로서
[왜 그래야 하는가? 굳이 그럴 필요가 없어 보이는데 그러지 않는 편이 좋지 않을까.] 라는 뉘앙스를
전달할 수 있다.

why do you(I) bother to stay married to such a woman? [왜 너 (나) 는 그런 여자와 결혼생활을 유지하려고
수고를 하는가?] 즉 [이혼하는 게 낫겠다.] 물론 정말 몰라서 물어보는 경우에도 사용할 수 있다.
why come so early? [당신 왜 이렇게 일찍 오는 거야?] why go now? [왜 지금 가는 거야 ?]
why not? [안 될 이유 없다, 왜 안 되는 것인가?]

전치사와 의문사만을 이용해서도 많은 생략형 의문문을 만들 수 있다. Where are you going to? 혹은
Where shall I drive you to? 정도의 의미를 갖는 표현을 줄여서 where to ? 라고 하면
[어디로 모실까요?, 어디로 가십니까?] where from을 사용하면 [어디서 오는 길이냐?, 어디 출신이냐?]

의문사 when 은 앞에 전치사를 두고 생략형의문문으로 자주 사용되어 since when? [언제부터이냐?]
before when ? [언제이전 인가?] after when ? [언제 이후 인가?] 등의 의미를 대용할 수 있다.

what 또한 생략형 의문문에 많이 사용되는데 what for? [무엇을 위해서?, 왜?]
so what? [그래서 뭐 어쨌다는 것인가?], what next? [그래서 그 다음은 또 뭐지?] 등에서 사용된다.

how come 의문문은 원래 how does (did) it come that S + V? 이런 구조로 시작되어서
[어떤 사실이 어떻게 온 것이냐 어떻게 발생하게 된 것이냐?] 라는 연유를 묻는 표현인데 그 이치를
이해하기 어렵다는 다소 불만 섞인 궁금증을 표현할 때 사용하며 가주어와 조동사do를 생략하고 바로
how come 다음에 주어 동사 어순으로 쓴다.

그 밖의 의문사도 상황에 따라 꼭 필요한 부분만을 제외하고 생략되는 경우가 많으니 나올 때 마다 철저하게
연구해야 한다.

07   it is 로 출발하는 강조구문

Question 10

■ 다음 중 잘못된 표현은?

① It was yesterday that they finally came back.
② It was this room that the king and queen spent their last night.
③ It is because of hard work that people succeed.
④ It is right after each meal that you should take these pills.
⑤ It was because I loved Rome more, not because I loved Caesar less that I killed him.
⑥ It is out of fear that he doesn't like to meet his father.
⑦ It is while the iron is hot that you should strike it.
⑧ It was during my summer vacation that I met Cindy.
⑨ It is you that make me feel embarrassed.

Memo
it be 구조로 강조를 할 때 특히 부사나 부사구 또는 부사절의 강조에 유의해야 하는데 해석상의 의미가 통하면 전치사의 필요유무를 망각하기 쉽다. 따라서 it be... that을 생략하고 원래의 문장순서로 재배치 하여서 문법적 오류가 없는지 점검해야 한다.

Question 11

■ 다음 중 잘못된 표현은?

① Who is it that is knocking at my door at this late hour?
② Why is it that she is weeping so sorrowfully?
③ Where was it that the great asteroid hit?
④ How is it that you can have so many foreign friends?
⑤ What is it that you prepare this nice dinner for?
⑥ What is it that they want you to do?
⑦ Who is it that they want to take care of you son?
⑧ Who is it that you want to help win the election?
⑨ Who is it that you always have to wash your car?

Memo
it be ... that을 지우고 원래의 상태로 의문문을 재구성해서 점검해야 한다.

08 관계사절과 동격절의 구분

Question 12

■ 다음에서 그 성격이 다른 하나의 that 절을 고르시오

① They didn't notice the difference that the first one didn't have a tail while the second one had a short one.
② Who is it that produced the theory that there is nothing faster than light.
③ Have you got the information that she has been having so much trouble to let us have?
④ They finally came to the conclusion that there is nothing living on the planet.
⑤ I want to offer you a piece of advice that you should focus on things which are very vital to your future life.

Memo

Question 13

■ 다음에서 그 성격이 다른 하나의 that 절을 고르시오.

① I would like to visit the castle that Edward the sixth led a short life.
② There must a time that you will reflect yourself.
③ The way that the African slaves were treated on their way to America was horrible.
④ I want to see his wish answered that he will see his family again.

Memo
that 이 뒤에서 명사상당어의 짝이 완전한 형태의 절을 유도할 때 그 절은 동격의 명사절이거나 선행사가 시간, 장소, 방법인 관계부사절이다. 관계부사는 that 으로 쓰기도 하므로 유의할 것.

09 there 연구

1) 장소나 방향에 대한 정보를 주는 부사

(1) over here 나 over there를 사용하면 보통 손으로 가리킬 수 있는 상황이다.
이 경우 시간의 부사구보다 먼저 두는 것이 좋다.

0133 I saw somebody there.
나는 그곳에서 누군가를 보았다.

0134 I saw somebody over there.
나는 저 쪽에서 누군가를 보았다.

(2) 왕래발착 동사와 함께 there를 문두에서 써서 주어와 도치시키는 용법인데, 이 경우 만약 주어가 대명사이면 도치시키지 않는다.

0135 He lived there all his life.
그는 거기서 일생을 살았다.

0136 There comes the last train.
마지막 열차가 저기 온다.

0137 There goes the last train.
마지막 열차가 저기 간다.

0138 There it comes.
그것이 온다.

0139 He often goes there.
그는 자주 거기에 간다.

0140 Are you there?
아직도 거기에 있는가?
[이것은 물리적 장소이외에 전화상에서 자주 사용되는 표현으로 '듣고 있니' 라는 의미가 될 수 있다.]

(3) 듣는 사람의 주의를 환기시키기 위해서 사용될 때도 있다.

0141 There goes the bell = There is the bell ringing.
저것 봐 종이 울린다.

There he goes. - 이 표현은 다양한 상황에 사용되는데 [저기 그가 간다.] 라는 의미이외에도 [저런 그가 그런 일을 하다니] [그 사람 내 그럴 줄 알았다] [그 사람이 그런 말을 하다니] [잘했다] 등으로 해석한다.

(4) There you are.

[그것 봐, 내말 맞지.], [자 어때.], [그거면 충분해.], [바로 그거야.], [거봐 끝났지.] 등 다양한 상황에서 이용된다.

0142 You've done enough, you may stop there.
이제 충분히 했으니 거기서 그만두어도 좋다 - 상황이 충분하니 그만해도 좋다.

0143 There you are mistaken.
그 점에 있어서 당신은 잘못이다.

0144 You've got me there = You have me there.
당신이 이겼다. 손들었다.

2) 유도부사 there : There 다음에 be 동사 + S

(1) 이 구조는 [주어가 있다] 라는 주어의 존재를 나타내는데 주로 사용되는데 동사의 수는 뒤의 주어에 일치하지만 의문문등을 만들 때 there를 문법적 주어로 활용한다. 구어체 의문문에서 간혹 주어가 복수이어도 Are there 가 아닌 Is there를 사용하기도 한다.

0145 There is a boy in the playground.
운동장에 한 소년이 있다.

0146 There is a school there.
저기에 학교가 하나 있다 - 이 경우 뒤의 there는 장소의 부사로 해석한다.

이 용법은 칭찬의 의미로 활용되어 There is a good boy / there is a good girl [우리 착한 녀석] 으로 해석될 수 있다. there 가 be 동사 다음에 주어를 유도할 때 보통 이 주어는 최초의 정보에 대한 언급이 되므로 부정관사 a, an 혹은 부정형 용사 any, some, every, no, 수사, 수량형용사 등이 명사를 수식하며 오는 것이 바람직하다. there be 뒤에서 정관사나 지시형용사 this, that 등은 이 구조에서 피하는 것이 좋다.

0147 There is a pen on the desk.
책상위에 펜 한 자루가 있다.

0148 There are some mistakes in the dissertation.
그 논문에는 약간의 실수가 있다.

there 는 주어의 존재에 대한 인식을 촉구하므로 정관사 the를 쓸 경우 조심해야 한다. the를 사용한 명사는 이미 정보가 공유되어졌기 때문에 there 존재에 대한 유도부사로 보기 보다는 장소적 의미로 보는데 만약 There is the British Museum in London 이라고 할 경우 원래 대영박물관이라는 것이 있는 것이고 이것은 결국 The British Museum is in London 이라는 의미와 거의 같다. 따라서 최초로 존재에 대한 인식을 끌어내기 위한 의미가 아니다. 이미 존재하고 있는 것을 상기하기 위한 뉘앙스이며 There is the pen on the desk 라는 말이 화자와 청자가 서로 알고 있는 펜에 대한 이야기라면 굳이 최초의 존재를 유도하는 there 구조로 시작하기 보다는 The pen is on the desk 로 사용할 것을 권장한다.

(2) 문학작품이나 문어체에서 사용되는 숙어 let there be

0149 God said, let there be light : and there was light
하나님이 말씀하시길 빛이 있으라 하니 빛이 생겼다.

0150 We don't want there to be another conflict.
우리는 또 다른 분쟁이 있기를 원하지 않는다.

0151 There is no need to cry, is there?
울 필요는 없습니다. 그렇지요?
[이 경우 부가의문문의 주어를 there 로 잡는다.]

(3) there is를 바로 쓰는 것보다 완곡한 표현을 만들 때는 there seem(s) to be를 사용한다.

0152 There seems to be no need to worry about your son. He is mature enough.
당신의 아들에 대해 걱정할 필요가 없어 보인다. 그는 충분히 성숙했다.

(4) there be 주어 다음에 현재분사나 과거분사를 달아서 수식하는 경우가 많다.

0153 There is one page missing.
한 페이지가 모자란다.

0154 There is no money left.
남은 돈이 없다.

(5) 수사의문문을 만드는 there

0155 What more is there to say?
무슨 더 할 말이 있는가

0156 What else is there to order?
무엇을 더 시킬게 있겠는가?

3) there + 1형식 동사 + 주어 : be 동사 이외에 다른 1형식 동사를 받는 용법

0157 There came to my world one day a strange-looking girl.
어떤 날 이상해 보이는 한 소녀가 나의 눈에 띄었다.

0158 Once there lived a king and his beautiful daughter called Snow White.
한 때 한 왕과 '설백'으로 불리는 그의 아름다운 딸이 살았다.

0159 There remains much to do.
해야 할 것이 아직 많이 남아있다.

0160 There stands a tall tree near the lake.
호수 근처에 키 큰 나무 한그루가 서 있다.

4) there 에 의한 관용표현

(1) there is no -ing 숙어 : ~하는 것은 불가능하다

0161 There is no accounting for tastes.
사람들의 기호를 설명하는 것은 불가능하다.

0162 There is no telling when an earthquake exactly happens.
지진이 정확히 언제 일어나는지 말하는 것은 불가능하다.

(2) there and back : 왕복으로

0163 It is one kilometer there and back.
거기까지 왕복 1킬로미터이다.

5) 명사 + there

(1) 명사의 뒤에서 앞의 명사를 수식하는 형용사적 용법으로

0164 Children everywhere like sweets.
모든 곳의 아이들이란 단 것을 좋아한다.

0165 The man there is my son-in-law.
저기 있는 남자는 나의 사위이다.

0166 The man over there is in charge of this department.
저 건너편에 있는 남자가 이 부서의 책임자이다.

6) 전치사 + there

(1) 전치사 in, out, near, from, to 등의 목적어로 사용될 때는 명사

0167 He must live somewhere near there.
그는 그 근처 어딘가에 살고 있음이 틀림없다.

0168 How far is it from there to here?
거기로부터 여기까지 거리가 얼마인가?

0169 Is there anybody out there?
저기 바깥에 누구 있나요?

10 that

1) that + 명사

(1) 지시형용사

떨어져 있는 시간, 장소, 물건 등을 꾸밀 때 사용한다. 복수형은 those. 물리적 거리이외에 시간상 과거 혹은 심리적 거리가 멀 때에도 사용한다.

0170 Can't you see that tree over there?
저 쪽에 있는 저 나무가 보이는가?

0171 What is that loud noise?
저 시끄러운 소리는 무엇인가?

0172 The play started from that hour.
그 연극은 그 시각부터 시작되었다.

0173 Do they eat dog meat in that country?
그 나라에서는 개고기를 먹는가?

0174 That man there looks suspicious.
저기 저 남자는 수상해 보인다.

0175 I was very sad that day.
그날 나는 매우 슬펐다.

0176 He did not have breakfast that morning.
그는 그날 아침, 아침식사를 하지 않았다.

0177 He didn't come back home that once.
그는 그 때 한번만 귀가하지 않았다.

0178 He went to this doctor and that doctor.
그는 이 의사 저 의사에게 가보았다.

(2) that 이 소유격과 함께 명사를 수식할 때는 나란히 사용하지 않고 전치사 of 뒤에 소유대명사를 사용한다.

0179 That horse of yours is so old.
너의 저 말은 너무 늙었다.

(3) 감탄문 대용으로 사용되기도 한다.

0180 That fool of a gardener!
저 바보 정원사!

0181 That monster!
저런 괴물이!

2) 지시대명사

(1) 떨어져 있는 시간, 장소, 물건 등을 지칭한다. 복수는 those.

0182 Can you see that?
그것 (혹은 저것) 이 보입니까?

0183 Take that?
그래도 그것을 취하겠는가? 또 할래?
[야단칠 때 쓰는 표현]

0184 All that is nonsense.
그 모든 것은 터무니없다.

0185 Only that is true.
오로지 그것만 사실이다

0186 He was a bank clerk before that.
그는 그 전에 은행원이었다.

0187 After that, things changed.
그 이후 상황이 바뀌었다.

0188 That will do.
그거면 되겠다.

0189 Is that so?
그것이 그러한가?

0190 That's all.
그것이 전부이다.

0191 That's it.
바로 그거다.

0192 That's right.
바로 그것이 제대로 이다, 맞다, 옳거니.

0193 To be or not to be, that's the question.
죽느냐 사느냐 그것이 문제이다.

0194 That's the very thing.
그것이 안성맞춤이다.

0195 That's what it is.
그것이 바로 그것의 정체이다.

0196 That's why I like her.
그것이 내가 그녀를 좋아하는 이유이다.

0197 That's because I like her.
그것은 내가 그녀를 좋아하기 때문이다.

0198 That being so, nothing can be done.
그것이 그러하니 도리가 없다.

(2) 이 용법에서는 앞에 나온 명사를 대신 반복하는 대명사로 사용된다.

0199 The climate here is like that of Spain.
이곳의 기후는 스페인의 그것과 유사하다.

0200 The population of Korea is larger than that of Taiwan.
한국의 인구는 대만의 그것보다 크다.

0201 The legs of a horse are shorter that those of a giraffe.
말의 다리들은 기린의 그것들보다 더 짧다.

(3) 앞의 것을 반복해서 강조하며 and 뒤에서 사용된다.

0202 He makes mistakes, and that very often.
그는 실수들을 한다. 그것도 아주 자주.

(4) this 와 호응하여 [전자] 의 의미로

0203 Work and play are both necessary to health. this gives us rest, and that gives us energy.
일과 놀이는 건강에 둘 다 필요하다. 후자는 우리에게 휴식을 주고 전자는 우리에게 에너지를 준다.

(5) 도치문에서 관계대명사의 선행사로

0204 That which you told me to do I did.
당신이 나에게 하라고 했던 것을 나는 했다.

(6) hose 는 일반인을 의미하는 경우가 있다.

0205 Let those try who choose.
하겠다는 사람들을 하게 해라.

0206 The world is made of those who lie and those who don't.
세상은 거짓말을 하는 사람들과 그렇지 않은 사람들로 구성되어 있다.

3) that을 사용하는 관용어구

(1) and all that : [아무쪼록] - 축하나 감사 등의 표현 뒤에 붙여서

0207 Very many happy returns of the day, and all that.
아무쪼록 오래 오래 사세요.

that is (to say) : [즉, 다시 말해서]
That's that : [그것으로 결정되었다, 변경은 없다.]
So, that's that : [그건 그렇다 치고]

4) 지시부사

(1) that + 형용사, 부사 - so 의 의미로 [그토록]

0208 She is not that easy to forget.
그녀가 잊기에 그토록 쉬운 것은 아니다.

0209 He only knows that much.
그는 그 정도로만 안다.

0210 I am that sleepy that I can't keep my eyes open.
나는 눈을 뜨고 있을 수 없을 정도로 졸리다.

(2) 지시 부사의 경우 this 도 사용가능하다.

0211 We shouldn't have come this far.
우리는 이토록 멀리는 오지 말았어야 했다.

5) that + 주어 + 동사

(1) 명사절을 유도하는 접속사 - that 이 유도하는 절이 전체 문장의 주어, 타동사이 목적어, be 동사의 주격보어,

선행명사와 동격자리에 올 수 있고 전치사 in, except, but, save 등의 목적어 역할을 할 수 있다.

0212 That he is dead is certain.
그가 죽었다는 것이 확실하다.

0213 It is impossible that he should be alive.
그가 살아있다니 그것은 불가능하다.

0214 The trouble is that my wife is ill in bed.
문제는 내 아내가 아파서 누워있다는 것이다.

0215 We must pay attention to the fact that the ice is too thin to bear our weights.
우리는 그 얼음이 우리의 체중을 지탱해 주기에는 너무 얇다 라는 사실에 주목해야 한다.

0216 You will understand that Seoul is a city of old and new.
당신은 서울이 옛것과 새것의 도시라는 사실을 이해할 것이다.

0217 He has no worry at all except that he has no worry.
그는 걱정이 없다 라는 사실만을 제외하고는 걱정이 없는 사람이다.

0218 I am afraid that I cannot lend you money.
당신에게 돈을 빌려줄 수 없다는 사실이 유감입니다.

0219 I am aware that he is my half brother.
나는 그가 나의 배다른 형제라는 것을 알고 있다.

(2) be 동사 + 형용사 뒤에서 오는 that 절도 전체 술어의 목적어 개념으로 볼 수 있다. 이 경우 형용사가 타동사적

성격을 가진 형용사이어야 한다.
주로 타동사의 목적어자리에 that절이 올 경우 접속사 that 은 생략이 가능하지만 등위 접속사의 두 번째 절 자리에 올 때는
접속사 that을 생략하지 않는다. 생략할 경우 종속절의 지위를 잃어버리고 등위절의 자격으로 병렬되기 때문이다.

0220 I think the stolen money is hidden somewhere, but that the police will soon find it.
나는 그 도난당한 돈이 어디엔가 숨겨져 있을 것이다 라고 생각하지만 경찰이 곧 찾아낼것 이라고도 생각한다.

▲ 위의 경우 두 번째 접속사 that을 생략하면 the police 가 유도하는 절이 I think 와 병렬되는 새로운 등위절이 되므로 의미가 달라진다.

(3) 부사나 부사구가 타동사에 걸린다는 오해를 막기 위해서 that을 생략하지 않아야 하는 경우도 있다.

0221 He announced that on May first they would have a picnic to the beach.
그는 5월1일 그들이 해변으로 소풍을 가게되리라고 발표했다.

▲ 위의 경우 만약 that을 생략하면 그가 선언한 날이 5월 1일이 될 수 있으므로 that을 생략하지 않아야 한다.

6) so 형용사, 부사 + that 절 / such 명사 + that 절

(1) 정도의 부사절을 유도하여 '매우 -하여 -할 정도이다' 로 해석

0222 We eat so that we may live, not live so that we may eat.
우리는 살기 위해서 먹는 것이지 먹기 위해서 사는 것이 아니다.

0223 AShe covered her face with her hands so that her excitement could not be seen.
그녀는 자신의 흥분이 드러나지 않도록 양손으로 얼굴을 가렸다.

▲ 위의 경우 so 나 in order를 생략하고도 쓸 수 있다.

7) so 형용사, 부사 + that 절 / such 명사 + that 절

(1) 정도의 부사절을 유도하여 '매우 -하여 -할 정도이다' 로 해석

0224 I am so exhausted that I can not walk any more.
나는 너무도 피곤하여 더 이상 걸을 수 없을 정도이다.

0225 He was so move by the speech that he was flamed with a great determination.
그는 그 연설에 너무도 감동하여 새로운 결심으로 불 타 올랐을 정도였다.

0226 There was such a great storm that all the ships had to be anchored inside the haven.
너무도 큰 폭풍이 있어서 모든 배들이 항구 안쪽에 정박되어야 할 정도였다.

`0227` He is not so poor that he cannot buy a compact car.
그는 소형차를 한 대 살 수 없을 정도로 가난하지는 않다.
▲ 위의 경우 접속사 that을 생략할 수 있다.

8) because의 대용

(1) 원인 이유의 부사절을 유도하여 사용하며 주로 it be 구조 뒤에서 강조형에 걸리거나 not because, but because 등의 대조 구조에서 접속사 because 대신에 that을 사용할 수 있다.

`0228` If I find fault, it is that I want you to improve.
내가 결점을 찾아 비판을 한다면 그것은 당신이 더 잘되기를 원해서 이다.

`0229` It is not that I object.
내가 반대해서가 아니다.

9) 판단의 기준이 되는 부사절에서

(1) 이 경우 that 절에 조동사 should를 사용할 수 있다.

`0230` Are you mad that you should do such a thing?
그와 같은 일을 하다니 너 미쳤니?

`0231` Who the hell is he, that he should come at this late hour?
이렇게 늦은 시간에 오다니 도대체 그는 누구인가?

10) 가정법 시제의 절을 받아서 기원, 놀람 등을 표현하면서

0232 that I were home now! = I wish that I were home now.
지금 내가 집에 있다면 (얼마나 좋을까).

0233 Would that it were possible! = I wish that it were possible.
그것이 가능하다면 (얼마나 좋을까).

0234 That he should behave like that! = I am surprised that he should behave like that.
그가 그와 같이 행동하다니!

11) but that 절 = if not 절

(1) 반대의 사실을 가정하는 경우에 사용한다.

0235 They could have reached the top of the mountain but that they had avalanche.
그들이 눈사태를 겪지 않았더라면 산의 정상에 오를 수 있었을 것이다.
▲ 이 경우 but that 의 시제는 과거완료를 대신하여 과거사실 반대가정으로 해석한다.

12) so that 절

(1) 결과의 부사절에서

0236 He has never been outside this village, so that he cannot have seen the lake.
그는 이 마을을 벗어난 적이 없었다. 그러므로 그는 그 호수를 보았었을 리가 없다.
▲ 위의 경우 that을 생략할 수 있다.

13) 관계대명사

(1) 선행사가 사람, 사물일 경우 제한적 용법에서 who, whom, which를 모두 대용하여 that을 사용할 수 있고 주격의 경우를 제외하고는 모두 생략할 수 있다. 단 주격이 생략되는 특별한 구조가 있다. 선행사가 복수이어도 관계대명사는 those 의 형태를 쓰지 않고 that을 사용한다.

0237 It is I (that) have been stupid.
어리석었던 것은 나였다.

0238 Who is that (that) called just now?
지금 금방 전화했었던 것 누구였지?

0239 What was it (that) caused them to run away?
그들을 달아나게 했던 것 무엇이었지?

0240 She is the one (that) she was.
그녀는 예전의 그녀이다.
[보어관계대명사의 생략]

0241 Like the artist that he is, he does everything so finely.
예술가인 그답게, 그는 모든 것을 멋지게 한다.

0242 Fool that I am!
난 참 바보야!

0243 He never read it, that I saw.
내가 본 바로는 그는 결코 그것을 읽지 않았다.

▲ 이 경우 that 는 as far as 의 의미로 콤마 다음에 사용할 수 있다.

0244 Let me introduce Miss Harrison, Mrs Smith that is to be.
장래에 스미스부인이 될 미스해리슨을 소개합니다.

0245 I will meet the monk, Mr. Ethan that was.
예전에는 이든씨였던 그 승려를 나는 만날 것이다.

(2) 콤마 뒤에 나오는 관계사는 문어체에서 사용하거나 as far as 의 의미를 대용한다.

0246 No one knows anything about it, that I can find.
내가 아는 한 그것에 대해 아는 사람은 아무도 없다.

▲ 관용어인 Not that I know of [내가 아는 한 그렇지 않다] 도 이 용법에서 기원하였다.

(3) 선행사를 all the, the very, the only, the same, 최상급형용사, 서수 등이 꾸밀 때는 that을 주로 사용한다.

`0247` This is the same place that I visited yesterday.
　　　 이곳은 내가 어제 방문했던 같은 곳이다.

`0248` He is the greatest actor that has ever performed in this theater.
　　　 그는 이 극장에서 공연했던 가장 위대한 배우이다.

`0249` I have the only paper that contained the news.
　　　 나는 그 소식을 게재했던 유일한 신문을 가지고 있다.

(4) 선행사가 all, much, little, some, any, every, no, 등에 의해 수식받는 명사이거나 대명사일 때 관계사는 that을 주로 사용한다.

`0250` All that I want is you.
　　　 내가 원하는 모든 것은 너이다.

`0251` This is all that matters.
　　　 이것이 중요한 모든 것이다.

`0252` Much that had been said about her cosmetic surgery proved true.
　　　 그녀의 미용수술에 관해 말해졌던 많은 말들이 사실로 입증되었다.

(5) 전치사의 목적어로 관계대명사 that을 사용할 때는 전치사를 반드시 관계대명사의 술어구조에 포함시켜 뒤에 놓아야 한다.

`0253` Is that the abode that they live in? =Is that the abode in which they live?
　　　 저것이 그들이 살고 있는 거처이냐?

(6) 의문대명사가 선행사일 때 관계사로는 that을 사용한다.

`0254` He is not so poor that he cannot buy a compact car.
　　　 그는 소형차를 한 대 살 수 없을 정도로 가난하지는 않다.

14) 관계부사 that

선행사가 시간, 장소, 원인, 방법에 해당하는 명사일 경우 관계부사 when, where, why 의 대용으로 that을 사용할 수 있고 how 관계사는 선행사에 way 가 나와 있으면 that 으로 고쳐서 사용하는 것이 관용화되었다.

(1) 관계부사 when 의 대용

`0255` You were in such a hurry the last time (when = that) I met you.
내가 지난번에 너를 만났을 때 너는 매우 서두르고 있었다.

`0256` It was raining the day (when = that) he left for the waterfront.
그가 부두를 향해 떠난 날에 비가 오고 있었다.

(2) 관계부사 where 의 대용

`0257` am seeking for a place (where = that) I can lay myself. = I am seeking for a place I can lay myself on.
나는 누울 수 있는 곳을 찾고 있는 중이다.

where 관계부사는 that 으로 대용하기 보다는 직접 where 를 사용하는 경우가 좀 더 많으며 굳이 생략할 때는 전치사를 뒤에 살려 두는 것이 좋다.

(3) 관계부사 how 의 대용

`0258` This is the way (that) we do things here.
이것이 우리가 여기서 일들을 처리하는 방식이다.

`0259` I hate the way (that) they punish the thieves.
나는 그들이 도둑들을 처벌하는 방식이 싫다.

(4) 관계부사 why 의 대용

`0260` This is the reason that (= why) many people like to flock to this island in summer.
이것은 많은 사람들이 여름에 이 섬으로 몰려드는 이유이다.

11 비례의 부사절 심화연구

Question 14

정답은 396P 에

■ 다음에서 문법적으로 잘된 것을 고르시오.

① Sooner you get back, you will have more time with me.
② As objects move more rapidly, time around them passes more slowly.
③ The larger a size, more expensive the shoulder bag is.
④ The more meaning you pack into a single word, the less words are needed to get an idea across.

Memo

I. 비례부사절의 기본형태 4종 : [~할수록 ~ 하다] 로 해석한다.

1) as 주어 + 동사 (비교급포함), 주어 + 동사 (비교급포함)

(1) 이 경우 비교급은 부사절과 주절, 둘 중 하나에만 포함되어 있어도 된다. 비례의 의미가 있는 동사를 사용할 경우 비교급은 굳이 사용하지 않아도 좋다.

0261 As the difference of the cultures increase, the job of making intercultural marriages get harder.
문화의 차이가 클수록 국제결혼을 성사시키는 일도 힘들어진다.

2) The + 비교급 + 주어 + 동사, the + 비교급 + 주어 + 동사

(1) 이 경우 앞의 절이 비례부사절의 역할을 한다.

0262 The longer you stare at the computer screen, the poorer your eyesight become.
당신이 컴퓨터화면을 오래 쳐다볼수록 시력은 나빠진다.

3) The + 비교급 + 주어 + 동사, 주어 + 동사 (정상어순)

(1) 이 경우 뒤의 주절은 정상어순으로 처리하여 비교급 앞에 정관사를 필요로 하지 않는다.

0263 The more early he gets up in the morning, he has a more comfortable night's sleep.
그가 아침에 일찍 일어날수록 그는 더 편한 밤잠을 잔다.

4) 주어 + 동사 (정상어순), the +비교급 + 주어 + 동사

(1) 이 경우 주절은 앞 절이고 비례부사절이 뒷 절인데 부사절의 비교급 앞에는 반드시 정관사 the 가 있어야 한다.

0264 Your car use less fuel, the fewer brakes you give to it.
당신이 브레이크를 적게 밟을수록 당신의 차는 기름을 덜 사용한다.

II. 비례부사절의 심화법칙

1) The + 비교급, the + 비교급

(1) 이 경우 주어와 동사는 동시에 생략되고 문맥에 의한 핵심내용만 남길 수 있다.

> all the, all this, all that, all these, all those, all my..
> both the, both these, both those, both my..
> half the, half a, half this, half, these, half that, half those, half my..
> double the, double this, double that, double these, double those, double my..

> The sooner, the better.
> The more, the better.
> The less, the worse.
> The fewer, the easier.
> The smaller, the cheaper.
> The bigger, the slower.
> The less, the happier.
> The lighter, the more comfortable.
> The more difficult, the more beneficial.

2) The + 비교급 + 주어, the + 비교급 + 주어

이 경우 be 동사에 한하여 동사를 생략할 수 있으되 주어가 명사인 경우만 가능하고 대명사인 경우는 불가능하다. 또 be 동사를 생략하지 않고 주어가 길 경우 주어와 도치시킬 수도 있다.

0265 The more different the cultures, the more difficult the job.
문화들이 다를수록 그 일은 어렵다.

0266 The longer the legs, the shorter the upper body.
다리들이 길수록 상체는 짧다.

0267 The higher the price of the tab, the poorer the chance of owning one.
탭의 가격이 높을수록 소유할 기회는 희박해진다.

0268 The fatter a man, the more dangerous is his artery with a high level of cholesterol.
비만할수록 콜레스테롤수치가 높은 동맥은 더 위험하다.

0269 The more we surround ourselves with people who are the same as we are, who hold the same views, and who share the same values, the greater the likelihood that we will shrink as human beings rather than grow.
우리와 같은 사람, 같은 견해를 가진 사람, 같은 가치관을 가진 사람들로 우리가 자신을 둘러쌀수록 우리가 성장하기보다는 인간으로서 좁아질 가능성이 더 크다.

III. 비례부사절에서 비교급이 적용되는 품사별 구분

1) the + 형용사비교급 / the + 형용사비교급

0270 The more attractive face you have, the less likely you are to be lonely.
매력적인 얼굴을 가질수록 외로울 가능성은 적어진다.

2) the + 형용사비교급 / the + 부사비교급

0271 The more knowledge you have, the more easily you can get a job.
지식이 많을수록 더 쉽게 직업을 얻을 수 있다.

3) the + 부사비교급 / the + 형용사비교급

0272 The more carefully you observe the antique, the more value it will betray.
그 골동품을 더 자세히 관찰할수록 그것은 더 많은 가치를 드러낼 것이다.

4) the + 부사비교급 / the + 부사비교급

0273 The more generously you treat the prisoner, the more frankly he will inform you of the purpose of the operation.
그 죄수를 더 관대하게 다룰수록 그는 작전의 목적에 대해 더 솔직하게 알려줄 것이다.

IV. 비례부사절에서 적용되는 내용상의 구별

1) 우등비교 / 우등비교

0274 The more, the better.
많을수록 좋다.

2) 우등비교 / 열등비교

0275 The more, the worse.
많을수록 나쁘다.

3) 열등비교 / 우등비교

0276 The less rich you are, the easier you will find it to leave this life.
덜 부자일수록 이런 삶을 그만두는 것을 더 쉽다고 파악할 것이다.

4) 열등비교 / 열등비교

0277 The fewer friends you have, the less chance to be helped you will get.
친구가 더 없을수록 도움을 받을 가능성은 더 적을 것이다.

V. 비례부사절에서 적용되는 형용사의 종류별 구별

1) 명사수식 / 명사수식

0278 The more hair you have, the more shampoo is consumed.
머리칼이 많을수록 더 많은 샴푸가 소비된다.

2) 명사수식 / 보어

0279 The more photos you take, the more likely you are to leave memories.
많은 사진을 찍을수록 기억을 남길 가능성이 더 많다.

3) 보어 / 명사수식

0280 The sadder you look, the more donation is expected from passers-by.
더 슬퍼보일수록 행인으로부터의 기부금이 더 많이 기대된다.

4) 보어 / 보어

0281 The smarter you are, the easier you will find it to solve the enigma.
더 총명할수록 그 수수께끼를 푸는 것을 더 쉽다고 생각할 것이다.

VI. 비례부사절에서 적용되는 형용사보어의 종류별 구별

1) 주격보어 / 주격보어

0282 The younger the wine, the poorer the quality.
포도주는 얼마 안 된 것일수록 품질이 떨어진다.

2) 주격보어 / 목적보어

0283 The older a violin, the more profound we find its sound.
바이올린은 오래된 것일수록 그 소리가 더 깊다고 파악하게 된다.

3) 목적보어 / 주격보어

0284 The more possible you can make it to increase the productivity of your company, the more valuable will be your position as a chief executive.
당신회사의 생산성을 올리는 것을 더 가능하게 만들수록 대표이사로서 당신의 지위는 더 가치 있을 것이다.

4) 목적보어 / 목적보어

0285 The happier your husband can make you, the more pleasant experience you can find it to spend the days with him.
당신 남편이 당신을 행복하게 만들수록 당신은 그와 나날들을 보내는 것을 더 유쾌한 경험으로 생각하게 될 것이다.

Question 15

■ 다음에서 틀린 문장을 고르시오.

① The more satisfied the man I am working for, the more I can expect of him.
② The more soldiers there are, the better chance to defeat the enemy is guaranteed.
③ The more attached to the clothes you used to enjoy wearing, the harder it is to abandon them for donation.
④ he farther you go, the harder you are to come back.

Memo

Question 16

■ 다음에서 틀린 문장을 고르시오.

① The more afraid of the combat you are supposed to undergo, the higher is the chance to get killed.
② The more often he was given coffee breaks, the more addicted he felt he was from caffeine.
③ The less sensitive he was to the favors he was done, he was losing more chances to be assisted.
④ They fell into a more complex situation, the longer it took to produce a perfect plan.

Memo

12 배수, 분수에 의한 비교

Question 17

■ 다음에서 의미를 완성할 가장 적절한 것을 고르시오.

Glass that has been tempered may be up to (　　　　).

① five times as hard as ordinary glass.
② as hard as ordinary glass five times
③ hard as ordinary as five times
④ ordinary glass as hard as five times.

Memo

Question 18

■ 다음을 가장 알맞게 영작한 것은?

작년에 그는 내가 올 해에 번 수입의 두 배를 벌었다.

① He earned as twice much money last year as I have earned this year.
② Last year he earned twice what I have earned this year.
③ Last year he earned twice more income as I have earned this year.
④ Last year he earned my income almost double of this year.

Memo

Question 19

■ 다음을 알맞게 영작하시오.

그는 한 때 내 체중의 절반이 나갔었다.

He once ( ) ( ) ( ) ( ).

Memo

Question 20

■ 다음에 알맞은 표현은?

굶음으로써 체중을 빼는 사람들은 그 방법을 그만두었을 때 운동으로 을 뺀 사람들보다 살이 다시 찔 가능성이 약 3배 정도 있다.

Those ( ) lose ( ) by eating ( ) are 3 times ( ) likely to come back when they give up ( ) those ( ) ( ) ( ) ( ) exercising.

Memo

(1) 배수 표현법

two times, twice, double / 3 times, triple / 4times, quadruple / 5times, quintuple / 6times, sextuple / 7times, septuple / 8times, octuple / 9times, nonuple / 10times, decuple / 11times, 12 times..... several times, a few times, / two fold, three fold, four fold,....

(2) 분수 표현법

a half / a third=one third / two thirds / a fourth=a quarter / two and two thirds eleven over (out of, in) thirteen....double the, double this, double that, double these, double those, double my..

(3) 백분위 표현법

35%, 80%......

(4) 도량형표현법 : 도량형으로 사용되는 주요 단위 명사를 사용한다.

time, distance, weight, velocity, price, value, area, coverage, volume, bulk, width, breadth height, depth, revenue, income, profit, margin, loss, deficit, estimate

(5) 배수나 분수는 원급비교나 비교급비교의 앞에 위치한다.

[배수, 분수 + as 형용사, 부사 as...]
[배수, 분사 + 비교급 than ...]

(6) 배수나 분수를 도량형 명사구나 명사절 앞에 붙여서 비교구조를 만든다.

0286 It is twice as far from here to there as to your house.
여기서 거기까지는 당신 집까지의 두 배 거리이다.

0287 The distance from here to there is twice that from here to your house.
여기서 거기까지의 거리는 여기서 당신 집까지의 두 배이다.

13 비교급과 수식어의 순서

Question 21

- 다음을 영작하시오.

적도 주변의 지구 원주는 극 주변의 원주보다 약 40마일 더 긴 것으로 계산된다.

It ( )( ) calculated that the ( ) circumference ( ) the ( ) is about ( ) ( ) ( ) than ( ) ( ) the two ( ).

Memo

Question 22

- 다음을 영작하시오.

우리는 2 마일을 더 가야한다.

We ( ) ( ) ( ) ( ) to go.

Memo

Question 23

- 다음을 영작하시오.

그는 한 때 내 체중의 절반이 나갔었다.

He once (　) (　) (　) (　).

Memo

14 비교구문내에서의 병렬구조

Question 24

■ 다음을 영작하시오.

개들은 다른 어떤 감각에 보다 후각에 더 의존한다.

It ( )( ) calculated that the ( ) circumference ( ) the ( ) is about ( ) ( ) ( ) than ( ) ( ) the two ( ).

Memo

Question 25

■ 다음을 영작하시오.

그가 한 동안 드레싱이 많이 들어간 샐러드 보다 김치를 많이 먹고 있는 것은 살을 빼기 위해서가 아니라 그 한국식 배추 샐러드가 맛이 좋다고 느꼈기 때문이다.

He has been eating ( ) ( ) ( ) the salads rich ( ) ( ) ( ) he ( ) that the ( ) ( ) cabbage ( ) is ( ) ( )than ( ) lose weight.

Memo

Question 26

- 다음을 영작하시오.

  논쟁적 이슈들의 성공적 토론에 있어서 선생님들의 부분에서 개입보다 중립성이 더 결정적인 역할을 한다.

  Neutrality on the part of the teacher is ( ) of a key ( ) ( ) to a successful discussion of controversial issues.

  Memo

Question 27

- 다음을 영작하시오.

  헬륨은 모든 개스들 중에서 정상기압에서 액화하기 가장 어렵고 고체로 만들기에 불가능하다.

  Helium is ( ) ( ) ( ) ( ) ( ) ( ) to liquefy and is ( ) ( ) solidify at (   ) ( ) ( ).

  Memo

15 명사의 한정성과 불가산성

Question 28

■ 다음 중 어법상 어색한 부분을 고르세요.

1)Encyclopedias may be used to answer 2)many kinds of 3)questions, to solve 4)problems, or to obtain 5)informations on a particular topic.

Memo

Question 29

■ 다음 중 어법상 어색한 것을 고르세요.

① I have a good news on your health conditions.
② The program is interrupted with a news flash.
③ Every news channel covered the story of the death of Bin Laden.
④ Do you want the good news or the bad news first?
⑤ News of a serious road accident is just coming in.

Memo

1) 불가산명사 중 추상개념 대표 : news, information, advice

세는 것과 관련된 수식어를 사용하지 않고 셀 때는 반드시 조수사를 사용하며 가장 흔히 사용되는 조수사는 a piece of 이다. 정관사 the 나 나머지 세는 것과 무관한 한정사로 수식할 수 있으며, 한정사 없이도 사용한다. 추후 가산성과 불가산성에 대해 더 공부할 예정이지만 위의 세 단어는 불가산 명사로 주로 사용되는 대표적 어휘이다.

(1) 주요 수식어와 함께 사용되는 모습

> any news / some news / the latest news
> a piece of good news / breaking news / a news story
> the nine o'clock news / hot news / sad news / cold news / evil news

0288 News of their engagement should not be leaked to the press.
그들의 약혼소식은 언론에 노출되어서는 안 된다.

0289 It was news to me that they started to see each other regularly.
그들이 정기적으로 만나기 시작했다는 것은 나에게는 새로운 소식이었다.

0290 His being married is news from nowhere.
그가 결혼했다는 것은 이제 더 이상 뉴스가 아니다.

0291 Can we download a news digest on the bankruptcy of the company?
그 회사의 파산에 관한 뉴스개요를 내려 받을 수 있을까요?

2) 대표적 불가산 명사 (가산화 즉 individuation 되는 경우에 대해서는 추후 설명)

물질 : water, oil, wood, stone, gold, wheat, rice, cheese, butter, ham, meat
추상개념 : peace, convenience, prosperity, success, hardship
고유 : Europe, Asia, Beethoven, Seoul

3) 불가산 명사의 성질과 이에 부적합한 가산한정사

원칙적으로 셀 수 없으므로 세는 것과 관련된 형용사로는 수식하지 않는다. 만약 가산 형용사로 수식하면 그 때는 가산성을 부여 받아서 의미가 달라진다.

(1) 주요 가산 형용사 : a, an, one, another, many, every, each, these, those, one, two, few, a few, a number of, a couple of 등

4) 불가산 명사의 가산 명사화 (기본)

(1) 직업인 비유

`0292` I like to be a Mozart.
나는 모짤트와 같은 음악가가 되고 싶다.

(2) 작품

`0293` I have two Picassos in my gallery.
나의 화랑에 두 개의 피카소작품이 있다.

(3) 구체적 물품, 사건

`0294` He was a total failure in my family.
그는 우리가족에서 완전한 실패작이다.

`0295` Once there was a cruel murder in this town.
한 때 이 마을에 잔인한 살인 사건이 있었다.

(4) 개체화된 물건, 종류

`0296` I picked up a stone and threw it at the wolf.
나는 돌멩이 하나를 집어서 그것을 그 늑대에게 던졌다.

`0297` I have an old wine you might want to taste.
당신이 맛보고 싶어 할지도 모르는 오래된 와인이 하나 있다.

`0298` We would like a coffee and two beers.
커피 하나와 맥주 두 개 주세요.

심화내용인 명사의 가산성, 불가산성은 뒤에서 연구합니다.

16 수사 (numerals)

1) 기수사 (cardinal number)

(1) 개수나 숫자를 세는데 사용되며 형용사나 대명사의 역할을 한다.

Question 30

■ 다음의 숫자를 영어로 적으세요.

1) 19   2) 30
3) 80   4) 90
5) 100   6) 1,000
7) 1,000,000   8) 1,006
9) 5,102   10) 320,410
11) 303,000,000   12) 100,000
13) 600 men   14) 10,000 pounds

Memo

12를 의미하는 dozen , 20을 의미하는 score

막연히 많은 숫자를 표시하는 경우 [단위 +s + of + 복수명사]
hundreds of people [수백의 사람들] thousands of birds [수천의 새들]
dozens of times [수십 차례] hundreds of thousands of infantrymen [수십만의 보병들]

수사 + of + the, them, these, those, my, your + 명사
six of the blue ones,   ten of these,   five of his brothers

(2) 소수(decimals) 는 소수점을 찍고 point 라고 읽는다.

> 10.45 : ten point four five
> 7.05 : seven point zero (o, nought) five

2) 서수사 (ordinal number)

(1) 순서를 세는데 사용되며 형용사나 대명사의 역할을 한다.

Question 31

■ 다음의 숫자를 영어와 아라비아숫자로 적으세요.

1) 첫 번째부터 10번째 까지
2) 11번째부터 20번째 까지
3) 21번째, 30번째, 31번째
4) 40번째, 50번째, 60번째, 70번째, 80번째, 90번째, 백 번째
5) 백 한 번째, 천 번째, 천 한 번째, 만 번째, 십만 번째, 백만 번째

Memo

Question 32

■ 다음을 영어로 읽으세요.

1) James III   2) World War II

Memo

---

(2) 로마자 서수소문자   i ii iii iv v vi vii viii ix x
　　로마자 서수대문자   I II III IV V VI VII VIII IX X

(3) 대분수는 뒤에서 복수명사를 바로 받는다.
　　2와 4분의 1마일 : two and a quarter miles

(4) 분수(fraction) 는 half 만 뒤에서 명사를 바로 받고 나머지는 전치사 of를 사용한다.
　　2분의 1초 : half a second ,   4분의 1초 :   a quarter of a second

17 조수사

Question 33

■ 다음 조수사 뒤에 적절한 명사를 붙이세요.

01) a kind of
02) a group of
03) a crowd of
04) a yard of
05) an inch of
06) a meter of
07) a foot of
08) a mile of
09) a liter of
10) a pint of
11) a gallon of
12) an ounce of
13) a gram of
14) a pound of
15) a ton of
16) an acre of
17) a hectare of
18) a cube of
19) a sort of
20) a bowl of
21) a basin of
22) a dish of
23) a plate of
24) a jar of
25) a bottle of
26) a flask of
27) a barrel of
28) a can of
29) a glass of
30) a cup of
31) a jug of
32) a kettle of
33) a pitcher of
34) a scoop of
35) a spoonful of
36) a handful of
37) a mouthful of
38) a pot of
39) a crock of
40) a goblet of
41) a mug of
42) a pan of
43) a piece of
44) a pack of
45) a pad of
46) a pride of
47) a flock of
48) a bunch of
49) a school of
50) a drop of
51) an ear of
52) a bag of
53) a sack of
54) a canteen of
55) a lump of
56) a loaf of
57) a bolt of
58) a flash of
59) a pair of
60) a roll of
61) a cloud of
62) a sheet of

63) a set of
65) a cluster of
67) a bite of
69) a carton of
71) a slice of
73) a pack of
75) a board of
77) a choir of
79) a tribe of

64) an item of
66) a hand of
68) a lick of
70) a box of
72) a quart of
74) a gang of
76) a crew of
78) a staff of
80) a crowd of

Memo

18 부정관사 a, an (indefinite article)

Question 34

■ 다음 중 부정관사가 잘못된 것을 고르시오.

① He was an honest man.
② I need a young man to assist the experiment.
③ Almost every Korean youngster wants to graduate from a university.
④ She used to be an unhappy girl.
⑤ This time, I am going to take a trip to an European country.

Memo

Question 35

■ 다음 중 부정관사의 해석상 쓰임이 다른 것은?

① She never said a word.
② I'll be back in a day or two.
③ Rome was not built in a day.
④ I am yours in a word.
⑤ He is an idiot.
⑥ Your paradise is just a click away.

Memo

Question 36

■ 다음 중 부정관사의 해석상 쓰임이 다른 것은?

① We need a doctor, not a lawyer.
② You want a book? There is a book on the desk.
③ They are of an age, so they can get along with each other.
④ He is a student, who has a part time job washing dishes.
⑤ This is a one-way ticket.

Memo

1) 모음 발음 앞이면 an

(1) 부정관사는 철자와 관계없이 모음이 첫 발음이면 an을 사용한다. 자음으로 취급되는 발음은 한국어의 [야, 여, 요, 유, 워, 와, 웨, 위]

> a one-act play / a unit / an hour / an 's' / an M. P.

2) same 의 의미를 갖는 부정관사

(1) [하나] 는 통합이나 일치의 의미가 있다.

0299 Birds of a feather flock together.
같은 깃털의 새들끼리 무리짓는다. - 유유상종

0300 I like to be a Mozart.
그들은 한 마음이다.

Question 37

■ 다음 중 부정관사의 해석상 쓰임이 다른 것은?

① Asparagus is a grass.
② A tree grows by photosynthesizing.
③ A rat is afraid of a cat.
④ A dog is a faithful animal.

Memo

Question 38

■ 다음 중 부정관사의 발음이 다른 한 가지는?

① She has a voice.
② You have such a wonderful friend.
③ She is a superhero in a sense.
④ Please give me a piece of good advice.

Memo

3) 전체의 성질을 대표하는 부정관사

(1) 복수의 구성원 전체가 가지고 있는 공통의 성질을 이야기 할 때 부정관사를 사용할 수 있고 이 경우 정관사도 가능하다.

4) 부정관사의 특이 발음

(1) 부정관사 a를 ei 로 발음할 경우는 [대단한, 훌륭한, 그럴듯한, 쓸모 있는, 괜찮은] 이라는 의미가 함축되어 있다.

0301 You know it's not a perfect job, but it's a job.
알다시피 그것이 완벽하지는 않지만 그런대로 쓸 만한 직업이다.

0302 She has a face.
그녀는 괜찮은 용모를 가지고 있다.

Question 39

■ 다음 중 부정관사의 쓰임이 다른 하나는?

① Last year, we had a murder in our town, which was very shocking.
② Will you show me a kindness?
③ A : A beer and nothing else? B : Oh, let me get an aspirin if you can get one.
④ You can get a sleep while I have a swim in the pool.
⑤ Only two trains a day stop here.

Memo

5) 명사의 가산성을 상징하는 부정관사

(1) 부정관사는 명사를 불가산적 성격에서 가산적 성격으로 바꾸는 데 사용된다. 가산적 성격은 구체적 사건, 사례, 예, 상품, 행위 등이 있다.

0303 He owes me a cruelty.
그는 나에게 한 번 잔인하게 굴었었다.

0304 Please have a bite.
한 번 깨물어 봐, 먹어 봐, 한 입 먹어 봐.

0305 I am going to give you a call.
당신에게 전화 주겠다.

0306 I will pay a visit to you this summer.
이 번 여름에 당신에게 방문주겠다.

0307 Give me a hug.
한 번 안아 주세요.

0308 I saw a death on the street.
나는 거리에서 한 주검을 목격했다 - 사망의 사건 내지 시신.

0309 We will have a Rodin in this exhibition.
이번 전시회에 로댕작품이 한 점 올 것이다.

0310 I met a Mr. Smith, who said he wanted to become a Isaac Newton.
나는 뉴튼과 같은 과학자가 되고 싶다고 말했던 스미스라는 한 사람을 만났다.

건축술 = building	건축물 하나 = a building
발명 = invention	발명품 하나 = an invention
불 = fire	화재사건 = a fire

6) a few 와 few / a little 과 little

(1) 부정관사는 수량 형용사 앞에서 그 유무에 따라 긍정과 부정의 역할을 한다.

0311 I have a few friends who can help me with my math study.
나의 수학공부를 도와줄 수 있는 몇몇 친구들이 있다. - 긍

0312 I have few friends who can help me out.
나를 끝까지 도울 수 있는 친구는 별로 없다. - 부정

0313 She has a little courage when it comes to helping me.
나를 돕는 문제에 관해서는 그녀가 제법 용기가 있다. - 긍정

0314 This is a case which is little short of miracle.
이것은 기적에 거의 가까운 경우입니다. - 부정

7) many a

(1) 부정관사는 문어체에서 many 뒤에 올 수 있다. 이 경우 명사와 동사는 단수형으로 적어야 한다.

many를 강조하는 경우 a good 이나 a great을 사용할 수도 있다.

0315 I met many a poet in the symposium.
나는 그 심포지움에서 많은 시인들을 만났다.

0316 A good many soldiers died during the second world war.
많은 병사들이 2차 대전 동안 사망했다.

8) so, as, too, how, however + 형용사 + 부정관사

(1) 어순에 유의해야 하는 구조

0317 You are so nice a girl that you should forgive him for the betrayal.
그 배신에 대해 용서하다니 당신은 정말 착한 여자이다.

0318 This is too poor an offer to accept.
이것은 받아들이기에는 너무나 형편없는 제안이다.

0319 Thomas is as handsome a young guy as has even been in this department.
토마스는 이 부서에 있었던 누구 못지않게 잘 생긴 젊은이이다.

0320 How fine a day it is today!
오늘은 정말 좋은 날씨이다.

0321 I understand how appropriate a tip it was.
나는 그것이 얼마나 적절한 충고였는지 이해한다.

0322 However hard a day we may have, we are not discouraged from saving money.
아무리 힘든 날을 보내어도 우리는 저축하는 일에 좌절하지 않는다.

9) no such + 명사 / no 비교급 + 명사

(1) no 에 의해서 명사전체가 부정되었으므로 이 경우 부정관사는 다시 붙이지 않는다.

0323 No such disaster will ever happen again.
그런 사고는 다시는 없을 것이다.

0324 You could get no greater honor than this.
당신은 이것보다 더 큰 영광을 얻을 수는 없을 것이다.

10) 부정관사는 막연한 양이나 수를 의미할 수 있다.

0325 I came back after a while.
그는 잠시 후 돌아왔다.

0326 He is my lord in a sense.
그는 어떤 의미에서 나의 주인이다.

0327 Would you please excuse us for a minute?
잠시만 우리를 위해 자리를 좀 피해주세요.

11) 최초의 정보를 주는 가산명사 앞에 쓰는 부정관사

(1) 부정관사는 최초의 정보에 사용되며 존재를 제시하는 경우 주로 there be + a, an + 단수가산명사

0328 There was a robber, who just got out of a jail after having served 3 years.
한 감옥에서 3년을 복역한 후 막 나왔던 한 강도가 있었다.

0329 The robber had learned many new skills of breaking in at the jail.
그 강도는 그 감옥에서 많은 새로운 침입기술들을 배웠다.

12) a, an + 단위명사

(1) 부정관사는 단위 명사와 함께 전치사 per 의 역할을 할 수 있다.

> twice a month = 한 달 당 두 번
> once a day = 하루 당 한 번

(2) 단위명사 앞에 전치사 in 이나 out of를 붙여서도 유사의미를 만들 수 있다.

19 정관사 the (definite article)

정관사는 형용사의 일종으로, 명사나 명사상당어 앞에 붙으며, 말하는 사람이나 글을 쓰는 사람이 듣는 사람이나 읽는 사람도 알고 있다고 여겨지는 특정명사 앞에 붙이는 것을 원칙으로 한다.
한국어로 [그, 알려진, 문제의] 라는 의미로 해석하지만 여러 경우에 있어서 특정한 의미로 해석하지 않을 수도 있다.

1) the + 모음발음

정관사 the 는 모음 발음 앞에서 '디'로 발음되며 단수, 복수, 가산, 불가산 명사 앞에 다 붙을 수 있다.

> the boy , the boys, the day, the days, the water, the peace

2) 정보가 노출된 명사

어떤 명사가 최초에 언급되고 난 후 다시 기술되면 그 명사는 이미 알려진 특정명사가 되어 그 때부터 the를 붙인다. 이 때 그 명사에 속하는 다른 명사도 알려진 것으로 보아 the를 붙인다.

Question 40

■ 다음에서 알맞은 관사를 선택하세요.

(1) I keep a dog and a cat and (a / the) cat is bigger than (a / the) dog.
   (A / The) tail of the cat is longer than (a / the) body of the dog.
(2) His car struck a tree ; you can still see (a / the) mark on the tree.

Memo

3) 타동사가 신체의 일부를 목적어로 받는 경우

(1) 타동사 + 목적어 + 전치사 + the 신체

0330 I took him by the arm.
나는 그의 팔을 잡았다.

0331 I hit him on the head.
나는 그의 머리를 때렸다.

0332 I looked him in the eyes.
나는 그의 눈을 쳐다보았다.

0333 I hugged her around the waist.
나는 그녀의 허리를 안았다.

4) the + 명사 + 특정정보수식어

(1) 뒤에서 한정어구(특정한 정보를 노출시키는 수식어)를 붙여서 다른 명사와 구별되는 정보를 주었을 때 붙인다.

0334 The water in this pond seems to be pure enough for us to drink.
이 연못의 물은 우리가 마시기에 충분히 깨끗해 보인다.

0335 I have found the book that you lost yesterday.
나는 당신이 어제 잃어버린 책을 찾았다.

0336 The place where I met him was so beautiful.
내가 그를 만났던 곳은 아름다웠다.

0337 I think the woman in red is very gorgeous.
빨간 옷을 입은 저 여자는 매우 매력적이다.

(2) 이 경우에도 부정관사를 사용하면 다른 의미가 된다.

0338 This is a road which leads you to Seoul. = one of many roads that lead you to Seoul.
이것은 당신을 서울로 이끌어 줄 하나의 길이다.

0339 The best dresser in this company is the boss himself.
이 회사 최고의 멋쟁이는 사장님 자신이다.

5) the same, the only, the 최상급, the first

(1) 최상급 형용사나 서수 혹은 same, only가 붙으면 다른 명사와 구별되는 특징을 주므로 정관사 the를 사용한다.

0340 The best dresser in this company is the boss himself.
이 회사 최고의 멋쟁이는 사장님 자신이다.

0341 I have the greatest invention of human history.
나는 인간역사의 가장 위대한 발명품을 가지고 있다.

0342 This is the same car as I drive.
이것은 내가 몰고 있는 것과 동종의 차이다.

0343 He is the only one that I can depend upon.
그는 내가 의지할 수 있는 유일한 한 명이다.

(2) 만약 최상급에 부정관사 a를 사용하면 '매우 -한' 으로 해석한다.

0344 She is a most beautiful girl.
그녀는 매우 아름다운 소녀이다.

6) the 명사 + to 부정사

(1) 부정사에 의해서 후치수식 받는 보통명사 앞에서 [such a, such] 의 의미로 해석한다.

0345 He is not the man to betray a friend = He is not such a man to betray a friend.
그는 친구를 배반할 그런 사람이 아니다.

0346 They are the fighters to give no inch to the enemy.
그들은 적들에게 물러설 그럴 전사들이 아니다.

0347 I wanted it but I didn't have the money.
나는 그것을 원했지만 그만한 돈을 가지고 있지 않았다.

7) the + 추상명사 + to 부정사

(1) 부정사에 의해서 수식받는 추상명사 앞에서 [enough] 의 의미를 갖는다.

0348 He had the cruelty to turn out half of the long-employed without any severance pay.
그는 해고수당 없이 오래 고용했던 직원들의 절반을 내보냈을 정도의 잔인함을 가졌다.

0349 They showed the kindness to replace my order with a freshly baked one.
그들은 나의 주문을 새로 구운 것으로 대체해줄 정도의 친절함을 보여주었다.

8) 인접 정보를 지칭하는 정관사

(1) 말하는 당사자와 가장 가까운 관계에 있거나 가장 근거리에 있는 명사를 지칭하여 사용한다.

만약 서울 시민이 the river 라고 말하면 한강이고 뉴욕시민이 the river 라고 말하면 Hudson 강일 것이며 런던 시민이 그렇게 말하면 Thames 강일 것이다. 만약 영국인이 the queen 이라고 말하면 영국여왕일 것이다.

0350 Ann is in the garden. (the garden of this house)
Ann은 정원에 있다.

0351 Please pass me the wine. (maybe the wine on the table)
나에게 그 포도주를 건네주세요.

0352 The post man (who comes to us) rings twice.
우리 집에 오는 집배원은 벨을 두 번 울린다.

0353 The newspaper (the one we read) contains good news more than bad news.
우리가 읽는 신문은 나쁜 소식보다 좋은 소식을 더 많이 싣는다.

0354 The car (our car) is in the garage.
우리 차는 차고에 있다.

0355 Please close the door (the one that we can see together)
그 문 좀 닫아주세요.

(2) the East : 미국인의 입장에서는 미국동부, 영국인의 입장에서는 영국동부이거나 동양

(3) 이 용법에서는 시간명사를 지칭하여 오늘이나 이번 년도, 이번 주, 이번 달 등에 정관사 the를 붙인다.

album of the year = 올해의 최우수 앨범
the end of the day = 오늘 밤

0356 Please stop the delivery no later than the end of the week.
이 번 주말 전까지는 그 배달을 멈추어주세요.

0357 I am sorry I am not in at the moment. Please leave a message after the sound of beep.
지금 당장은 제가 부재중입니다. 삐 소리가 난 후 메시지를 남겨주세요.

0358 Why not have the dish of the day?
오늘 추천 요리를 먹는 게 어때?

9) 널리 알려졌다고 여겨지는 특정한 고유명사 [산맥, 제도, 연합국, 복수형 나라, 하천, 해역, 사막, 공공건물, 선박, 반도, 지역, 단체] 등에 붙이되 사람이나 지역의 이름을 사용한 고유명사에는 붙이지 않는다

(1) 산맥

> the Appalachian Range, the Andes, the Rocky mountains

(2) 제도

> the Canaries, the Bahamas, the West Indies, the East Indies,

(3) 일부 국가명

> the United States of America, the United Arab Emirates, the Philippines,
> the Swiss Confederation = Switzerland
> the Netherlands

(4) 강

the Nile,	the Mississippi, the Amazon,	the Rhine
the Tigris,	the Euphrates,	the Indus,
the Ganges	the Mekong,	the Amur,
the Danube,	the Volga,	the Don,
the Seine		

(5) 바다

the Yellow Sea,	the Dong hae sea,	the Caribbean sea,
the Black sea,	the Caspian sea,	the Aral sea,
the Arctic Ocean,	the Pacific Ocean,	the Indian Ocean,
the Antarctic Ocean,	the Sargasso sea,	

(6) 사막

the Sahara desert,	the Gobi desert,
the Taklamakan desert,	the Great Victoria desert,
the Great Sandy desert,	the Arabian desert,

(7) 반도, 만, 극, 곶, 극점, 명사로 사용되는 동서남북의 방위

the Crimea,	the Riviera,
the Italian Peninsula,	the Gulf of Mexico,
the Bay of Biscay,	the Cape of Good Hope,
the North Pole,	the South Pole,
the East End,	the West End,
the West,	the East (political, geographical),
the Middle East,	the Far East, the Near East

(8) 공공건물

the British Museum,	the Museum of Modern Art,
the Hotel New Yorker,	the KAL Building,
the Tower of London (the London Tower),	
the Eiffel Tower,	the TajMahal,

(9) 유명선박

the Queen Mary,	the Mayflower,
the Titanic,	the Santa Maria,
the Pinta,	the Nina,
the Potemkin,	the Guhbooksun,
the Great Britain	the Amistad

(10) 단체

the Beatles,	the Philadelphia Orchestra,
the Bach Choir,	the Rolling Stones

(11) 언론사, 신문

the Times,	the New York Times,
the Washington Post,	the Le Monde,
the Le Figaro,	the Frankfurter Allgemeine Zeitung,

10) 언어의 정식명칭

the English language, the Korean language

(1) 관사를 빼고 고유형용사를 언어로 사용하는 것이 일반적이다.

English,	Korean,	German,
Spanish,	French,	Danish,
Swedish	Vietnamese,	Portuguese,
Italian,	Swahili,	Sudanese,

11) 유명인의 직업이나 관직에 이름을 붙일 때

> the poet Byron,　　　the painter Gogh,
> the pianist Rubinstein,　the Noble Brutus

(1) 이 경우 어순이 뒤 바뀌어서 사용하는 것도 있다.

> Alexander the Great

12) [디] 로 발음 되어서 [그 유명한, 잘 알려진, 최고의] 이라는 의미의 형용사로 쓰기도 한다.

0359 You know, this is the car.
이것이 바로 자동차라는 것이야. 자동차가 이쯤은 되어야지.

0360 Lee Soon Shin was the admiral of the world.
이순신은 세계 최고의 해군제독이지.

0361 He is a movie star called Brad Pitt, but not the Brad Pitt.
그는 브랫 핏 이라는 배우인데 그 유명한 브랫 핏은 아니고.

0362 At that time London was the place to be.
그 당신 런던은 사람들이 있고 싶어 하는 유명장소였지.

13) by the + 계량단위명사

(1) 계량의 단위로 전치사와 함께

0363 The car is hired by the day, not by the hour.
그 자동차는 시간 단위가 아니라 일 단위로 대여됩니다.

0364 These berries sell at 10 ounces to the dollar.
이 열매들은 달러당 10 온스에 팔립니다.

0365 The car does 25 miles to the gallon.
그 차는 갤런 당 25마일을 갑니다.

0366 I want to get paid by the hour.
나는 시간당 급여를 받고 싶습니다.

14) the + 단수명사, 복수명사

(1) 동, 식물, 상품의 대표적 성질을 가진 단수, 복수로

0367 The dog is the friend of man.
개는 인간의 친구이다.

0368 The whale is in danger of becoming extinct.
고래는 멸종의 위기에 있다.

0369 The deep-freeze has made life easier for housewives.
급속냉동이 주부들을 위한 삶을 더 편하게 만들었다.

0370 The dolphin is an intelligent animal.
돌고래는 지적인 동물이다.

0371 I heard it on the radio.
나는 그것을 라디오에서 들었다.

0372 I am usually out during the day.
나는 대체로 낮에는 외출중이다.

0373 He has learned to play the violin.
그는 바이올린을 연주하는 것을 배웠다.

15) the + 대표단수의 예외

(1) man, woman 은 boy, girl, child, baby 등과 대조적으로 쓰이는 경우에만 the 로 대표단수를 나타내고 독자적으로는 the를 써서 대표단수로 만들지 않는다.

0374 Man is mortal.
인간은 생명이 유한하다.

0375 If oil supplies run out, man may have to fall back on the horse.
만약 기름 공급이 고갈되면 인간은 말을 타는 것으로 돌아가야 할지도 모른다.

0376 The small shopkeeper is finding life increasingly difficult.
소매점 주인은 삶이 점점 고달파지는 것을 발견하고 있다.

(2) 대표단수는 대명사로도 단수로 받아서 he, she, it를 사용한다.

0377 The first-class traveller pays more so he expects some comfort.
일등석 승객은 돈을 더 내므로 안락한 여행을 기대한다.

16) the + 단수보통명사

(1) 단수 보통 명사 앞에 붙여서 그 명사가 의미하는 성질을 추상적으로 나타내기도 한다.

0378 He sometimes shows the brute.
　　　그는 종종 잔인함을 보여준다.

0379 He works for a motor company, but he wants to be in the stage since he has many artistic talents.
　　　그는 자동차회사에 다니는데 예술적 재능 때문에 배우가 되길 원하고 있다.

0380 The pen is mightier than the sword.
　　　문의 힘은 무의 힘보다 강하다.

0381 When you fall into poverty, the beggar will come out.
　　　가난으로 전락하면 거지근성이 나온다.

0382 I sometimes see the mother in her when she is tending the cats and dogs.
　　　나는 그녀가 개, 고양이들을 보살필 때 그녀에게서 모성애를 본다.

17) the + 형용사

(1) 뒤에 형용사를 써서 추상명사나 복수보통명사의 의미를 대용함

0383 I can see the sublime in his eyes.
　　　나는 그의 눈에서 숭고함을 볼 수 있다.

(2) 형용사가 사람의 특징적 의미일 때는 [사람들] 로 해석하고 분사도 동일한 용법이다.

the deceased	=	죽은 사람들
the dead	=	죽은 사람들
the dying	=	죽어 가는 사람들
the injured	=	부상당한 사람들
the killed	=	살해당한 사람들
the invited	=	초대 받은 사람들
the deceased	=	죽은 사람들
the dead	=	죽은 사람들

the dying	=	죽어 가는 사람들
the injured	=	부상당한 사람들
the killed	=	살해당한 사람들
the invited	=	초대 받은 사람들
the employed	=	고용당한 사람들
the dismissed	=	해고당한 사람들
the expected	=	기대되어지는 것(들), 사람들
the unknown	=	무명의 사람들, 미지의 것
the untouched	=	새 것, 새 것들
the touched	=	손대어진 것, 것들
the unattended	=	보살펴지지 않은 사람들, 것들
the over-cared	=	과잉보호를 받은 사람들
the under nourished	=	영양실조인 사람들
the last fed	=	마지막으로 먹여지는 사람들
the less fed	=	덜 먹여지는 사람들
the overfed	=	과도하게 먹여진 사람들
the poor	=	가난한 사람들
the impoverished	=	가난한 사람들
the robbed	=	강도나 도둑을 맞은 사람들
the married	=	기혼자들
the divorced	=	이혼자들
the wounded	=	부상당한 사람들
the cured	=	치료받은 사람들
the deserted	=	버려진 사람들
the abandoned	=	버려진 사람들
the high	=	지체가 높은 사람들
the low	=	신분이 낮은 사람들
the young	=	젊은 사람들
the old	=	늙은 사람들
the aged	=	나이 든 사람들
the middle-aged	=	중년의 사람들
the sick	=	병자들

the needy	=	궁핍한 사람들
the skinny	=	마른 사람들
the unemployed	=	해고당한 사람들

18) the + 고유형용사 : 국민전체나 민족전체, ~an 어미는 뒤에 s첨가

the French,	the Vietnamese,	the Chinese,
the Sudanese,	the Koreans,	the Americans,
the Canadians,	the Mexicans,	the Peruvians,
the Guatemalans,	the Chileans,	the Hondurans,
the El Salvadorians,	the Panamanians,	the Columbians,
the Brazilians,	the Argentinians,	the Russians,
the Mongolians,	the English people,	the Spanish,
the Danish,	the Swedish,	the Germans,
the Italians,	the Portuguese,	the Swiss,
the Austrians,	the Australians,	the New Zealanders,
the Indians,	the Turkish,	the Iraqi,
the Israeli,	the Iranians,	the Tibetans,
the Pakistani,	the Japanese,	the Norwegians,
the Polish,	the Irish,	the Scottish,
the Hungarians,	the Greeks,	the Finnish,
the Czechs,	the Egyptians,	the Syrians,
the Libyans,	the Moroccans,	the Kenyans,
the Ethiopians,	the Cambodians,	the Malaysians,
the Thais	the Slovenians	the Slovaks

19) 지구인의 the + 명사

(1) 지칭어가 세상 사람들이 모두 동일하게 알고 있다고 여겨지는 명사일 때 붙인다.
이 경우 특정사람들 간에 통용되는 정보에도 사용한다.

the earth	= 우리의 지구
the sun	= 지구가 속한 태양계의 태양
the moon	= 지구의 위성인 달
the equator	= 지구의 적도
the stars	= 지구에서 바라보는 별들
the sky	= 지구의 하늘
the sea	= 지구의 바다

20) the + 가족의 성씨

(1) 부부나 가족전체를 의미할 때 성씨 앞에 붙인다.

the Smiths = Mr. and Mrs Smith (and children)

(2) 동일한 이름을 구별할 때는 단수형 앞에도 사용한다.

0384 A : We have two Smiths. Which do you mean?
B : I want the Mr. Smith who signed this letter.

A : 우리에게는 두 명의 스미스가 있는데 누구를 말하는 것입니까?
B : 이 편지에 서명한 그 스미스씨를 원합니다.

21) the + 비교급, the + 비교급

(1) 비례절을 만들 때 접속사 없이 정관사에 의해 두 개의 절이 하나의 문장 안에서 의미를 완성한다.
(비례절은 추후 심화연구)

0385 The thinner the dough, the thinner the crust.

반죽이 얇을수록, 껍질도 얇다.

20 정관사의 생략 (Omission of 'the')

1) 인명이나 고유명사인 장소이름 (대륙, 나라, 주, 호수, 산, 도시, 거리)앞에서 사용하지 않는다.
   인명의 경우 관직을 붙여도 [그 유명한] 이라는 의미가 아닌 경우 사용하지 않는다.

Seoul,	New York,	Africa,	Europe,
Asia,	Texas,	Florida,	Punjab,
Cuba,	Korea,	Japan,	Lake Superior,
Mount Suhrak,	Wall Street,	Piccadilly Circus,	Central Park,
Times Square,	Prince Charles,	General Montgomery,	Queen Elizabeth,...

2) 지명이나 인명이 먼저 붙은 교량, 공항, 역, 성당, 대학, 궁궐, 성, 교육기관 등의 공공건물에는 정관사를 붙이지 않는다.

Golden Gate Bridge,	Waterloo Bridge,	JFK Airport,
Busan Station,	St. Paul Cathedral,	Harvard University,
Buckingham Palace,	Edinburgh Castle,	Incheon Airport,
the University of Texas		

3) 일반적 의미의 추상명사, 물질명사 앞에는 사용하지 않는다.

0386 Men fear death.
사람들은 죽음을 두려워한다.

0387 The death of the Prime Minister left his party without a leader.
수상의 죽음은 그의 소속정당을 지도자 없는 상태로 만들었다.

0388 Necessity is the mother of invention.
필요는 발명의 어머니이다.

0389 We need love, not hatred.
우리는 증오가 아닌 사랑을 필요로 한다.

0390 I like music but the sound of the music is too loud.
나는 음악을 좋아하지만 그 음악의 소리는 너무 크다.

0391 Life is made of give and take.
삶이란 주고받는 것이다.

0392 The life in Korea was a very fantastic experience.
한국에서의 삶은 매우 환상적인 경험이었다.

0393 The coffee in this mug is too strong. Would you please pass me the sugar?
이 머그잔에 있는 커피는 너무 강해요. 그 설탕 좀 건네주세요.

0394 Both coffee and sugar are bad for your health.
커피와 설탕은 당신의 건강에 둘 다 해롭다.

0395 Sugar is fattening and coffee alerts you during bed time.
설탕은 살찌게 하고 커피는 잠시간에 당신을 깨워놓는다.

0396 Water is frozen at zero degree, but alcohol isn't.
물은 영도에서 얼지만 알코올은 그렇지 않다.

0397 The water in the canteen is contaminated.
이 수통속의 물은 오염되어 있다.

0398 If you interfere with nature, you will suffer for it.
당신이 자연을 방해하면 그것으로 인해 고통 받는다.

4) 소유격이나, 지시형용사 뒤에서 정관사는 붙이지 않는다.

the boy's uncle = the uncle of the boy
It is my book = The book is mine.

5) 일반적 의미의 식사이름 앞에는 정관사를 붙이지 않는다.

0399 The Kims have porridge for breakfast.
김씨 가족은 아침으로 죽을 먹는다.

0400 The wedding breakfast was held in the bride's house.
그 결혼식 아침식사는 신부의 집에서 제공되었다.

0401 She doesn't have supper but has a big lunch.
그녀는 저녁은 먹지 않지만 푸짐한 점심을 먹는다.

0402 I had a strange breakfast at the restaurant.
나는 그 식당에서 이상한 아침식사를 했다.

6) 일반적 의미의 게임, 교과목, 취미활동 앞에는 정관사를 붙이지 않는다.

0403 He plays golf.
그는 골프를 친다.

0404 I like football and chess.
나는 축구와 체스를 좋아한다.

0405 Music is my favorite subject but I don't like history.
음악은 내가 좋아하는 과목이지만 역사는 싫다.

0406 He is good at mathematics but is poor at art and gymnastics.
그는 수학을 잘하지만 미술과 체육을 못한다.

darts,	chess,	go,	cards,	monopoly,
billiards,	horse riding,	shooting,	hang-gliding,	bungy-jumping,
skating,	skiing,	swimming,	surfing,	fishing,
chatting,	poetry,	literature,	geography,	calligraphy,
photography,	dancing,	travel,	tennis,	table-tennis,
rugby,	wrestling,	judo,	taekwondo,	kungfu,

7) 일반적 의미의 복수보통명사 앞에는 정관사를 붙이지 않는다.

0407 Women are expected to like babies but the women don't seem to like them.
여성들은 아이들을 좋아할 것으로 기대되지만 그 여자들은 그렇지 않아 보인다.

0408 I like watching people come and go.
나는 사람들이 오가는 것을 보는 것을 좋아한다.

0409 I watched the people come and go.
나는 그 사람들이 오가는 것을 지켜보았다.

0410 I am interested in keeping cats and dogs.
나는 개, 고양이들을 키우는데 관심이 있다.

0411 Flowers are usually fragrant but the flowers in his garden aren't.
꽃들은 대체로 향이 있지만 그의 정원에 있는 그 꽃들은 그렇지 않다.

0412 Big hotels all over the world are very much the same.
전 세계의 큰 호텔들은 거의 비슷하다.

8) 형용사가 없을 때 home 앞에는 정관사를 쓰지 않고 이 경우 동사의 바로 뒤에 놓이거나, 목적어를 받은 후에 단독적으로 놓이고 이 때 home 은 장소의 부사이다.

0413 He went home.
그는 집에 갔다.

0414 He is home.
그는 집에 있다.

0415 I arrived home after dark.
나는 어두워진 후 집에 도착했다.

0416 I sent him home.
나는 그를 집에 보냈다.

0417 Mom, I am home.
엄마, 나 집이에요.

(1) 그러나 형용사로 수식받을 때는 정관사, 소유격, 지시형용사를 써야 한다. 이 때 home 은 명사이다.

0418 They went to their new home.
그들은 그들의 새 집으로 갔다.

0419 We arrived at the groom's home.
우리는 신랑의 집에 도착했다.

0420 For some years this was the home of your grandfather.
몇 년 동안 이것은 당신의 할아버지 집이었다.

0421 A mud hut was the only home he had ever been in.
진흙 오두막이 그가 살아보았었던 유일한 집이었다.

9) 침대, 교회, 법정, 병원, 감옥, 학교 등이 건물이나 장소가 설계된 본래의 목적으로 방문되어 질 때 정관사를 쓰지 않는다.

0422 We go to bed to sleep or as invalids.
우리는 잠자러 혹은 환자로서 침대로 간다.

0423 We go to hospital as patients.
우리는 환자로 병원에 간다.

0424 We go to church to pray.
우리는 기도하러 교회에 간다.

0425 We go to prison as prisoners.
우리는 죄수로서 감옥에 간다.

0426 We go to court as litigants.
우리는 소송 당사자로서 법정에 출두한다.

0427 We go to school / college / university as students.
우리는 학생으로 학교, 대학에 간다.

(1) 이 경우 be 동사나 다른 동사를 쓰는 경우도 전치사 뒤에는 정관사를 쓰지 않는다.

0428 She is in bed, resting.
그녀는 쉬면서 침대에 누워있다.

0429 He has been in hospital for weeks.
그는 수 주 동안 병원에 입원해 있다.

0430 She is at church, worshipping.
그녀는 기도하면서 교회에 있다.

0431 I will be in court as a witness.
나는 목격자로서 법정에 나간다.

0432 We can soon leave school.
우리는 학교를 곧 졸업할 것이다.

0433 I'll leave hospital in a day or two.
나는 하루 이틀이면 퇴원한다.

0434 He will be released from prison.
그는 출소할 것이다.

(2) 이러한 장소들이 본래의 목적이 아닌 것으로 방문되어질 경우 정관사를 쓸 수 있다.

0435 I went to the church to see the stained glass.
나는 그 스테인드글래스를 보기 위해 그 교회에 갔다.

0436 He goes to the prison to give lectures.
그는 강연을 하러 그 감옥에 간다.

(3) 바다 (sea) 의 경우

go to sea 는 보통 선원으로서 [바다에 나가다]. be at sea 는 보통 여행객이나 선원으로 [바다에 있다.] 하지만 go to the sea 나 be at the sea 하면 [바닷가에 가다] 라는 의미로 해석한다.

(4) 직장 (work)

0437 He is on his way to work.
그는 출근하는 길이다.

0438 He is at work.
그는 일하는 중이다.

0439 He is not back from work yet.
그는 직장에서 아직 퇴근하지 않았다.

0440 He is hard at work = He is working hard.
그는 열심히 일하는 중이다.

0441 He is hard at work on a new picture.
그는 새로운 작품을 열심히 그리고 있다.

(5) 사무실, 공직 (office)

0442 He is in the office.
그는 사무실에 있다.

0443 He is at the office.
그는 사무를 보는 중이다.

▲ He is in office 라고 하면 보통 정치적 입장에서 어떤 자리나 공직에 있다는 의미가 되고 [대통령직에 있다] 라는 의미도 될 수 있다.

0444 He is out of office = He is no longer in power.
그는 권력에서 물러났다.

(6) town

화자 자신의 마을인 경우 the를 생략하고 사용한다.

0445 We go to town to buy new clothes.
우리는 새 옷을 사러 시내에 간다.

0446 We were in town last Saturday.
우리는 지난 토요일 시내에 있었다.

10) 일반적 의미의 요일, 월, 공휴일 등에는 정관사를 쓰지 않는다.

0447 I used to have a meeting on Wednesdays.
나는 수요일에 회의를 가지곤 했다.

0448 He was born in December.
그는 12월에 태어났다.

0449 We are supposed to see again at Christmas.
우리는 성탄절에 다시 볼 예정이다.

11) 전치사와 함께 교통수단 명사를 받을 때 정관사는 생략된다.

0450 He goes to work by car and I on foot.
그는 자동차로, 나는 걸어서, 직장에 간다.

by bus	by taxi	by bicycle
by airplane	by train	by subway
by boat	by metro	on foot

12) 대조적 의미로 사용되는 관용어에서 정관사는 생략된다.

0451 We have to make door to door visits to persuade the people.
우리는 그 사람들을 설득하기 위해 가가호호 방문을 해야 한다.

0452 He worked hard from morning till night.
그는 아침부터 밤까지 열심히 일했다.

person to person	fact to face	cheek to cheek
heart to heart	eye to eye	mouth to mouth
from place to place	from time to time	day by day
year by year	case by case	minute by minute

0453 The law of an eye for an eye was first documented in the Middle East.
'눈에는 눈' 이라는 보복법은 중동에서 처음 기록되었다.

Question 41

■ 다음 글에서 명사와 관사의 용법이 부적절한 곳을 지적하세요.

1)Creativity is 2)the capacity to develop significant and valuable novelty. This seems 3)the most difficult capacity of all for evolution to evolve, and for good reason. Significant and valuable by what criteria? Human creativity matters for human beings. But creativity hardly matters for 4)evolution. 5)Single-celled organisms reproduce themselves readily, and 6)life can go on - did go on, for billions of years on 7)Earth - with barely more complexity. Life persists through reproduction, through transmitting accumulated complexity to subsequent generations. If inherited design were radically changed each time 8)an organism reproduced, the hard-won gains of natural selection would rapidly be lost. Life can evolve new possibilities only slowly, through variations small enough not to threaten existing evolved functions, accrediting functional novelty 9)the generation by the generation from minor and undirected variation. But although evolution has thereby spawned many new species and even major new forms of life, it does not need or aim for creativity.

Memo

Question 42

■ 다음 글에서 명사와 관사의 용법이 부적절한 곳을 지적하세요.

1)Beans are digested very slowly, producing only 2)a gradual rise in blood-sugar levels. As a result, 3)the body needs 4)a less insulin to control blood sugar after eating beans than after eating some other high-carbohydrate foods (bread or potato). In studies at 5)the University of Kentucky, researchers put 6)diabetic patients on a bean-grains-fruit-and-vegetables diet developed at the University of Toronto and recommended by 7)the American Diabetes Association. On the diet, patients with type 1 diabetes (whose bodies do not produce any insulin) were able to cut their insulin intake by 38 percent. Patients with type 2 diabetes (who can produce some insulin) were able to reduce their insulin injections by 98 percent. This diet is in line with the nutritional guidelines of the American Diabetes Association, but people with diabetes should always consult their doctors and / or dietitians before altering their diet.

Memo

Question 43

■ 다음 글에서 명사와 관사의 용법이 부적절한 것을 지적하세요.

① I am sick of being at sea. I want to study, attending a college.
② He likes to have a late lunch.
③ He will have a short summer holiday in the July.
④ Thanks giving day is one of the most celebrated holidays in America.

Memo

Question 44

■ 다음 글에서 명사와 관사의 용법이 부적절한 것을 지적하세요.

(   )my friends had come to that great party held in my residence.

① A : Where were you last night? B : I was in town drinking with Susan.
② The bed I sleep in is so uncomfortable. That's why I don't want to go to bed.
③ The president was so popular when in office.
④ Though I am not a Muslim, I sometimes go to the mosk to see them praying.
⑤ He is representing Republic of Korea.

Memo

21 next 와 last

I. next

1) 부사 next

(1) [이다음에] 이 경우는 정관사를 붙이지 않는다.

0454 I will see you next.
이다음에 보자.

0455 Next, I will take care.
다음에는 조심할 게.

0456 What happened, next?
다음에는 무슨 일이 있었지?

0457 You are dyeing your hair orange. What next? A tattoo?
너는 머리칼을 오렌지색으로 물들이는군. 그럼 다음에는 또 뭐냐? 문신이냐?

2) next + 명사

형용사로 뒤에 명사를 수식받는다. 명사를 수식받은 후 그 전체를 형용사구, 부사구, 접속사구로도 사용할 수 있다.

(1) 보통 뒤에 시간 명사, 순서 명사, 공간 명사 등이 오고 정관사 the를 붙여서 해당명사와 호응시킨다.
[바로 그 다음의] 라는 의미이다.

0458 We are waiting for the next train to London.
우리는 런던 행 다음 기차를 기다리는 중이다.

0459 I am expecting the next 2 weeks to be the hardest time of my life.
나는 다음 2 주가 내 인생에서 가장 힘든 시기가 될 것으로 예상하고 있다.

3) next 와 the next

(1) 객관적 의미로 시간이나 장소 순서를 독립시킬 수 있으면 the next를 주로 사용하고 지금에서 바라보는 다음의 시간이나 순서에는 정관사 the를 사용하지 않는 것이 일반적이다.

0460 Next time you see me, you say hello to me.
다음에 당신이 나를 보면 인사해주세요.
[접속사구로 사용됨]

0461 Next Friday falls on the 13th.
다음 금요일은 13일에 해당된다.

0462 He came back the next day.
그는 그 다음날 왔다.

0463 They would be 13 the next March.
그들은 다음 3월에 13살이 될 것이었다.

0464 I was interested in the next day's schedule.
나는 그 다음날의 스케줄에 관심이 있었다.

0465 She lives next door to my house.
그녀는 우리 옆집에 산다.

0466 She lived the next door to that house.
그녀는 그 집의 옆집에 살았다.

4) 명사 + next + 시간명사, 장소명사

(1) 명사의 뒤에서 수식할 수 있다.

0467 He is a man next door.
그는 옆 집 남자이다.

0468 They are the boys next generation.
그들은 다음 세 대의 소년들이다.

5) second 의 의미가 있다.

0469 He is the next tallest boy in this group.
그는 이 동아리에서 두 번째로 키가 크다.

0470 The next worst thing to starving is to omit a certain group of diet.
굶는 것 다음으로 나쁜 것은 특정 부류의 식단을 제외하는 것이다.

0471 I am to speak next to last.
나는 마지막에서 두 번째에 연설할 예정이다.

6) another 의 의미가 있다.

0472 Once you are kind, the next you are a devil.
당신은 한 번은 친절하고 다음번에는 악마처럼 군다.

0473 I am the next girl who wants to be prettier, but I am not that crazy out how I look.
나는 더 예뻐지길 원하는 또 다른 한 명의 소녀이지만 외모에 그토록 미쳐있지는 않다.

7) before next, after next

(1) 순서를 셀 때 사용된다. 거리를 측정할 때 사용하는 near 와 혼동하지 말 것.

0474 I am supposed to be hospitalized the week after next.
나는 2주 후에 입원하기로 되어있다.

8) be next to (순서) 와 be near to (거리)

0475 She is next to him.
그녀는 그의 옆에 있다.

0476 She is near to him.
그녀는 그와 가까이에 있다.

0477 She is the nearest to him.
그녀는 그와 가장 가까이에 있다.

II. last

1) the last

(1) 정관사 the를 붙여서 [최후의 즉 순서상의 마지막] 이라는 의미로 형용사나 명사, 부사로 사용한다.

`0478` Who is the last person to deceive me?
누가 나를 속일 마지막 사람일까? 즉, 누가 나를 속이려 들지 않을까?

`0479` I took the last bus home.
나는 막차를 타고 집으로 왔다.

`0480` What came the last?
마지막으로 온 것은 무엇이었는가?

`0481` We will fight until the last moment.
우리는 최후의 순간까지 싸울 것이다.

(2) the latest : '시간상 현재와 가장 가까운' 이라는 의미이다.

`0482` This is the latest news.
이것이 가장 최근의 소식이다.

`0483` This is the last news.
이것이 마지막 소식이다.

2) last 와 the last

(1) the를 사용하지 않고 시간명사를 수식하면 [바로 지난] 이라는 의미이다. 명사, 형용사, 부사, 접속사 등으로 사용한다.

`0484` I saw him last night.
나는 어제 밤 그를 보았다.

`0485` Last year was the most unfortunate of all those years.
작년은 그 모든 세월 중에서 가장 불운했다.

0486 Last year, I finally succeeded to my father's business.
작년에 나는 마침내 아버지의 사업을 승계했다.

0487 Last time he saw me, I was suffering a kind of social phobia.
그가 나를 지난번에 보았을 때 나는 대인기피증을 겪고 있었다.

0488 He put me under academic probation last semester.
그는 나를 지난 학기에 근신시켰다.

3) 명사 + last + 명사

(1) 명사의 뒤에서 앞의 명사를 수식한다.

0489 The crop last fall was very good.
지난 가을의 작황은 좋았다.

22 [매우]에 해당하는 강조의 부사 very / much / too

I. very
(=부사의 경우 pretty / 정도가 약할 때는 rather, 강할 때는 fairly)

1) very + 형용사, 부사

(1) 원급의 형용사나 부사를 강조한다.

0490 He ran very fast.
그는 매우 빨리 달렸다.

0491 He was very pessimistic.
그는 매우 비관적이었다.

0492 He was rather pessimistic than not.
그는 다소 비관적이 편이었다.

0493 He was fairly pessimistic.
그는 매우 비관적이었다.

0494 Those are very easy matters for me.
그런 것들은 나에겐 매우 쉬운 문제들이다.

0495 This is not a very good idea.
이것은 대단히 좋은 생각은 아니다.

0496 A : Are you happy?
B : No, not very(=not really).
A : 당신은 행복한가?
B : 매우 그렇지는 않다.

0497 It's pretty cold this morning.
오늘 아침은 매우 춥다.

2) very + 현재분사, 과거분사 + 명사

(1) 현재분사와 과거분사가 명사를 꾸밀 경우 very 로 수식한다.

0498 I followed a very dazzling light.
나는 매우 눈부신 빛을 따라갔다.

0499 He is a very valued friend to me.
그는 나에게 매우 가치 있는 친구이다.
0500 He wore a very worried look.
그는 매우 피곤한 표정을 지었다.

3) very + 현재분사

(1) 현재분사가 보어로 사용될 경우 very 로 수식한다.

0501 The movie is very interesting.
그 영화는 매우 흥미있다.
0502 He seems so exciting.
그는 사람들을 매우 흥분시키는 사람으로 보인다.

4) very, much + 과거분사

(1) 과거분사가 보어로 사용될 경우 주로 very much 나 much 로 수식하지만 과거분사가 사람의 기분이나 심정표현일 경우 very 로 수식한다.

0503 The novel has been much criticized.
그 소설은 많이 비판받았다.
0504 Your speech was very much admired.
너의 연설은 매우 많이 존경받았다.
0505 The thoracic surgeon was very pleased at the news released from the magazine.
그 흉부외과의사는 잡지에서 실린 그 뉴스에 매우 기뻐했다.

5) very + 최상급

(1) 형용사의 최상급과 함께 명사를 수식하여

0506 Do your very best.
최선을 다해라.

0507 He is the very smartest guy.
그는 최고로 총명한 녀석이다.

0508 That was the very last thing I had expected.
그것은 내가 전혀 기대하지 않았던 일이었다.

6) the very same = much the same

(1) 거의 똑 같은, 거의 똑 같이, 거의 같은 것

one's very own = 바로 누구의 것

0509 He spoke the very same words as I had said.
그는 내가 말했던 것과 정확히 같은 말을 했다.

0510 I saw pretty much the same thing.
나는 정확히 같은 것을 보았다.

0511 He is my very own.
그는 누구의 것도 아닌 바로 내 사람이다.

7) very well, very fine

(1) [아주 좋다] 반어적으로 자주 사용됨

0512 Did you say you came home safely in a drunk and driven car? Very fine.
음주운전차로 안전하게 집에 왔다고 말했는가? 아주 잘했군.

0513 Very well, if you like it that way.
그런 식이 좋다면 할 수 없지.

8) very + 명사

(1) [100% 참된] / [다름 아닌 바로] / [조차도]

0514 He is the veriest scoundrel.
그는 100% 악당이다.

0515 I told the story in very truth.
나는 그 이야기를 100% 진실로 말했다.

0516 Please save my life for very pity's sake.
오로지 자비만으로 내 목숨을 구해주세요.

0517 The river is the very life of the country.
그 강은 그 나라의 정확히 생명줄이다.

0518 He has got the very thing I've been looking for.
그는 내가 찾아왔던 바로 그것을 가지고 있다.

0519 For now, this is the very thing for you.
지금은 이것이 너에게 딱 맞는 바로 그것이다.

0520 He is an anarchist to the very bone.
그는 뼛속까지 무정부주의자이다.

0521 My father was murdered under my very eyes.
내 아버지는 바로 내 눈앞에서 살해당했다.

0522 I got the news this very morning.
나는 바로 오늘 아침 그 소식을 들었다.

0523 He was caught in the very act.
그는 바로 현장에서 잡혔다.

0524 The very fact of your frowning proves that you don't like him.
당신이 얼굴을 찌푸리는 바로 그 사실이 그를 좋아하지 않는다는 것을 입증한다.

0525 The very idea of him is disgusting.
그 사람의 생각조차도 역겹다.

0526 The very stones and trees wept for her death.
돌멩이들과 나무들조차도 그녀의 죽음에 슬퍼 울었다.

II. much

1) 동사를 수식하는 부사

(1) very 로 much를 다시 강조할 수 있다.

0527 I love her much. I love her very much.
나는 그녀를 많이 사랑한다. 나는 그녀를 매우 많이 사랑한다.

0528 I know her much.
나는 그녀를 많이 안다.

0529 He hates me much.
그는 나를 많이 미워한다.

0530 She doesn't much like music.
그녀는 음악을 많이 좋아하지 않는다.

2) much + 명사, very much + 명사

(1) 주로 동사에서 온 명사

0531 The machine is not of very much use.
그 기계는 매우 많이 쓸모 있지는 않다.

3) much + 알파벳 a - 로 시작되는 형용사

0532 It is much alive.
그는 많이 살아있다.

0533 She is much alone.
그녀는 많이 외롭다.

0534 I am much afraid of the lizard.
나는 그 도마뱀이 많이 무섭다.

▲ much + awake, alike, alone, alive, asleep, afire, afraid, aloof, adrift, aware

4) much + 형용사나 부사의 비교급이나 최상급

(1) [훨씬] 이라는 의미

0535 It was much closer to me than it appeared on the mirror.
그것은 거울위에서 보이기보다 나에게 훨씬 더 가까웠다.

0536 This is much the better of the two.
이것이 둘 중에서 훨씬 더 낫다.

0537 He is much the best of all the violinists.
그가 모든 바이얼리니스트 중에서 단연코 최고이다.

▲ much 대신 far, by far, even, still, a lot 도 가능

5) [거의] 라는 의미의 부사

0538 We are much of an age.
우리는 거의 같은 나이이다.

0539 They look much the same.
그들은 거의 같아 보인다.

6) much + 불가산 명사

형용사로 [양이 많은] : 긍정문과 부정문에 다 사용하지만 같은 의미인 a lot of, plenty of, lots of, a good deal of, a great quantity of 등은 주로 긍정문에 사용한다. 이 경우 비교급과 최상급을 각각 more와 most 로 갖는다.

0540 I don't have much money.
나는 많은 돈을 가지고 있지 않다.

0541 I don't drink much wine.
나는 많은 포도주를 마시지 않는다.

0542 I have much money.
나는 많은 돈을 가지고 있다.

0543 You need much courage.
당신은 많은 용기가 필요하다.

0544 I have a lot of money.
　　나는 많은 돈을 가지고 있다.

0545 I need more water than this.
　　나는 이것보다 많은 물이 필요하다.

0546 The cancer patient has much more hope than I, the doctor that is.
　　그 암환자는 의사인 나보다 훨씬 더 많은 희망을 가지고 있다.

7) 대명사 much

(1) [많은 양]

0547 I have much to inform you of about the harm of smoking.
　　나는 흡연의 폐해에 대해 당신에게 알려줄 것이 많이 있다.

0548 I don't see much of him.
　　나는 그를 많이 보지 못한다.

0549 Much has been discussed.
　　많은 양이 논의 되었다.

0550 This is not much of a political crisis.
　　이것은 대단한 정치적 위기는 아니다.

0551 He is not much of a poet.
　　그는 대단한 시인은 아니다.

0552 Much will have more.
　　많은 것은 더 많은 것을 가지게 된다. - 욕심은 끝이 없다.

0553 We played golf much of the day.
　　우리는 그 날의 대부분을 골프를 쳤다.

0554 More will be needed for his survival than is being injected.
　　주사되고 있는 양보다 더 많은 양이 그의 생존을 위해 필요될 것이다.

0555 Much more is spent on buying oil than is on buying food.
　　음식을 사는 것에 보다 기름을 사는 것에 훨씬 더 많은 양이 소비되고 있다.

▲ much of + 명사 : 많은 양의 명사,
　much of a + 명사 : 대단한 [명사]

8) 대명사 much 의 관용어구

(1) make much of : 대단하게 여기다

0556 He deliberately made much of my donation.
그는 나의 기증을 고의로 대단시 했다.

0557 We have to make much of the chance.
우리는 그 기회를 최대한 이용해야 한다.

(2) much less : 부정문에서 접속사 nor 의 역할

0558 He has no daily necessities, much less luxuries.
그는 사치품은 말할 것도 없고 일용품도 없다.

(3) as much : 앞에서 언급한 정도와 같게

0559 I thought as much (as ...).
나도 그 정도 생각했었다.

0560 I didn't expect as much (as...).
나는 그 정도는 예상하지 못했다.

(4) as much as possible : 가능한 많이, 가능한 많은

0561 Drink as much tea as possible.
가능한 많은 차를 마셔라.

(5) as much again as : 두 배
half as much again as : 한 배 반
half as much as : 절 반

0562 Take as much again as I gave.
내가 준 것의 두 배를 가져라.

0563 Take half as much again as I gave.
내가 준 것의 한 배 반을 가져라.

0564 Take half as much as I gave.
내가 준 것의 반만큼을 가져라.

(6) this much / that much : 그 정도, 이 정도

0565 A : Say when. This much?
B : O.K. that much.
A : 원할 때를 말하라. 이 정도?
B : 좋아, 그 정도.

(7) as much as to + 원형동사 : ~ 하는 것과 동일한 의미로

0566 He shook his head as much as to say absolutely no.
그는 절대로 아니다 라고 말하는 듯이 고개를 가로 저었다.

III. too

1) too + 형용사, 부사

(1) 형용사나 부사를 수식하여 [매우]

0567 You are too kind.
당신은 매우 친절하다.

0568 He is too gentle.
그는 매우 부드럽다.

0569 That's too bad.
그것은 매우 나쁘다.

0570 He's not too well today.
그는 오늘 몸이 매우 좋지는 않다.

2) too + 형용사, 부사 + for ~ , to 동사원형

(1) 뒤에 부정사나 전치사 for를 호응시켜서 [너무] 라는 부정적 의미로

0571 He is too old for the task.
그는 그 일에는 너무 늙었다.

0572 You are too beautiful for words.
당신은 말로 형언하기에는 너무 아름답다.

0573 What they say is too good to be true.
그들이 말하는 것은 진실이기에는 너무도 좋다.

0574 That will be too much for a child like him.
그것은 그와 같은 아이에게는 너무 심한 일일 것이다.

0575 That is a kind of thing too good to last.
그것은 지속되기에는 너무도 좋은 그런 종류의 것이다 - 오래 가지 못할 것 같다.

(2) 이 경우 too를 강조하여 much too 나 all too, way too 를 사용할 수 있다.

0576 Their puppy love came to an end all too soon.
그들의 풋사랑은 너무 금방 끝나고 말았다.

0577 He is much too weak to cover the distance.
그는 그 거리를 가기에는 너무 연약하다.

0578 This phenomenon happens all too often to be considered a supernatural thing.
이 현상은 초자연적으로 취급되기에는 너무도 자주 발생한다.

0579 It is way too hot today in America.
미국에서 날씨는 너무 더웠다.

0580 The price is way too high and the quality is way too low.
가격은 너무 높고 품질은 너무 낮다.

(3) 여기서 too much 와 much too를 혼동하지 말 것.

0581 There is too much fog for the plane to take off.
비행기가 뜨기에는 너무나 많은 안개가 있다.

0582 The fog is much too thick for the plane to take off.
안개는 비행기가 뜨기에 너무 짙다.

(4) too --- to 구조가 긍정적으로 해석될 수도 있다.

0583 He is too likely to be pleased.
그는 기분이 매우 쉽게 좋아진다.

0584 This car is too cheap to maintain.
이 차는 유지하기에 매우 저렴하다.

0585 I am only too happy to have you back.
나는 당신을 되찾아서 단지 매우 기쁘다.

0586 He is but too satisfied to see his son grabbing books.
그는 아들이 책을 붙들고 있는 것을 보아서 단지 너무 만족스럽다.

(5) cannot 다음에 오는 too 는 동사를 [아무리 -해도 지나치지 않다] 로 해석할 것

0587 You cannot be too healthy.
당신은 아무리 건강해도 지나치지 않다.

0588 I could not have come too early.
내가 아무리 일찍 왔어도 지나치지 않았을 것이다

3) 긍정문에서 전체 문장을 받아서 [역시, 또한]

0589 She is beautiful, and good, too.
그녀는 아름답고 착하기도 하다.

0590 But he has his merits, too.
하지만 그는 장점역시 가지고 있다.]

Question 45

■ 다음에서 어법적으로 잘못된 것은?

(   )my friends had come to that great party held in my residence.

① Won't you come along with me, too?
② Don't you touch the wine glass, either.
③ The worm has too much feet to count.
④ The value of the work can hardly be too much estimated.
⑤ In many cases the feeling of abundance is not much related to money.

Memo

Question 46

- 다음에서 해석되는 방식이 다른 것이 있다면 그 하나는?

  ① She is too young to know what love is.
  ② She is so young she cannot know the true meaning of love.
  ③ Such is her young age that she cannot know what love is.
  ④ Her young age is such that she cannot know what love is.
  ⑤ 해당사항 없음

Memo

Question 47

- 다음에서 어법상 어색한 것은?

  ① I am very obliged to join the army.
  ② The very sight of the animal makes us very horrified.
  ③ I have many kids to take care of, which means I can't be your very own.
  ④ He proved to be the very first man to betray me.
  ⑤ There are plenty of leaders who are not the very biggest experts in their companies.

Memo

Question 48

■ 다음에서 어법상 어색한 것은?

① I need much more friends in this Habitat For Humanity.
② More of the law is applied to the traffic offenders.
③ A lot more should be raised to support the homeless children.
④ Very much of yellow sand is coming across the Yellow Sea.
⑤ Very few match the color of your suit.
⑥ Sizeable majorities said they were much interested in donating their very own organs and those of their children.

Memo

Question 49

■ 다음에서 어법상 어색한 것은?

(   )my friends had come to that great party held in my residence.

① The bird looks shabby and skinny but it's a lot less ugly than its nest mate.
② Being very neglected can't be endured.
③ A very polluted area cannot be used to grow this kind of crop.
④ A : You are very pretty. B: Thank you pretty much.
⑤ It seems that she isn't just pretty, but pretty wise as well.

Memo

23

어순과 도치

Question 50

■ 다음 문장에서 일반적 표현 순서상 어색한 부분이 있다면 정정하세요.

1) In few other situations women are so tempted to willingly sacrifice themselves than when they have their own babies.

2) Never since the beginning of time humans have been willing to reduce their own population in order to protect other species from becoming extinct.

3) Not only we are prompted to take the necessary steps to donate our own organs, we are also being forced to persuade others to sign the explicit consent rule, meaning that they have to declare themselves spontaneous donors.

4) A new study has found that more than 60 percent of California employers with three to nine full-time employees do not offer health insurance, nor are 30 percent of those with ten to fifteen employees.

5) Nowhere has this dedication, earnestness and group ethos been more apparent than at a K-pop concert.

6) Seldom it can happen that they get married in Korea without a permission from their parents.

7) Not until several months later upon living and working in those African countries in West Africa as a Peace Corps volunteer I fully appreciated the power a mask may help hold for your well functioning lungs.

8) Only after two unimaginable incidents happened I came to understand that Korean parents's enthusiasm for children's education well goes beyond what we call common sense.

9) It seems that it is not well-known in Korea that America comprises a vast variety of cultures and ethnicities, a melting pot representative of each spice from every nook and cranny on Earth. Not only does the U.S. have the advantage of a wide variety in our everyday lives, we have the opportunity to observe and learn about the unique cultures and people who call America home.

10) Americans are typically thought of, by Koreans, as loose, immoral and harbingers of social decline, when in fact, your average American resembles nothing of the images portrayed in movies and TV shows. That is the reason we Americans watch these shows in droves : For the entertainment value. Seldom the American viewership identifies with the characters and situations portrayed on screen.

11) No sooner the snake was restored by the warmth of the cottage than it began to attack the farmer's wife and children.

12) No sooner I had settled into my designated seat in the bus than something burning began to smell.

13) Hardly it had appeared on the newspapers before the new social security act was subject to severe criticism.

14) Just as unconditional anti-corporate sentiment is not good for the economic rebound neither does negativity towards all civil servants.

15) Only by abandoning all the attempts to own nuke and nuke programs if any can move North Korea toward the next stage of seeking greater energy and economic assistance in return.

16) Under no circumstances we should institute a system that permits the exchange of money for organs.

17) Under no circumstances buyers shall be liable for any consequential damages.

18) She made it clear that under no circumstances she would give up her dream of being a pilot.

19) Scarcely a week does not go by without any bad scandals on the newspapers.

20) Little they could have been killed had they worn seat belts.

21) In no places on Earth visitors can enjoy unpolluted beauty of nature other than here on this island.

22) Hardly anyone has bothered to answer the question the teacher asked.

23) Hardly an hour passes by but I think of you, my darling.

24) In no other way than through peace talk the conflict between these two parties can be resolved.

25) Little she knows that when she left that day along with her she took my heart.

26) No longer they will have to sit and wait while an outdated computer struggles to fulfill their commands.

27) In fact, since 2003, there have been no primary school students in this island, nor there are any building which can be properly called elementary school.

28) Never more true the old saying ' When in Rome, do as the Romans do' is than when you are at the dinner table.

29) Creatures which feed on moths wouldn't get close to a hornet moth be cause of its appearance and neither are you and I.

30) With no money they kept traveling through the whole Europe and Africa.

Memo

24 부정어 not 과 never

I. not

1) be + not, 조동사 + not

(1) be동사나 조동사 뒤에서 전체 문장을 부정한다.

0591 This isn't the party I have expected it to be.
이것은 내가 그것이 그러길 기대했던 그런 파티가 아니다.

0592 He won't come, will he?
그는 오지 않을 것이다, 그렇지?

(2) 이 경우 축약구조는 다음과 같다.

> isn't / wasn't / aren't / weren't /
> can't / won't / shan't / mustn't / needn't /
> wouldn't / shouldn't / couldn't /
> hasn't / haven't / hadn't
> ain't

(3) 부가의문문이나 청유문에서 not을 주어 뒤로 분리시키기도 한다.

0593 He is arrogant, is he not?
그는 무례하다, 그렇지?

0594 Please help me, will you not?
나를 도와다오, 그래주지 않겠는가?

2) 일반동사 + not

(1) 일반동사를 부정하는 경우 do, does, did 다음에 not 을 붙인다.

0595 I don't think he is candid.
   나는 그가 솔직하다고 생각하지 않는다.

3) 축약구조에서는 병렬구조상 꼭 필요한 것 앞에만 사용한다.

0596 He is my nephew, not my son.
   그는 나의 조카이다, 아들이 아니라.

0597 I came to bury Caesar, not to praise him.
   나는 시저를 묻으러 왔다, 칭송하기 위해서가 아니라.

0598 Will he come? Not he.
   그는 올 것인가? 그가 그럴 리가 없다.

0599 The Koreans will not fight back. Not they.
   한국인들은 맞서 싸우지 않을 것이다. 그들이 그럴 리가 없다.

4) not + 부정사, 분사, 동명사

(1) 준동사 부정할 경우 준동사 앞에 붙인다.

0600 I begged him not to say anything.
   나는 그에게 아무 말도 하지 말라고 애원했다.

0601 I set a pair of alarm clocks so as not to oversleep.
   나는 늦잠을 자지 않으려고 한 쌍의 알람시계를 설정했다.

0602 Not knowing what to do, I just kept silence.
   무엇을 해야 할지 몰라서 나는 그냥 침묵을 지켰다.

0603 He reproached me for my not having let him know about it.
   그는 그것에 관해 내가 그에게 알려주지 않았다는 이유로 나를 나무랬다.

5) not + 한정사, 형용사, 부사

(1) 한정사를 부정하거나 우회적 표현을 하기 위해서 사용한다.

0604 Not a few passengers had a hard time throwing up.
적지 않은 승객들이 토하면서 애를 먹었다.

> not a few = 수가 많은
> not a little = 양이 많은

> not once or twice = 한 두 번이 아니라 여러 차례
> not reluctant = 기꺼이
> not seldom = 드물지 않게, 자주
> not unknown = 유명한
> not too well = 너무 좋지는 않은, 별로인
> not without some doubt = 의심이 없지는 않은, 수상한

(2) not 이 any , a, an , ever 등과 결합하면 단어를 부정하면서 문장전체가 부정문이 된다.

0605 Not any flower can be seen here = No flower can be seen.
꽃이라고는 전혀 보이지 않는다.

0606 Not a man likes this kind of sissy game.
이런 시시한 게임을 좋아하는 남자는 하나도 없다.

0607 Not a single day passes by without my repenting of what I've done.
내가 한 일을 후회하지 않고는 단 하루도 지나가지 않는다.

(3) 이 경우는 동사를 부정하는 것이 아니라 수식어를 부정하는 것이므로 해석에 유의

> not any = no
> not anything = nothing
> not anywhere = nowhere
> not anybody = nobody
> not any more = no more
> not nearly = by no means

(4) not 이 100% 의미하는 말을 받으면 부분부정이 된다.

0608 Not everybody can succeed in the test.
모두가 그 시험에서 성공할 수 있지는 않다.

0609 I do not know both.
나는 둘 다 아는 것은 아니다.

0610 Not all the bees go out for honey.
모든 벌이 다 꿀을 채집하러 나가지는 않는다.

> not altogether = 전적으로 –는 아니다
> not necessarily = 반드시 필요하게는 아니다
> not always = 늘 그런 것은 아니다

6) 문장전체에 대한 부정을 대용해서 사용한다.

0611 A : Is he ill in bed?
B: Not at all.
A : 그는 아파서 누워있는가?
B : 전혀 그렇지 않다.

0612 Right or not, I have been told so.
맞던 아니던 나는 그렇게 들었다.

7) 관용어

(1) as likely as not : [대개, 아마도]

0613 As likely as not they will attract investment from many NGO's without any help from us.
아마도 그들은 우리로부터의 도움 없이도 많은 민간단체에서 투자금을 모을 수 있을 것이다.

(2) more often than not : [흔히]

0614 Films featuring older actresses tend not to require expensive special effects, either, so budgets are more often than not reasonable.
나이든 여배우를 기용해서 만든 영화는 비싼 특수효과역시 요구하지 않는 경향이 있어서 비용은 흔히 저렴하다.

(3) 부사 + not

0615 A : Is he coming?
B: Perhaps not.
A : 그는 올 것인가?
B : 아마 아닐 것이다.

> probably not = 아마 아닐 것이다
> certainly not = 확실히 아니다
> absolutely not = 절대로 아니다
> definitely not = 단연코 아니다
> obviously not = 명백히 아니다
> of course not = 물론 아니다

(4) if not : [그렇지 않다면]

0616 If it clears up soon, the game will go, but if not, you'll be issued rain checks.
만약 곧 날이 개이면 게임은 진행되겠지만 그렇지 않다면 재관람권이 발부될 것이다.

(5) be afraid not : [아니어서 유감이다]

0617 A : Do you think you can lend me some money?
B : I am afraid not.
A : 나에게 돈을 빌려줄 수 있는가?
B : 그럴 수 없어서 유감이다.

(6) hope not 류

0618 A : Will it rain this afternoon? B: I hope not.
오늘 오후 비가 오겠는가? / 그러지 않길 바란다.

I guess not = 아닌 것 같다
I think not = 아닌 것 같다
I suppose not = 아닌 것 같다
I believe not = 아니라고 믿는다
I expect not = 아니기를 기대한다

(7) not that I know of : [내가 아는 한 아니다]

0619 He is a gentleman? Not that I know of.
그가 신사라고? 내가 아는 한 아니다.

8) not A but B

(1) 등위접속사 but 과 함께 사용한다.

0620 Not that I loved him less but that I loved Rome more, I killed Caesar.
내가 그를 덜 사랑해서가 아니라 로마를 더 사랑해서 시저를 죽인 것이다.

0621 It is not how to make money that really counts but how you spend it.
정말 중요한 것은 돈을 버는 방법이 아니라 쓰는 방법이다.

0622 It is not the autocracy of China that makes the Chinese progress but hard work in any circumstances.
중국의 발전을 이루어내는 것은 공산당 독재가 아니라 모든 상황에서의 근면함이다.

0623 It is not the media that have made the most recent votes for Labour in local elections virtually non existent ; it is the public.
최근 지방선거에서 노동당 지지표를 실질적으로 없애버린 것은 미디어가 아니라 대중이다.

0624 It is not the violence itself that makes programs attractive to children, but the vivid images accompanying them.
아이들에게 프로그램들을 매력적으로 만드는 것은 폭력 그 자체가 아니라 프로그램에 수반되는 생생한 이미지들이다.

0625 It is not just the wet weather that can make the inflexibility of licensing unfair, there are often other factors.
면허증발부의 경직성을 부당하게 만드는 것은 젖은 날씨뿐만이 아니다. 종종 다른 요소들이 있다.

0626 It is not the intension of person making the remark that matters, but the impact on others.
문제가 되는 것은 그 말을 하는 사람의 노력이 아니라 타인들에게 미치는 영향이다.

0627 It is not the case that the birds have priority over other animals among wild creatures to be protected from the water pollution of the lake.
그 호수의 수질 오염으로부터 보호되어져야 할 야생종들 가운데 새들이 다른 동물들에 비해 우선권을 갖는 다는 것은 그렇지가 않다.

9) it is not that 절

(1) that 절이 원인 이유의 의미로 해석될 수 있다.

0628 It is not that the money is not there.
그것은 돈이 거기에 없기 때문이 아니다.

0629 It is not that the nuclear risk is something new.
그것은 핵 위험이 새로운 것이기 때문이 아니다.

0630 It is not that the government has not been warned.
그것은 정부가 경고를 받지 못했기 때문이 아니다.

0631 It was not that the outcome was unexpected.
그것은 결과가 예상 밖의 것이기 때문이 아니었다.

0632 It is not that the factory makes a loss.
그것은 그 공장이 손실을 내기 때문이 아니다.

10) not only A but also B : [A 뿐만 아니라 B도]

0633 Walking to work is not only economical but also good for your diabetes.
걸어서 직장에 출근하는 것은 경제적일 뿐만 아니라 당신의 당뇨병에 좋기도 하다.

II. never

1) 동사의 빈도를 부정하는 부사

(1) [전에 한 번도 한 적이 없다, 결코 하지 않는다]

0634 He never gets up early.
그는 결코 일찍 일어나지 않는다.

0635 I have never seen a steamship.
나는 증기기선을 한 번도 본 적이 없다.

0636 She seldom or never scolds children.
그녀는 아이들을 거의 혹은 전혀 꾸짖지 않는다.

0637 He never breaks his promises.
그는 결코 약속을 어기지 않는다.

2) 뒤에 a, an 등을 받으면 해당명사의 양이나 수와 함께 동사를 부정한다.

0638 Never a man answered my question.
한 사람도 나의 질문에 답하지 않았다.

0639 I had never a cent.
나는 일 센트도 가지고 있지 않았다.

3) never + 전치사구

(1) 부사구와 함께 부정문 (문두에 오면 의문문구조로 주절이 도치됨)

0640 Never in my life have I been happier.
내 인생에서 지금보다 행복한 적이 없었다.

0641 Never again after this will I let this happen.
이 번 일 후로 이일은 결코 다시 일어나지 않도록 하겠다.

4) 명령문을 부정하며

0642 Never say never.
결코 아니라는 말은 결코 하지 말라.

0643 Never tell me you don't love me.
나를 사랑하지 않는다는 말을 결코 하지 말라.

◆ 빈도부사로 사용될 때는 100%를 부정한다.
scarcely, hardly, little, rarely 는 약 80-90% 부정어

25 비교구문 심화

I. more 의 활용

1) no more than + 수량 표시어

(1) [어떤 수나 양 이상은 아니다] 라는 의미로서 딱 같은 정도의 수나 양을 말한다.

0644 He had no more than 3 pages to go, when his father told him to go to bed.
그는 단지 3페이지만 더 읽으면서 되었는데 아버지가 가서 자라고 말했다.

0645 There is no more than half my salary left.
단지 내 봉급의 절반이 있다.

0646 I will give you no more than what you give me.
나는 단지 당신이 나에게 주는 것만 당신에게 줄 것이다.

0647 It is no more than six inches long.
그것은 단지 6인치 길이이다.

0648 He weighs no more than 100 pounds.
그는 단지 100 파운드가 나간다.

2) not more than

(1) 최대치가 되어도 그 이하 '라는 의미이다.

0649 I have not more than 5 dollars.
나는 최대 5달러를 가지고 있다

3) than 이하를 생략하고 사용하는 용법

0650 He is no more.
그는 더 이상 존재하지 않는다.

0651 If you won't do it, no more will I.
당신이 하지 않을 것이면 나 역시 더 이상 안할 것이다.

0652 Never more will I see you again.
나는 당신을 더 이상을 볼 수 없을 것이다.

4) A no more B than C

(1) than을 기준으로 앞, 뒤의 내용을 같이 부정하는 방법

0653 I will no more betray her than you will kill your own son.
당신이 아들을 죽이려는 것보다 내가 그녀를 배신하려는 것이 더 크지 않을 것이다
- 즉 그런 일은 둘 다 하지 않을 것이다.

0654 She can no more give up eating chocolate than you can stop drinking.
당신이 술을 그만 마시는 것보다 그녀가 쵸콜렛을 그만 먹는 것이 더 대단하지 않을 것이다
- 즉 둘 다 그런 일을 하지 않을 것이다.

0655 He gives me no more a right to enter his study than I can give him a chance to read my diary.
내가 그에게 나의 일기를 읽어 볼 기회를 주는 것보다 그가 나에게 그의 서재에 들어갈 권리를 주는 것이 더 크지 않을 것이다 - 즉 둘 다 하지 않을 것이다.

0656 Koreans cannot do without kimchi any more than Americans can do without juicy steak.
미국인들이 촉촉한 스테이크 없이 지내는 것보다 한국인이 김치 없이 지내는 것이 더 크지 않을 것이다 - 즉 둘 다 하지 않을 것이다.

0657 He knows no more about the accident than we do.
우리가 아는 것보다 그가 그 사건에 대해 아는 것이 더 크지 않을 것이다 - 즉 둘 다 잘 모를 것이다.

0658 A home without love is no more a home than a body without a soul is a man.
영혼이 없는 육체를 인간으로 보는 것보다 사랑이 없는 집을 가정으로 보는 것이 더 크지는 않을 것이다 - 즉 둘 다 아닐 것이다.

0659 I am no more mad than you are.
당신이 미친 것보다 내가 미친 것이 더 크지 않을 것이다 - 즉 둘 다 미치지 않았다.

0660 I can swim no more than a hammer can.
망치가 수영을 할 수 있는 것 보다 내가 수영을 할 수 있는 일이 더 대단한 일은 아닐 것이다
- 즉 둘 다 못한다.

0661 The moon gives off no more light than a stone. It only reflects.
돌멩이가 빛을 뿜는 것보다 달이 빛을 뿜는 것이 더 크지 않을 것이다 즉 둘 다 빛을 스스로 내지 않는다, 단지 반사할 뿐이다.

▲ 이 용법에서는 보통 than 이하에 말이 안 되는 내용을 담거나 듣는 사람이 잘 알고 있어서 금방이라도 부정할 내용을 쓰고 앞에 이를 비유할 내용을 적은 후 앞의 사실이 뒤의 사실과 비교해 더할 것도 없다 라는 뉘앙스를 써서 두 개가 다 같이 말도 안 된다 라는 최종해석을 한다.

5) A no less B than C

(1) than을 기준으로 양쪽을 동일하게 긍정하는 의미

0662 He has no less been a successful business man than his wife has been a well-caring mother for her children.

그의 아내가 아이들에게 잘 보살피는 엄마인 사실보다 그가 성공한 사업가라는 것이 덜한 사실이 아니다

- 둘 다 맞다.

0663 No less will you prove to lead a happy life with me than did my mother with my father.

내 어머니가 아버지와의 삶을 행복하게 살았다고 판명되는 것보다 당신이 나와 행복하게 살리라고 판명날 것이

덜한 사실이 아니다 - 둘 다 맞다.

0664 She is making no less a beautiful home than her husband is earning a good amount of income.

그녀의 남편이 굉장한 수입을 벌어들이는 것보다 그녀가 아름다운 가정을 꾸미는 것이 덜 한 사실이 아니다

- 둘 다 맞다.

▲ 보통 than 이하에 잘 알려진 인정할 만한 사실을 쓰고 앞의 사실이 뒤의 사실보다 못하거나 덜하지 않다 라는
의미로 결국 두 개가 다 맞다 라고 최종해석 해야 한다.

6) more + 명사

(1) 양이나 수, 빈도 등을 [더한다] 는 의미의 형용사, 부사, 명사로 활용

0665 I need two more days to get it done.

나는 그것을 마치기에 이틀 더 필요하다.

0666 He has more books than I.

그는 나보다 더 많은 책을 가지고 있다.

0667 Seven is more than five.

7이 5보다 더 많다.

0668 One more word about the matter would make me upset.

그 문제에 대해 한 마디만 더 하면 내가 화날 것 이다.

7) 대명사 more

0669 What more is there to say?
더 할 말이 있는가?

0670 More is meant than meets the ear.
귀에 들리는 것보다 더 많은 것이 의미되어 있다.

0671 More was there in the wooden horse than met the eyes.
눈에 보이는 것보다 더 많은 것이 그 목마 안에 있었다.

0672 No more of your jokes, please.
더 이상 농담 마세요.

0673 I hope to see more of her.
나는 그녀를 더 많이 보고 싶다.

8) 부사 much 의 비교급으로 활용될 때

0674 Mary dreaded Tommy's anger more than anything else.
Mary는 Tommy의 분노를 다른 무엇보다 더 많이 두려워했다.

0675 I love you more than I can say.
내가 말 할 수 있는 것보다 너를 더 사랑한다 - 말로 표현 못한다.

9) 형용사나 부사의 접두어로 비교급을 만들 때

0676 She is more beautiful than her sister was when she was sixteen.
그녀는 자매가 16세였을 때 보다 지금 더 아름답다.

0677 Let's walk more slowly.
더 느리게 걷자.

10) more A than B 용법의 색다른 해석

(1) rather than 으로 해석되는 경우

0678 She is more lucky than clever.
그녀는 영리하다기보다 운이 좋다.

0679 She is luckier than I. - 위의 문장과 의미를 비교할 것
그녀는 나보다 운이 좋다.

0680 I was more surprised at her word than annoyed.
나는 그녀의 말에 짜증났다기보다 놀랐다.

0681 He is more a professor than a doctor.
그는 의사라기보다는 교수이다.

0682 They have done more harm than good.
그들은 득이라기보다는 해를 끼쳤다.

11) many 와 much 의 비교급일 때 붙이는 수식어

0683 I need a few more good men.
나는 좋은 사람이 몇 명 더 필요하다.

0684 She needs a little more butter to cook the dish.
그녀는 그 음식을 요리하기 위해 약간의 버터가 더 필요하다.

0685 I want to help him all the more because he is totally neglected among the smart.
나는 그가 영특한 사람들 가운데서 완전히 무시당하기 때문에 더욱 그를 돕고 싶다.

12) and no more 가 문미에 올 때

0686 It is your fancy and no more.
그것은 너의 공상이고 그 이상은 아니다.

0687 He is just a scoundrel and no more.
그는 단지 악당이고 그 이상은 아니다.

13) 부정문과 함께 사용되는 any more

0688 I can't walk any more.
나는 더 이상은 걸을 수 없다.

0689 She was too troubled to talk any more.
그녀는 더 이상 말하기에는 너무도 힘들었다.

0690 The man will never hate you any more.
그 남자는 너를 더 이상 미워하지 않을 것이다.

14) more and more

(1) 점층법적 효과를 나타낼 때

0691 More and more applicants began to gather.
더욱 더 많은 지원자들이 모이기 시작했다.

0692 His adventures got more and more exciting.
그의 모험은 더욱 더 흥미로워 졌다.

0693 The moon shone more and more brightly as the night fell closer.
밤이 깊어짐에 따라 달은 더욱 더 밝게 빛났다.

15) more or less

(1) [다소]

0694 He was more or less drunk.
그는 다소 취했다.

0695 It is an hour's journey, more or less.
그것은 한 시간의 여행이다, 대략 그 정도의

16) more than 의 확대된 의미

0696 She was dressed more than simply.
검소하게 이상으로 즉 초라하게 옷을 입었다.

0697 The story of the earthquake was more than just a story.
그 지진 이야기는 단순한 이야기를 넘어섰다 - 장난이 아니다

0698 He was more than pleased.
그는 매우 기뻤다.

17) not more nor less

(1) [더도 덜도 아닌]

0699 It is neither more nor less than a lie.
그것은 더도 덜도 아닌 거짓말이다.

18) nothing more than 의 의미

0700 He is nothing more than a dreamer.
그는 공상가 이상이 아니다.

0701 He gave me nothing more than an empty container.
그는 나에게 빈 상자 이상의 것을 주지 않았다.

19) the + more를 사용할 때

(1) than 구조와 호응하지 않는 경우

0702 I am the more interested in the review because it is about the book of my own writing.
그것이 나의 책에 관한 것이어서 나는 그 평가에 더욱 관심이 있다.

0703 He is the more competent of the two applicants.
그는 두 응시자 중 더 경쟁력이 있다.

0704 The more one has, the more he wants.
사람이 더 가질수록 더 원하게 된다.

20) 빈도부사 once more=one more time

0705 Please let me see her once more.
그녀를 다시 한 번 더 보게 해주세요.

21) 권유문의 some more /의문문과 부정문의 any more

0706 Will you have some more coffee or tea?
커피나 차 좀 더 드실 것이죠?

0707 Do you have any more ideas than this?
이것 말고 더 많은 아이디어들이 있습니까?

Question 51

■ 다음 빈 곳에 알맞은 표현은?

In physics, the greater (   ) object's mass, the harder it is to put it into motion.

① is an   ② is   ③ it is an   ④ which is an   ⑤ of

Memo

Question 52

■ 다음 빈 곳에 알맞은 것은?

The higher the standard of living and the greater the national wealth, the (   ).

① greater is the amount of paper is used.
② greater amount of paper is used
③ amount of paper is used is greater
④ greater the amount of paper used
⑤ more great is used for the paper-use

Memo

Question 53

■ 한국어의 의미를 전달하기 위해 영작한 부분 중 어색한 곳을 바로 잡으세요.

적도주변의 지구원주가 두 극 주변의 원주보다 40마일 이상 긴 것으로 계산되었다

It has been calculated that the Earth's circumference around the equator is more than forty longer miles than that around the two poles.

Memo

Question 54

■ 영작 중 어색한 곳을 바로 잡으세요.

개는 다른 어떤 감각보다 후각에 더 많이 의존한다.

The dog relies more on its sense of smell than any other.

Memo

Question 55

■ 다음 중 어색한 한 단어를 정정하세요.

Mammals have a larger, much well-developed brain than do other animals.

Memo

Question 56

■ 다음 빈 곳에 알맞은 표현은?

Probably no man has had more effect on the everyday lives of most Americans (   ) Henry Ford, a pioneer in automobile production , and Edison, an inventor of all modern electric conveniences ,and Bill Gates who started a revolution of information.

① as were
② than were
③ than did
④ as did
⑤ than had

Memo

II. less 의 활용

1) less + 불가산 명사 (uncountable noun)

(1) 양을 따지는 little의 비교급

0708 You had better eat less meat.
당신은 육류를 덜 먹는 게 좋겠다.

0709 Less noise, please.
소음 좀 줄여주세요.

0710 You have to understand that there are some who have more, and others less.
어떤 사람들은 더 가지고 있고 다른 사람들은 덜 가지고 있는 것을 이해해야 한다.

Question 57

- 다음을 같은 의미로 완성하세요.

    More people studied Latin in the past than now = (　　) people (　　) Latin now than in the past.

    Memo

2) lesser

(1) less 와 동일한 비교급 - [정도가 덜한 것] 이라는 의미

0711 Choose the lesser of two evils.
두 개의 악 중 덜한 것을 선택해라.

0712 We must grow out of the position of a lesser nation.
우리는 약소국의 지위에서 성장해 벗어나야 한다.

3) less + 원급 형용사, 부사

(1) 열등비교를 만드는 접두어로

0713 Try to be less exact = Try not to be so exact.
덜 정확하려고 애써라 = 너무 완벽히 굴지 말라.

0714 He was less scared than surprised.
그는 겁먹었다기보다 놀랐다.

0715 The less said, the better.
덜 말할수록 더 좋다.

4) no less than, little less than

(1) as much, many as 의 의미

0716 He is no less than dead.
그는 죽은 것이나 같다.

0717 He is little less than a king in his home.
그는 그의 집에서 왕이나 거의 같다.

0718 I do not say that he is careless, much less that he is dishonest.
나는 그가 부주의하다고 말하는 것도 그가 부정직하다고 하는 것도 역시 아니다.

0719 He gave me no less than 100 dollars for my pocket money.
그는 나의 용돈으로 100불 씩이나 주었다.

5) not less ... than 과 no less... than

(1) [차이가 있다] 와 '차이가 없다'

0720 You are not less rich than he is.
당신은 그 보다 덜 부유하지 않다 - 더 부유할 수도 있다.

0721 You are no less rich than he is.
당신은 그만큼 부유하다.

0722 She is no less beautiful than her sister.
그녀는 자매만큼 아름답다.

0723 She is not less beautiful than her sister.
그녀는 자매보다 덜 아름답지 않다 - 더 아름다울 수 있다.

6) nothing less than = the same

0724 It is nothing less than a fraud.
그것은 다름 아닌 사기이다.

0725 We expected nothing less than an attack.
우리는 다름 아닌 공격정도는 예상했다.

7) 전치사적 의미 (minus)

0726 It has been a year less three days.
그것은 일 년에서 삼일모자란다.

26
not so much A as B 의 활용

(1) [B 만큼 A 의 성격이 강하지는 않다] 라는 구조에서 기원한 용법으로 [A라기 보다는 B] 의 이미지로 활용한다.

0727 As parents, we are not giving our children what they need, so much as what we think will shield them from seeing whatever it is in us that we think we lack.

부모로서 우리는 아이들이 필요로 하는 것이라기보다는 우리 생각에 우리가 부족하다고 여기는 그 어떤 것도 아이들이 볼 수 없도록 가려줄 것을 주고 있는 것이다.

0728 What disappointed me was not so much your failure to complete the job as your disingenuous efforts to avoid all the risks.

나를 실망시킨 것은 당신이 그 일을 완수하지 못했다 라기 보다는 모든 위험을 피하려는 당신의 솔직하지 못한 노력이었다.

0729 Scientific advances often come from uncovering some previously unseen aspect of things, not so much as a result of using some new theory but as a result of a total coincidence.

과학적 발전들은 새로운 이론을 이용한 것의 결과로서 라기 보다는 전적인 우연의 결과로서 사물들의 이전에 관찰되지 않았던 측면을 발견하는 것으로부터 나오기도 한다.

0730 Stress is not so much the product of hard work as of having to switch attention from one task to another without having any control over the process.

스트레스는 노고의 산물이라기보다는 과정에 대한 통제 없이 하나의 일에서 다른 일로 주의를 옮겨야만 하는 것의 산물이다.

0731 According to psychologists, a person's attention is attracted not so much by the intensity of different signals as by their context, significance, and information content.

심리학자들에 따르면 한 사람의 주의는 다른 신호들의 강렬함에 의해서 라기 보다는 신호들의 정황, 의의, 그리고 정보내용에 의해 이끌린다.

0732 If I say I have learned a great many things from peple around, I mean I don't learn so much from my same kind as from the unfamiliar.

내가 만일 주위 사람들로부터 많은 것을 배웠다고 말한다면 내 말은 동종으로부터 라기 보다는 낯선 사람들로부터 배운다는 것이다.

27

전치사 + 목적어의 위치

Question 58

■ 다음에서 구조상 어색한 지문을 고르세요.

The higher the standard of living and the greater the national wealth, the ( ).

① I don't see as cultural issues these differences that they face when it comes to intercultural marriages.

② After you come back from an exotic trip with your family, you will be surprised at the memories your little

③ son will take home, and often quite unprepared for the insights he will have of the culture he visited and people he met. Don't devalue the things your little children find exciting and wonderful or try to always turn their attention to what you as an adult feel is more important aspect of what you are seeing.

④ The activity of the predators chasing the herbivores around was for the health of grasslands as essential as the grazing activity itself of the herbivores.

⑤ Most parents use as an opportunity to park their kids in front of the TV set and do something in another room an educational program.

⑥ They developed what they called cafe espresso, on which are based almost all the modern coffee machines through which we can easily enjoy this wonderful liquid.

Memo

(1) 주로 [전치사 + 명사] 구조로 이루어져서 동사와 해석상 한 조를 이루는 부가정보들은 타동사의 목적어가 길 때 탄력적으로 위치가 바뀐다. 그 외 보어나 관계사절에서도 길이와 수식의 관계를 명확하게 만들기 위해 위치를 선정한다.

0733 He deprived me of the thing that I thought I deserved.
그는 나에게서 내 생각에 내가 받을 만한 자격이 있는 것을 빼앗았다.

0734 He deprived of the food the female slave who had a son to feed.
그는 먹일 아들이 있는 그 여자 노예에게서 그 음식을 빼앗았다.

0735 I filled the tank with gasoline.
나는 그 탱크를 휘발유로 채웠다.

0736 I filled with gasoline the aluminum tank which had originally been designed for storing water.
나는 원래 물을 저장하도록 고안된 그 알미늄탱크를 휘발유로 채웠다.

0737 They attributed their success to good luck.
그들은 그들의 성공을 행운 탓으로 돌렸다.

0738 They attributed to good luck their consecutive successes on the battlefields far from their own land.
그들은 고국으로부터 멀리 떨어진 전쟁터에서의 연속적 승리를 행운 탓으로 돌렸다.

0739 Please give this to him.
이것을 그에게 주세요.

0740 Please give to him this recommendation letter prepared by the professor.
그 교수에 의해 준비된 그 소개편지를 그에게 주세요.

(2) 명사를 뒤에서 꾸미는 [전치사 + 명사] 구조는 관계사절이 수식하는 선행사에 따라 탄력적으로 위치가 바뀐다.

0741 The container of the glasses which he had been looking for was in the drawer.
그가 찾고 있었던 그 안경의 보관상자가 그 서랍 속에 있었다.

0742 The glass container which he had been looking for was in the drawer.
그가 찾고 있었던 그 안경집이 그 서랍 속에 있었다.

0743 The keys he has of the car look very peculiar.
그 자동차의 그가 가진 열쇠는 매우 특이해 보인다.

0744 The keys of the car he has look very peculiar.
그가 소유한 자동차의 열쇠는 매우 특이해 보인다.

28 관사와 형용사의 어순

Question 59

■ 다음에서 형식이 다른 make 동사가 포함된 절을 고르세요.

① He made a final decision on which date the operation should start.
② She made beautiful necklaces out of pearls.
③ The globalization made distinctive the gap between the winners and losers in the economic development games.
④ The sales department should make great use of the advertizing opportunity.

Memo

Question 60

■ 다음에서 어순이 잘못된 것을 고르세요.

① He is likely to talk at a too fast rate to have conscious awareness of the things about which he is talking.
② They cut so many trees that the soil was exposed to harsh weather.
③ He needs as hard a worker as is willing to work until late at night.
④ However easy a task may seem at first, you must remember there is many a slip between the cup and the lip.
⑤ He is so nice an American that he always feels indebted to American Indians for the rich and beautiful nature he enjoys.

Memo

29

can't + 비교급

Question 61

■ 다음 중 그 의미가 다른 하나는?

① He is very different from his twin brother.
② He can't be more different from his twin brother.
③ He is one thing and his twin brother another.
④ He and his twin brother are at either end of the spectrum each.
⑤ If he says yes to one thing, his twin brother can't agree more.

Memo

---

(1) [더할 수가 없다] 라는 의미에서 최상의 의미를 가진다는 점에 주의

0745 It can't be finer today.
오늘 날씨는 최고이다.

0746 It can't be fine today.
오늘은 날씨가 좋을 수가 없다.

0747 I couldn't have come at a more convenient time.
나는 더 편한 시간에 올 수는 없었을 것이다 - 최고로 편한 시간에 왔다.

0748 I couldn't have come at a convenient time.
나는 편한 시간에는 올 수 없었을 것이다.

0749 Your idea can't be better.
당신의 생각은 최고이다.

0750 Your idea can't be good.
당신의 생각은 좋을 수가 없다.

0751 The light can't be brighter.
그 빛은 최고로 밝다.

0752 The light can't be bright.
그 빛은 밝을 수가 없다.

0753 I can't walk faster.
나는 더 빨리 걸을 수 없다 - 지금 최고로 빨리 걷고 있는 것이다.

0754 I can't walk fast.
나는 빨리 걸을 수 없다.

30 whatever

1) 명사절을 만드는 선행사와 관계대명사의 합성어

0755 We will implement whatever we have promised.
우리는 우리가 약속했던 어떤 것도 실행할 것이다.

= We will implement anything we have promised.

0756 I will fix whatever is wrong with my son.
나는 아들에게 잘못된 어떤 것도 고치겠다.

= I will fix anything that is wrong with my son.

0757 I will do whatever it takes to become a true hero.
나는 진정한 영웅이 되는 것에 필요한 어떤 것도 하겠다.

=I will do anything that it takes to become a true hero.

0758 He can recite whatever lyrics there are in the songs of the Beatles.
그는 비틀즈의 노래들에 있는 어떤 가사들도 다 암송할 수 있다.

=He can recite any lyrics that there are in the songs of the Beatles.

0759 Whatever will happen here will happen again elsewhere.
여기서 일어나는 어떤 일도 다른 곳에서 다시 일어날 것이다.

= Anything that will happen here will happen again elsewhere.

0760 Whatever can be exploited will be exploited.
이용될 수 있는 것은 결국 이용될 것이다.

=Anything that can be exploited will be exploited.

0761 I want whatever is left over wrapped.
나는 남겨진 어떤 것도 포장되길 원한다.

=I want anything that is left over wrapped.

0762 Whatever request you make will be granted.
당신이 하는 어떤 요구도 수용될 것이다.

=Any request that you make will be granted.

2) 양보의 부사절을 유도하는 접속사

0763 Whatever he has done, he repents.
그가 무엇을 하더라도 그는 후회하는 스타일이다.

=No matter what he has done, he repents.

(1) Whatever he has done he repents. 의 경우에서처럼 콤마를 사용하지 않으면 명사절에서 목적어가 도치되어서 앞으로 나간 것이기 때문에 뉘앙스의 차이가 생긴다.

0764 Whatever size you are, we can get you properly dressed.
당신이 사이즈가 무엇이건 우리는 당신에게 제대로 옷을 맞추어 줄 수 있다.

=No matter what size you are, we can get you properly dressed.

0765 Whatever he did, he did it bravely.
그가 무엇을 했던 그는 그것을 용감하게 했다.

= No matter what he did, he did it bravely.

3) 명사로 끝나는 부정문을 강조하여

0766 I have nothing whatever (whatsoever) to offer to you.
나는 당신에게 제안할 것이라고는 아무것도 없다.

0767 I will not do it for any reason whatever.
나는 어떤 이유로도 그것을 하지 않을 것이다.

0768 I will not do it for whatever reason.
나는 아무 이유로도 그것을 하지 않을 것이다.

4) what 이 의문사일 때 [도대체] 라는 의미로 강조하여

(1) 이 경우 ever 는 분리된다.

0769 What happened to him?
그에게 무슨 일이 일어났는가?

0770 What ever happened to him?
그에게 도대체 무슨 일이 일어났는가?

0771 What did you do with my dog?
당신은 나의 개에게 무슨 일을 했는가?

0772 What ever did you do with my dog?
당신은 나의 개에게 도대체 무슨 일을 했는가?

31 숨겨진 가정법 찾기

♦ 가정법의 주절동사 구조와 정황 그리고 if 절의 역할을 대신하는 다양한 표현으로 가정법의 결과를 표현하는 방식이다.

0773 I give and give and give to my child, because I don't have any other way to get my child's love than through constantly giving him what I think is good for him. He could never accept me for who I am, rather than for what I can give him.

나는 내 아이에게 주고, 주고, 또 준다, 왜냐하면 나는 내 생각에 그에게 좋은 것을 그에게 끊임없이 주는 것을 통해서말고는 아이의 사랑을 얻을 다른 방법을 갖지 못하고 있기 때문이다. 그는 내가 그에게 줄 수 있는 것에 대해서 말고는 나를 있는 그대로의 존재로는 받아들일 수 없을 것이다.

0774 Allow your children to experience things in their own way. The Buddha statue may seem very impressive to you, but if your son seems to be more interested in the vendor who sells some sticky drinks, do not think the trip is a failure and your little philistine would have been better at home.

당신의 아이가 자신들의 방식으로 일들을 경험하게 허용하라. 부처님상이 당신에게는 인상적으로 보일지도 모르지만 만약 당신의 아이가 끈적거리는 음료를 팔고 있는 노점상에게 더욱 관심을 가진 것처럼 보인다 해도 그 여행이 실패이고 당신의 어린 속물이 집에 있었더라면 더 나았을 것이라고 생각하지는 마라.

0775 I am not going to attempt to recommend any particular diet in this book. What I am going to do is make some general recommendations that would be compatible with almost any of these diets.

나는 이 책에서 어떤 특별한 식이요법을 권고하고자 하지는 않을 것이다. 내가 하고자하는 것은 이런 식이요법들 중 거의 어떤 것과도 공존할 수 있을 일반적인 충고를 하는 것이다.

0776 You wouldn't don the first outfit your groping hand hits in the darkened closet, so you shouldn't leave your conversing to the first thought that comes to mind when facing a group of expectant, smiling faces.

당신은 어두운 옷장 안을 더듬는 당신의 손이 닿은 첫 번째 옷을 걸치지는 않을 것이다. 그러므로 당신은 당신의 대화를, 기대하며 웃는 얼굴들의 한 무리를 만날 때 당신의 마음에 떠오르는 첫 번째 생각에 맡겨서는 안 될 것이다.

0777 Keep your personal views out of the discussion. Neutrality on the part of the teacher is the key to a successful discussion of controversial issues. Experts in education recommend that the teachers withhold their personal opinions in classroom discussions. The position of the teacher carries with it an authority that might influence some students to accept the teacher's opinion without question, thus missing the point of the activity. There also is a danger that the discussion could develop into an indoctrination of a particular value position rather than an exploration of several positions.

당신의 개인적 견해들을 토론에서 제외시켜라. 중립성은 선생의 입장에서 논쟁적 화제의 성공적 토론에서 핵심이다. 교육전문가들은 선생들이 그들의 개인적 의견들을 교실토론에서 억제해야 한다고 권고한다. 선생의 자리는 그것과 함께 학생들이 의심없이 선생의 의견을 수용하고 그럼으로써 토론활동의 핵심을 놓치도록 영향력을 행사할 수 있는 권위를 수반한다. 또한 그런 토론은 자칫 다양한 입장의 탐사라기보다는 특정한 가치입장의 주입으로 발전할 위험이 있다.

0778 If you are in management, ask your boss, and even your staff members, if they can see anything you could do differently that would enable you to do your job better.

만약 당신이 경영진에 있다면 당신의 사장에게 그리고 심지어 직원들에게 당신이 당신의 일을 더 잘 하도록 해 줄 당신이 달리 할 수 있는 그 무엇인가를 그들이 볼 수 있는지의 여부를 물어보아라.

0779 Thank you for supplying the credit information I asked for. I wish I could say, "Yes, we'll be pleased to have you as a credit customer." However, on the basis of the information I have received about the condition of your business and the comments of those whom you owe, I must give you a reluctant no at the moment. We truly believe that it would not be wise for you to take on other obligations at this time.

제가 요청했던 신용정보를 제공해주신 것 감사드립니다. 내가 "네, 우리는 당신을 신용고객으로 모시게 된 것을 기쁘게 생각할 것입니다." 라고 말할 수 있다면 얼마나 좋겠습니까? 하지만, 제가 받은 당신의 사업체 상황에 대한 정보와 당신의 채권자 논평에 근거하여 저는 지금 당장은 당신에게 원치 않은 거절을 드려야 합니다. 우리는 당신이 지금 다른 채무를 떠안는 다면 그것이 현명한 일이 아니라고 진실로 믿습니다.

0780 "When an employee who doesn't report directly to me received a significant promotion and her boss let me know, I immediately picked up the phone to say congratulations. It is unusual for her to hear from me, and you could hear it in her voice.

나에게 직접 보고하지 않는 직원이 중요한 진급을 해서 그녀의 직속상관이 나에게 알려주었을 때 나는 즉시 축하하기 위해 전화를 들었다. 그녀가 나로부터 축하의 말을 듣는 것은 흔하지 않은 일이고 그것을 그녀의 목소리를 들으면 금방 알아차릴 수 있을 것이다.

0781 Had Zinedine Zidane paused for a fraction of a second to reflect, he would have realized that the action might cost the defeat of his team and the ruin of his reputation.
지네딘 지단이 다시 생각하기 위해 아주 잠시라도 멈추었더라면 그는 그 행동이 그의 팀의 패배와 그의 명성의 파괴를 초래할지도 모른다는 사실을 깨달았었을 것이다.

0782 No more fiendish punishment could be devised, were such a thing physically possible than that one should be turned loose in society and remain absolutely unnoticed by all the members thereof.
만약 그런 일이 물리적으로 가능하다면 한 사람이 사회 속에 풀어놓아져서 거기의 모든 구성원들에 의해 절대적으로 주목받지 못하는 상태로 남는 것보다 더 잔인한 형벌이 고안될 수는 없을 것이다.

0783 If no one turned around when we entered, answered when we spoke, or minded what we did, but if every person we met cut us dead, and acted as if we were non-existing things, a kind of rage and impotent despair would ere long well up in us, from which the cruelest bodily tortures would be a relief; for these would make us feel that however bad might be our plight, we had not sunk to such a depth as to be unworthy of attention at all.
만약 우리가 들어갔을 때 아무도 돌아보지 않고 우리가 말했을 때 아무도 답하지 않고 우리가 하는 일에 아무도 신경 쓰지 않고 우리가 만나는 모든 이들이 우리를 죽은 사람처럼 여기며 우리가 존재하지 않는 것처럼 행동한다면 일종의 분노와 무기력한 절망감이 머지않아 우리 속에 고이게 되고 그것으로부터 가장 잔인한 육체적 형벌이라도 그것이 하나의 안도가 될 것이다. 왜냐하면 이런 고문들이 우리의 곤경이 아무리 힘들어도 우리가 주목받을 가치조차 없는 그런 수준까지 전락한 것은 아니 구나 라고 느끼게 만들어 줄 것이기 때문이다.

0784 In a face to face setting, the messages without greetings or preamble would be abrupt or even rude, depending on the relationship between the participants.
대면하는 상황에서는 인사나 머리말 없는 메시지들은 참가자들 사이의 관계에 따라서 갑작스럽고 심지어 무례할 수도 있기 때문이다.

0785 30 - 50% of all plant, amphibian, reptile, bird, and mammal species are found in just 25 biodiversity "hot spots" that make up less than 2% of Earth's ice-free land area (Figure 14.14). Thus, stopping habitat destruction in the hotspots could greatly reduce the global extinction rate.
모든 식물과 양서류, 파충류, 조류 그리고 포유류 종의 30~50%가 지구의 얼음이 없는 지역의 2% 미만을 구성하는 단 25개의 종의 다양성 집중구역에서 발견된다. 그러므로 이 집중구역에서 서식지파괴를 멈춘다면 지구의 멸종속도를 엄청나게 늦출 수 있을 것이다.

0786 A little conscious breathing would have enabled him to feel better about himself and allowed him to be more calm and clear.
약간의 의식적인 호흡을 했더라면 그는 자신에 대해 좀 더 편하게 느끼고 자신이 좀 더 침착하고 명쾌해지도록 해주었을 것이다.

32 조동사 should

1) 의무, 당위

(1) [~해야 한다, 하는 것이 당연하다, 하면 된다.]

0787 You should be punctual.
당신은 시간을 지켜야 한다.

0788 What should I do in such a case?
그런 경우 내가 무엇을 해야 하는가?

2) should have pp

(1) [~했어야 했는데 하지 않아서 유감이다.]

0789 You should have seen that film.
당신은 그 영화를 보았어야 했다.

0790 You should not have done that.
당신은 그것을 하지 말았어야 했다.

3) 말하는 사람의 유감, 놀라움 등을 표현하는 진주어 절, 혹은, 목적어 절에서

0791 It is a pity that he should miss such a golden opportunity.
그가 그런 황금의 기회를 놓치는 것은 유감이다.

0792 It is strange that you should not know it.
당신이 그것을 알지 못하다니 이상하다.

0793 It is surprising that she should be still married to the man.
그녀가 그 남자와 여전히 부부라니 놀랍다.

0794 I wonder such a man as he should commit an error.
그와 같은 남자가 실수를 저지르다니 이상하다.

4) 말하는 사람이 내린 판단의 당위성을 강조하여

0795 vIt is not necessary that I should go there.
내가 거기 가야하는 것은 필수적인 것은 아니다.

0796 It is natural that he should help you.
그가 당신을 돕는 것은 당연하다.

◆ (3), (4) 항의 경우 말하는 시점보다 과거의 사실에 대하여 언급할 때 should have pp를 사용하는데 이것과 (2) 항의 should have pp를 혼동하지 말 것.

0797 It is natural that he should have refused to help us.
그가 우리를 돕는 것을 거절했던 것은 당연하다.

0798 It is regrettable that he should have quit school.
그가 학교를 그만두었다니 유감이다.

◆ (3), (4) 항의 경우 should를 사용하지 않고 절을 구성할 수도 있다.

0799 It is surprising that he did not come.
그가 오지 않았던 것은 놀랍다.

0800 It is strange that he looks so happy at his brother's death.
[그가 형제의 죽음에 대해 그토록 행복해 보이다니 이상하다.

5) [명령, 주장, 결정, 판결, 요구, 발의, 충고, 권고, 제안] 등을 표현하는 당위절에서

0801 It was proposed that we should do it at once.
우리가 즉각 그것을 해야 한다고 제안되었다.

0802 I insist that he should stay where he is.
그가 현재의 곳에서 머물러야 한다고 나는 주장한다.

0803 The court decided that she should be fined 300 dollars.
법원은 그녀에게 3 백 달러의 벌금이 부과되어야 한다고 판결했다.

0804 The king ruled that his army should attack the fort under the cover of darkness.
왕은 그의 군대가 야음을 틈타 그 요새를 공격해야 한다고 명령했다.

0805 They demand that the newspaper should be delivered earlier in the morning.
그들은 그 신문이 좀 더 이른 아침에 배달되어야 한다고 요구한다.

0806 I recommend that she should be hired for the position.
나는 그녀가 그 자리에 고용되어야 한다고 권고한다.

0807 They have advised that the city should not have any landfill.
그들은 그 도시가 어떤 매립지도 가져서는 안 된다고 충고했다.

0808 The committee suggest that there should be more investigation.
더욱 많은 조사가 있어야 한다고 그 위원회는 제안한다.

0809 My boss asked that the sales department should be reduced in its size.
나의 사장은 영업부가 그 규모를 줄여야 한다고 요구했다.

0810 The regulation requires that no one should stay within the park after 8. p.m.
규칙은 그 누구도 오후 8시 이후 공원 안에 머물러서는 안 된다고 요구한다.

0811 The general requested that every prisoner should be set free before him.
그 장군은 모든 죄수가 그 보다 먼저 해방되어야 한다고 요구했다.

0812 I have made a suggestion that my son should major in art.
나는 내 아들이 미술을 전공해야 한다고 제안했다.

0813 I have received a recommendation letter that you should be transferred to Korea.
나는 당신이 한국으로 전근되어야 한다는 권고편지를 받았다.

(1) 이 경우, insist 는 당위성을 주장하는 경우와 신빙성을 주장하는 경우를 구별해야 한다.

0814 They insisted that they used the machine only for pumping water.
그들은 자신들이 오로지 물을 펌프질 하는 용도로 그 기계를 이용했다고 주장했다.

0815 They insisted that they should use the machine only for pumping water.
그들은 자신들이 오로지 물을 펌프질하는 용도로 그 기계를 사용해야 한다고 주장했다.

(2) 이 경우 suggest 는 '암시하다'와 '제안하다'를 구별해야 한다.

0816 The number of the enemy soldiers suggests that we have not done much damage to them.
적병들의 숫자는 우리가 그들에게 많은 피해를 입히지 못했다는 것을 암시한다.

(3) (5)항의 경우 미국영어에서는 should를 제외한 동사의 원형을 사용하기 때문에 각별히 주의해야 한다.

0817 I proposed that he be promoted to the sales manager.
나는 그가 영업부장으로 승진되어야 한다고 제안했다.

6) why 와 함께 사용되어 이해할 수 없음이나 놀람, 유감 등을 나타낼 때

0818 Why should he go for you?
왜 그가 당신대신 가야 하는가?

0819 There is no reason why philosophers should not be men of letters.
철학자들이 문학가들이 아니어야 한다는 이유는 없다.

7) if 조건절에서 가능성이 매우 낮은 조건이나 바라지 않는 사실을 전제할 때

0820 If I should be ever given another chance, I will surely make you satisfied.
나에게 만에 하나 또 다른 기회가 주어진다면 나는 확실히 당신을 만족시킬 것이다.

0821 Even if he should deceive me, my lover for him would not change.
설령 그가 나를 속인다 해도 그에 대한 나의 사랑은 변하지 않을 것이다.

0822 If I should fail, I would try again.
만에 하나 실패해도 나는 다시 시도하겠다.

▲ 이 경우 if를 생략하고 should 로 시작하는 의문문 형태로 조건절을 구성할 수 있다.

0823 The oxygen masks will be automatically released should any emergency occur.
비상사태가 발생한다면 산소마스크가 자동으로 풀어져 내려옵니다.

8) 추측의 의미로 사용될 경우 'perhaps' 의 대용 개념이다.

0824 They should come back by 4 o'clock, I suppose.
내 생각에 그들은 4시까지는 돌아올 것 같다.

0825 The rain should stop early in the afternoon, I guess.
내 추측에 비가 오후에는 그칠 것 같다.

9) lest 다음에 오는 절에서 사용하며 미국영어에서는 생략하고 동사원형 가능

0826 He made up his mind not to eat meat lest his health condition should get worse.
그는 건강 상태가 더 악화되지 않도록 육류섭취를 중단하기로 결심했다.

10) 시제의 일치에 따라 shall을 should 로 바꾸는 종속절에서

0827 I knew I should get well soon.
나는 곧 회복될 것을 알았다.

0828 He said that he should get there before dark.
그는 어두워지기 전에 그곳에 당도하겠다고 말했다.

0829 I asked him if I should bring him a chair?
나는 그에게 의자를 가져다줄지 여부를 물어보았다.

0830 I asked her if the man should carry her suitcase.
나는 그녀에게 그 남자가 그녀의 짐가방을 운반하게 될지 여부를 물어보았다.

11) 완곡한 의사표현을 위해서

0831 He likes being with you, I should think.
사료컨대 그는 당신과 있는 것을 좋아합니다.

0832 It is not very hard, I should say.
감히 말하건대 그것은 대단히 어렵지는 않습니다.

12) would like to 의 대용으로

0833 I should like to go with you.
나는 당신과 가고 싶다. -미국에서는 would like to를 즐겨 사용한다.

13) 가정법 과거완료시제를 사용하는 과거사실 반대가정의 경우 주절에서 would have pp를 대용하여 should have pp를 사용한다. 이 경우 (2) 항과 혼동하지 말 것.

0834 If it had not been for his advice, I should have had much trouble.
그의 충고 덕분이 아니었다면 나는 많은 애를 먹었을 것이다.

33 as 완전정리

1) 양태절 유도 접속사

(1) [하듯이, 이듯이, 하는 것처럼] 양태나 방법의 접속사로 부사절을 유도한다. 강조할 때 as 앞에 just 나 exactly 부사를 사용하기도 하며 주절 앞에 so를 붙일 수 있다. 주절에 so가 붙을 경우 주절을 의문문 구조로 도치시킬 수 있다.

0835 Just as rust eats iron, care eats the heart.
녹이 쇠를 먹듯이 근심은 우리의 마음을 갉아 먹는다.

▲ 이 경우 주절을 강조하기 위해 주절 앞에 so를 붙일 수 있고 붙일 경우 주절이 의문문의 어순으로 도치될 수 있다.

0836 As you sow, so shall you reap.
당신이 씨를 뿌린 대로 당신은 수확을 할 것이다.

0837 (Do) as you please = as you wish.
원하는 대로 하세요.

0838 Leave it as it is.
있는 그대로 내버려두라.

▲ 이 경우 부사절과 주절에 각각 비교하는 형용사나 부사가 있을 경우 원급비교를 만들 수 있다.

0839 He is as reticent as you are.
그는 당신만큼 과묵하다.

0840 He does it as fast as I do.
그는 그것을 나만큼 빨리 한다.

▲ 이 때 형용사나 부사 앞에 붙어 있는 as 는 일종의 지시 부사로서 equally 혹은 so 의 의미를 가진다.

(2) as.... as 구조로 원급비교구문을 만들었을 때 뒤의 as 이하는 비교의 핵심이 되는 부분만을 남기고 생략할 수 있다.

0841 He is so kind as to help me.
그는 나를 도와주는 것만큼 친절하다 = 그는 나를 도울 정도로 친절하다.

0842 It is not so easy as you might think.
당신이 생각하는 것만큼 그것은 쉽지 않다.

0843 Don't do as you please.
당신이 원하는 대로 하지 마라.

0844 Don't take things as they look.
겉으로 보이는 대로 상황을 받아들이지 마라.

0845 Living as I do so remote from town, I rarely have visitors.
도시에서 멀리 떨어진 곳에서 살고 있어서 나는 방문자를 갖는 경우가 드물다.

(3) 이 경우 접속사 if를 더하여 as if를 만들면 [마치 -하듯이] 라는 의미가 된다.

0846 I feel as if I had not long to live.
내 느낌이 마치 오래 못살 것 같다.

0847 He looked at her as if he had never seen her before.
그는 마치 예전에 그녀를 본 적이 없는 것처럼 쳐다보았다.

0848 It looks as if it is going to rain.
비가 올 것처럼 보인다.

0849 It looked as if the fight would never end.
그 싸움은 끝날 것 같아 보이지 않았다.

2) 시간의 부사절 유도 접속사

(1) [할 때, 하는 순간, 하는 동안] 시간의 부사절을 유도한다.

0850 He came up as I was talking to his mother.
내가 그의 어머니와 이야기하고 있을 때 그가 다가왔다.

0851 Just as I was entering the classroom, there was a big explosion.
내가 막 교실로 들어가고 있을 때 커다란 폭발이 있었다.

0852 He trembled as he spoke.
그는 이야기를 하면서 몸을 떨었다.

3) 비례의 부사절 유도 접속사

(1) [~함에 따라, ~할수록] 비례의 부사절을 유도한다.

0853 As we go up, it gets colder.
우리가 위로 올라갈수록 온도는 추워진다.

4) 원인, 이유의 부사절 유도 접속사

(1) [~ 때문에, 까닭에]

0854 As you are so sorry, I'll forgive you.
당신이 그토록 미안해하니 내가 용서하겠다.

0855 As it was getting warmer, I took off the jacket.
날씨가 더워지고 있어서 나는 윗옷을 벗었다.

0856 Young as he was, it is natural that he should have acted so foolishly.
그는 젊었기 때문에 그토록 어리석게 행동했던 것이 당연하다.

5) 양보의 부사절 유도 접속사

(1) [~라 해도, 에도 불구하고] 도치구조에서 가능한다.

0857 Woman as she was, she was brave enough to lead the whole platoon.
그녀가 여성이었지만 그녀는 그 분대전체를 이끌 만큼 용감했다.

0858 Roughly as I estimated the numbers, the sum total was exactly correct.
내가 그 숫자들을 대충 계산해보았지만 합계는 정확히 맞았다.

0859 Old as he was, he was very competent in teaching gymnastics.
그는 늙었지만 체육을 가르치는 것에 매우 뛰어났다.

6) 앞 구조를 제한하는 의미로서 사용되는 as 절

(1) [~하는 것으로서의] 라는 의미로 바로 앞의 명사나, 구, 절을 제한한다.

0860 The origin of universities as we know them is commonly traced back to the twelfth century.
우리가 아는바 대로의 대학들의 기원은 일반적으로 12세기로 거슬러 올라간다.

0861 Socrates' conversations as reported by Plato were full of shrewd humor.
플라톤에 의해 기록된 소크라테스의 대화들은 신랄한 유머로 가득했다.

0862 The world as it is today is not the one it once was.
오늘날의 모습대로인 세상은 한 때 그것이 그랬던 것이 아니다.

7) 관계대명사

(1) 선행사에 such, the same, as 가 포함될 경우, 제한적 용법으로

0863 They served us such food as we give the dog.
그들은 우리가 개에게 주는 그런 음식을 제공했다.

0864 Such men as heard him praised him.
그 사람의 말을 들어본 그런 사람들은 그를 칭찬했다.

0865 He is as brave a man as ever breathed.
그는 살았던 누구 못지않게 용감한 남자이다.

0866 Such men as are rich can enjoy this situation.
부유한 그런 사람들은 이 상황을 즐길 수 있다.

0867 He has got the same watch as I lost yesterday.
그는 어제 내가 잃어버린 것과 같은 종류의 시계를 가지고 있다.

(2) 문장 전체를 선행사로 받는 비제한적 용법으로 사용될 때는 as 가 유도하는 관계사절을 앞에도 쓸 수 있다.

0868 As might be expected, a knowledge of psychology is essential for a good advertisement.
예상될지도 모르듯이 심리학 지식은 훌륭한 광고에 필수적이다.

0869 As is the case with him, he is late for school today.
그에게 늘 있는 경우이듯이 오늘 학교를 늦었다.

0870 He was a British, as I guessed from his accent.
내가 그의 억양에서 추측했듯이 그는 영국인이었다.

0871 As far as is known, woman lives longer than man.
알려진 바의 범위 내에서, 여성이 남성보다 오래 산다.

8) 전치사 as

(1) 자격, 성질, 관직, 구실 의 의미 [~로서]

0872 He lived as a saint.
그는 성자로서 살았다.

0873 It can be used as a knife.
그것은 칼로서 이용될 수 있다.

0874 As a boy, he used to dream about flying across the Atlantic to Europe.
소년으로서 그는 대서양을 건너 유럽으로 날아가는 것에 관해 꿈꾸곤 했다.

(2) 이 경우 동사와 함께 관용어구를 이루는 경우가 많다.

```
  see A as B
= view A as B
= consider A as B
= look upon A as B
= regard A as B
= take A as B
= think of A as B = 'A를 B로 보다, 여기다, 간주하다'
```

```
describe A as B    = A를 B로 묘사하다
define A as B      = A를 B로 규정하다
refer to A as B    = A를 B로 일컫다
speak of A as B    = A를 B로 부르다
treat A as B       = A를 B로 다루다, 취급하다
act as = serve as = function as = ~로서 역할을 하다
```

0875 I regard him as a fool.
나는 그를 바보로 여긴다.

0876 They look up to him as a leader.
그들은 그를 지도자로 우러러 본다.

0877 He looked down on me as a minority.
그는 나를 소수자로 깔본다.

0878 Children look upon middle-aged persons as quite old.
아이들은 중년사람들을 매우 늙은 것으로 여긴다.

(3) such as 의 대용어로서 as 만을 사용할 수 도 있다.

0879 Some animals, as the fox and the squirrel, have bushy tails.
여우나 다람쥐 같은 어떤 동물들은 털이 많은 꼬리를 가지고 있다.

0880 I want such liquor as beer, wine, and soju.
나는 맥주, 와인, 그리고 소주 같은 술을 원한다.

9) 관용어구에서

(1) as against : ~에 비해

`0881` He has an income of 50,000 dollars, as against the national average of 20,000 dollars.
그는 국가평균 2만 달러에 비해 5만 달러의 수입을 가지고 있다.

(2) as compared with : ~에 비교되어서

`0882` Prices have increased considerably as compared with the preceding year.
전년도와 비교해볼 때 가격들이 상당히 올랐다.

(3) as opposed to : ~에 반대되는 것으로서

`0883` I think my biggest mistake as president as opposed to a person is that I lied before the public.
한 개인에 반대되는 대통령으로서 나의 가장 큰 실수는 내가 대중 앞에서 거짓말을 했다는 것입니다.

`0884` He was completely calm as opposed to her being wildly excited.
그녀가 매우 흥분되어 있다는 것과 반대되는 것으로 그는 완전히 침착했다.

(4) as a rule : 대체로

`0885` Scholars are poor as a rule.
학자들은 대체로 가난하다.

(5) as before : 예전처럼

`0886` The business situation continues depressed as before.
사업상황이 예전처럼 계속 침체적이다.

(6) as below : 아래와 같은

`0887` The agenda items for both meetings are as below.
두 개의 회의에 대한 안건들은 아래와 같다.

(7) as follows : 아래와 같은

0888 It may be summarized as follows.
그것은 아래와 같이 요약될 수 있다.

(8) as for : ~에 관하여

0889 As for expanding her brood, " I can't wait to have a girl."
자식을 더 낳는 것에 관해서 그녀는, " 나는 딸을 갖는 것을 더 이상은 기다릴 수 없어."

0890 As for scenery, there is no country like Korea.
풍경에 관해서는 한국과 같은 나라가 없다.

0891 As for myself, I'm not satisfied.
나로서는 만족스럽지가 않다.

(9) as to : ~에 관하여

0892 He said nothing as to hours and places.
그는 시간과 장소에 관해서 아무 말도 하지 않았다.

0893 They were quarreling as to which was the stronger.
그들은 어떤 것이 더 강한가에 관해 논쟁을 하고 있었다.

▲ 이 경우 as to 뒤에서 wh- 명사절이 오면 as to를 생략하는 것이 가능

(10) so as to : ~에 관하여

0894 Come early so as to have plenty of time.
충분한 시간을 갖도록 일찍 와라.

(11) as of : ~의 날짜부로

0895 Such an idea comes a bit early as of now.
그런 생각은 지금으로서는 조금 이르다.

0896 Today's exchange rate is quoted at 1055.80 as of 9 a.m.
오늘의 환율은 오전 9시 부로 1055.80 과 같다.

0897 Our fax number is changing as from May 12.
우리의 팩스번호는 5월 12일 부로 바뀝니다.

34

self 총정리

1) 의미

[자기 자신] 이라는 의미, 복수형은 selves
[자동으로, 저절로] 라는 의미의 접두어로

2) 형태

(1) 인칭재귀 대명사

myself = 나 자신, 내 자신	ourselves = 우리 자신들
yourself = 너 자신	yourselves = 너희 자신들
himself = 그 자신	herself = 그녀 자신
itself = 그것 자체	themselves = 그들 자신, 그것들 자체

(2) 명사

my true self = 진정한 내 자신
my humble self = 비천한 이 몸
my own self = 내 자신
one's better self = 좋은 측면, 양심
one's weaker self = 약한 면
one's various selves = 사람의 다양한 성격들

3) 재귀 대명사의 용도

1. 주어가 스스로를 타동사의 목적어로 취할 때

0898 He killed him.
그는 그를 살해했다. - 각각 다른 사람

0899 He killed himself.
그는 자신을 살해했다. - 자살하다

(1) 타동사가 자신을 목적어로 취하여 자동사적으로 해석되는 경우를 중시할 것.

원래 타동사의 대상이 스스로일 경우 재귀대명사를 취하여 행위자체에 초점을 맞추는 의미이다.
seat oneself : 자리에 앉다.

0900 Seat yourself and listen to me very carefully.
착석하여 내 말을 경청하라.

(2) dress oneself : 옷을 입다.

0901 At the age of 4, one ought to dress oneself.
4 살이 되면 스스로 옷을 입어야 한다.

(3) lose oneself : 자신을 망각하다, 무아지경이 되다, 몰입하다, 길을 잃다.

0902 I lost myself at the blame.
나는 그 비난에 자제력을 잃었다.

0903 He lost himself in the woods.
그는 그 숲에서 길을 잃었다.

0904 She lost herself in studying insects.
그녀는 곤충들에 대한 연구에 몰입했다.

(4) help oneself : 스스로를 돕다, 음식을 먹다.

0905 You have to help yourself if you want to improve your ability.
능력을 향상시키고 싶다면 스스로 해보아야 한다.

0906 Help yourself to these cookies which my mom has made.
나의 어머니가 만드신 이 쿠키를 마음껏 드세요.

0907 Just enter, pay 10 dollars and help yourself to a variety of wines.
들어와서 단 10불만 지불하고 온갖 종류의 와인들을 마음껏 드세요.

(5) absent oneself : 결석하다.

0908 He absented himself from the meeting without notice.
그는 통보 없이 그 모임에 불참했다.

(6) present oneself : 나타나다, 자신의 모습을 보이다, 꾸미다.

`0909` He presented himself promptly at my command.
그는 나의 지시에는 득달같이 대령했다.

`0910` Falsely presenting oneself as a lawyer is a violation of provincial laws like Ontario's Law Society Act.
자신을 변호사로 위장하는 것은 온테리어 법률강령과 같은 지방법의 위반입니다.

`0911` I was taught that the way one dresses and presents oneself echoes one's self esteem.
나는 사람이 옷을 입고 자신의 모습을 보이는 방식이 그 자신의 자긍심을 반영한다고 배웠다.

(7) revenge oneself : 보복하다.

`0912` I will revenge myself on my wife's killer.
나는 아내의 살인범에게 복수할 것이다.

(8) dedicate oneself : 헌신하다.

`0913` She dedicated much of herself to education.
그녀는 자신의 상당부분을 교육에 헌신했다.

(9) pride oneself : 뽐내다.

`0914` He prides himself on his father's ability, not his own.
그는 자신의 능력이 아닌 아버지의 능력을 뽐낸다.

(10) enjoy oneself : 즐기다.

`0915` Time flies when one is enjoying oneself.
즐거울 때 시간은 금방 간다.

(11) adapt oneself : 적응하다.

`0916` The test has to adapt itself to the ability of the test takers.
그 시험은 응시자의 능력에 맞추어져야 한다.

(12) devote oneself : 헌신하다.

0917 First, you have to devote yourself to finding subjects in each sentence, which means that you are able to realize the predicates as well.
우선 당신은 각 문장의 주어들을 찾는데 몰두해야 하는데 이것은 당신이 술어동사들도 알아볼 수 있다는 것을 의미한다.

(13) abandon oneself : 스스로를 포기하다, 탐닉하다.

0918 Never abandon yourself even in the toughest time.
가장 힘들어도 결코 자포자기하지 마라.

0919 He abandoned himself to the pursuit of pleasures.
그는 쾌락들을 추구하는데 몰입했다.

(14) indulge oneself : 탐닉하다.

0920 She is believed to have indulged herself in drugs when she died, but it is not true.
그녀가 사망할 때 마약에 탐닉했다고 믿어지지만 그것은 사실이 아니다.

(15) defend oneself : 자기 방어하다.

0921 The law justifies killing someone to defend oneself from being killed.
법은 자신을 살해당하는 것으로부터 방어하기 위해 타인을 살해하는 것을 정당화한다.

(16) disembowel oneself : 할복하다.

0922 It was once encouraged in Japan that one should disembowel oneself to save one's face.
[체면을 지키기 위해 할복하는 것이 일본에서 한 때 권고되었다.

(17) commit oneself : 전념하다, 몸을 맡기다, 참가하다, 착수하다.

0923 He committed himself to the current of evil at that time.
그는 한 때 악의 길에 몸을 맡겼다.

0924 It is hard to commit oneself to the undue policy.
그 부당한 정책에 전념하는 것은 어렵다.

(18) feed oneself : 알아서 음식물을 먹다, 스스로 사냥을 해서 먹다.

0925 It progressively attacks the body, weakening the ability to walk, talk or feed oneself, but the intellect and senses usually remain intact.
그것은 점차 신체를 공격하여 걷고, 말하고 스스로 음식을 먹는 능력을 약화시키지만 지성과 감각은 손상당하지 않고 남게 된다.

(19) avail oneself : 이용하다

0926 Availing oneself of this protection gear is problematic in the case of infringement.
이 보호 장비를 이용하는 것이 규칙에 위배되면 문제가 될 수 있다.

(20) behave oneself : 처신을 알아서 하다.

0927 Behave yourself when we have company at our house.
손님이 왔을 때 예절바르게 행동해라.

0928 He tends to behave himself with insolence to those who are below him.
그는 아랫사람들에게 거만하게 행동하는 경향이 있다.

(21) 자주 사용되는 간단한 재귀대명사 관용표현들

> lay oneself = 눕다.
> hide oneself = 숨다
> shave oneself = 면도하다
> wash oneself = 씻다
> recover oneself = 회복하다.
> look after oneself = 스스로를 돌보다.
> take care of oneself = 스스로를 돌보다.
> overdrink oneself = 과음하다.
> overeat oneself = 과식하다.
> overdrink oneself = 과음하다.
> overeat oneself = 과식하다.

2. [스스로, 몸소, 친히, 손수] 라는 의미의 부사적 용법으로

`0929` He did it himself.
그가 친히 그것을 했다.

`0930` Do it yourself.
스스로 해보세요.

(1) 명사와 연동시킬 때 위치와 일치에 유의해야 한다.

`0931` I myself want to see the picture.
내가 친히 그 그림을 보고 싶다.

`0932` I want to see the picture itself.
나는 그 그림 자체를 보고 싶다.

4) [행위자 자신] 을 의미하는 다양한 명사와 접두어

`0933` This is a ticket admitting self and friend.
이것은 소지인과 동행인이 입장할 수 있는 표이다.

`0934` He puts self first.
그는 자기 본위이다.

`0935` One ought to put public service before self.
자신의 이익보다 공익을 우선시해야 한다.

`0936` We should rise above self.
우리는 자신을 초월해야 한다.

5) self를 접두어로 사용하는 주요 어구들

(1) [스스로에 의한, 스스로를 -하는, 자동으로]

self-abuse = 자학
self-absorption = 자기도취
self-accusation = 자책
self-adjustment = 자동조정
self-analysis = 자기 분석
self-applauding = 자화자찬하는
self- asserting = 자기주장이 강한
self- assertion = 자기주장
self-assurance = 자기확신
self-awareness = 자기인식, 자의식
self-care = 스스로 돌보기
self-centered = 자기중심적인
self-charging = 자동충전의
self-cleansing = 자동세정식의
self-collected = 자제심이 있는
self-colored = 단색인
self-command = 자제, 극기
self-scrutiny = 자기성찰
self-service = 자급식
self-serving = 자기 잇속만 차리는
self-slaughter = 자살
self-suggestion = 자기암시
self-supported = 자립한
self-taught = 독학한
self-torture = 고행
self-transcendence = 자기초월
self-ward(s) = 자신에게 향해진
self-worship = 자기숭배

6) 전치사 + oneself

전치사와 함께 다양한 의미의 수식어를 만들어서

(1) by oneself ; 혼자서, 다른 사람 없이/ 도움을 받지 않고

0937 It is hard to become a millionaire by oneself.
혼자 힘으로 백만장자가 되는 것은 어렵다.

0938 He sat by himself for a while on the bench.
그는 한 동안 혼자서 벤치에 앉아 있었다.

(2) for oneself ; 혼자 힘으로 / 자신을 위하여

0939 Watch me. I will finish this project for myself.
지켜봐. 혼자 힘으로 이 일을 끝낼 것이다.

(3) of oneself ; 다른 곳에서 원인이 없어 저절로, 제 스스로

0940 The door closed of itself.
문이 저절로 닫혔다.

0941 The fire started of itself.
화재가 저절로 발생했다.

0942 I'm afraid you're off base when you state that this problem will be resolved of itself.
이 문제가 저절로 해결된다고 당신이 말할 때 나는 그게 완전히 잘못이라고 생각한다.

(4) in oneself ; 원래, 본질적으로, 실제로, 그 자체로

0943 The cover is smooth in itself.
그 덮개는 원래 부드럽다.

0944 In itself, it is not a difficult problem to solve.
본질적으로 그것은 해결하기에 어려운 문제는 아니다.

0945 To exchange few words with him is in itself a privilege.
그와 몇 마디 이야기하는 것만으로도 영광이다.

0946 Being a candidate for the award is an honor in itself.
그 상의 후보가 된다는 자체만으로도 영광스런 일입니다.

(5) beside oneself ; 제 정신이 아닌 상태에

0947 He was beside himself with joy when he heard the news.
그는 그 소식을 들었을 때 기뻐서 제정신이 아니었다.

0948 After she left him, he was beside himself with grief.
그녀가 떠난 후 그는 슬픔으로 제정신이 아니었다.

0949 He is fairly beside himself with anger.
그는 분노로 제정신이 아니다.

(6) in spite of oneself : 자신도 모르게

0950 I told him about Jessica in spite of myself.
나는 무심결에 그에게 제시카에 대해 말했다.

0951 He burst into laughter in spite of himself.
그는 무의식적으로 웃음을 터뜨렸다.

35 전치사와 관계대명사 어순 집중 연구 (명사절 which 와 구별할 것)

1) over which

0952 There have been many arguments over which is the more important factor in shaping a man's life.
한 사람의 생을 결정짓는데서 더 중요한 요소는 무엇인가에 관해서 많은 논쟁들이 있었다.]

- 전치사 over 의 목적어절인 which 명사절

0953 There is an income limit over which one loses eligibility.
여러분이 자격을 상실하게 되는 소득제한선이 있습니다.

- 관계사절

0954 I have no control over which videos users will post on its site.
사용자들이 그 사이트상에 어떤 영상들을 게재할지에 관해서 나는 통제할 수 없다.

- 명사절

2) beyond which

0955 There still exists a point for banks beyond which it would not be profitable to locate their main offices and service centers, otherwise we would have banks locating in the mountains where rents are close to zero.
넘어서면 본부 사무실과 서비스 센터들을 위치시키는 것이 이득이 될 수 없는 은행자리들이 여전히 존재하는데 만약 그런 기준이 없다면 우리는 월세가 거의 제로인 산속에다가 은행들을 위치시키게 될 것이다.

- 관계사절

0956 There is a biologically determined period of life when laguage can be acquired more easily and beyond which time language is increasingly difficult to acquire.
언어가 좀 더 쉽게 습득되어질 수 있는 생물학적으로 결정된 시기가 있는데 그 시기를 넘어서면 언어는 배우기가 점점 어려워진다.

- 관계사절

3) through which

0957 It is true that as a social organization moves from the simple to the complex, so does the organization through which it educate its children.

사회적 조직이 단순에서 복잡함 쪽으로 옮겨가듯이 아이들을 교육시키는 조직 또한 그러하다는 것이 사실이다.

- 관계사절

0958 Her house is a large processing machine through which objects flow, entering and leaving, at a faster and faster rate of speed.

그녀의 집은 물건들이 들고 날면서 점점 더 빠른 속도로 흘러가는 거대한 처리 기계이다.

- 관계사절

4) under which

0959 There is a vast difference between democracy, under which everyone has duties as well as privileges, and anarchy under which no one has any fixed obligations.

그 아래서 모든 이가 특권만이 아니라 의무도 갖는 민주주의와 그 아래서 그 누구도 어떤 정해진 의무들을 갖지 않는 무정부상태 사이에는 커다란 차이가 있다.

- 관계사절

0960 The commodity market determines the conditions under which commodities are exchanged.

공산품 시장은 그 상품들이 교환되는 조건들을 결정한다.

- 관계사절

5) during which

0961 He spent effectively the years during which he was in the army.

그는 자신이 군에 있었던 세월들을 효과적으로 보냈다.

- 관계사절

0962 Art historians state that art reflects the times during which it is created.

미술사가들은 미술이 그것이 창작된 시대를 반영한다고 말한다.

- 관계사절

0963 Each muscle involved in the pedal-stroke must have periods of relaxation during which they recover from the powerful contractions they have just been required to produce.

페달을 밟는 것과 연관된 각각의 근육은 이완시기를 가지는데 그 동안 근육들은 자신들이 만들어내도록 요구받았던 강력한 수축으로부터 회복한다.

- 관계사절

6) from which

0964 The rubber from which the tires are made are especially processed.

그 타이어가 만들어지는 고무는 특별히 가공된다.

- 관계사절

0965 Networking should not be seen as a search for customers or partners, but rather as a win-win situation from which everyone can benefit.

망구성은 고객들이나 협력자들을 찾는 것으로가 아니라 모두가 득을 보는 상호이득의 상황을 찾는 것으로 보여져야 한다.

- 관계사절

7) out of which

0966 She gave me a fruit basket, out of which a roach came.

그녀는 나에게 과일 바구니를 주었는데 거기서 바퀴벌레가 나왔다.

- 관계사절

0967 I will go to that region in Africa to help those homeless, out of which many refugees are coming to find peace and food.

나는 그 집 없는 사람들을 도와주러 아프리카내의 그 지역으로 갈 것인데 거기서부터 많은 난민들이 평화와 음식을 찾아서 나오고 있는 중이다.

- 관계사절

8) into which

0968 This diaper is usually a waterproof shell with a lining into which an absorbent insert can be stuffed.
이 기저귀는 대체로 흡수제가 삽입될 수 있는 안감을 가진 방수용 싸개입니다.
- 관계사절

0969 The half-liquid into which the two elements are mixed can become very explosive.
그 두 개의 요소가 섞여지는 그 반액체는 매우 폭발적일 수 있습니다.
- 관계사절

9) for which

0970 The rights for which Americans fought were already in British law.
미국인들이 얻기 위해 싸웠던 그 권리들이 이미 영국법에 있었다.
- 관계사절

0971 The clinic is a leader in cancer research, for which it has received worldwide recognition over the past two decades.
그 진료소는 암연구에서 선도자인데 그것 때문에 그 진료소는 지난 2십년에 걸쳐 세계적 인정을 받아왔습니다.
- 관계사절

0972 The accident for which they say I should be responsible has nothing to do with me.
그들이 내가 책임져야 한다고 말하는 그 사건은 나와 상관이 없다.
- 관계사절

10) upon which

0973 The platform upon which most of our movements in the city occur, is very rarely used for other purposes.
그 도시의 대부분의 사회적 시위들이 발생하고 있는 그 단상은 다른 목적으로 사용되는 경우는 매우 드물다.
- 관계사절

0974 The second floor upon which rests the attic is usually made in south regions.
다락방이 자리하는 그 이층은 남쪽 지방에서 주로 만들어진다.

- 관계사절

11) at which

0975 The rate at which it is liable to eliminate the alcohol from the blood of the fetus is much slower.
태아의 혈액에서 알코올을 제거하는 것이 가능한 속도는 훨씬 더 느리다.

- 관계사절

0976 We are waiting for the moment at which we will receive an indication of our sales performance this month.
우리는 우리가 이번 달 우리의 판매실적에 대한 암시를 받게 될 그 순간을 기다리고 있는 중이다.

- 관계사절

0977 Getting a job at which you work with other people is better than getting a job at which you work alone.
당신이 타인들과 함께 일하는 직업을 얻는 것이 혼자 일하는 직업을 얻는 것보다 더 좋다.

- 관계사절

0978 David will return to his office December 15, at which time he will answer all the questions about the procedures.
David은 12월 15일 자신의 사무실로 돌아가는데 그 때 그는 그 절차에 관련된 모든 질문들에 답할 것이다.

- 관계사절

0979 A representative from Korean Air was recently interviewed by members of press, at which point he announced the company's decision to join the donation program by supplying two free seats on each flight.
대한항공으로부터의 한 대표자가 최근에 기자단에게 인터뷰를 받았는데 그 시점에 그는 각각의 비행편에서 두 개의 무료좌석을 제공함으로써 그 기증프로그램에 참가한다는 항공사의 결정을 발표했다.

- 관계사절

0980 At which gate do I have to board the plane?
어떤 문에서 내가 그 비행기에 탑승해야 하나요?

- 의문형용사

12) within which

0981 The social conditions I know personally and within which I have to write are those of a technologically advanced, urbanized, and affluent society.

내가 개인적으로 아는 그리고 내가 그 안에서 글을 써야 하는 사회적 여건들은 기술적으로 진보되고, 도시화되고, 풍요로운 사회의 여건들이다.

- 관계사절

0982 The policy makers have to take into account the realities with which teachers work.

정책결정자들은 선생님들이 함께 해야 하는 현실들을 고려해야 한다.

- 관계사절

0983 One kind of context analysis allows the business to gain an insight into their strengths and weaknesses and also the opportunities and threats posed by the market within which they operate.

한 종류의 상황분석이 사업체가 그들의 강점과 약점뿐 아니라 자신들이 그 속에서 영업을 해야 하는 시장에 의해서 제기된 기회나 위협들에 대한 통찰력을 얻도록 허용해 준다.

- 관계사절

13) by which

0984 We must truly believe in, support and accept these guidelines by which we live.

우리는 우리가 기준으로 살아가는 이런 지침들을 진실로 믿어야 하고 지지해야 하며 받아들여야 합니다.

- 관계사절

0985 The process by which we store and retrieve information in our brain has been the focus of scientific research for many years.

두뇌 속에서 우리가 정보를 저장하고 복구시키는 과정은 오래 동안 과학적 연구의 초점이 되어 왔다.

- 관계사절

0986 The consequence is that most people have to find their happiness outside the work by which they make their living.

그 결과는 대부분의 사람들이 벌어먹고 사는 직업 밖에서 행복을 찾아야 한다는 것이었다.

- 관계사절

0987 Diffusion is a process by which on culture or society borrows from another.

확산은 우리의 문화나 사회가 또 다른 것에서 차용을 하는 과정이다.

- 관계사절

14) among which

0988 He held many concerts, among which should be mentioned the ones he shared with two other great pianists.

그는 많은 콘서트를 열었는데 그 가운데서 그가 다른 두 명의 위대한 피아니스트와 공유했던 것들이 언급되어야 한다.

- 관계사절

0989 A number of non-pollution sources of energy, among which are solar energy, wind power, and hydrogen, show great promise for the future.

다수의 비오염 에너지원들은 그 가운데 태양에너지 풍력 그리고 수력이 있는데 이것들이 미래를 위한 밝은 전망을 보여준다.

- 관계사절

0990 The mechanical properties, among which is the compression of fiber and fiber assembly are of great interest in many fields of engineering.

그 기계적 성질들은 그 가운데 섬유와 섬유조립의 압축이 있는데 이것들이 공학의 많은 분야에서 상당히 흥미롭다.

- 관계사절

15) to which

0991 Reliability is the extent to which the test results are dependable and consistent.

신뢰성은 시험의 결과들이 믿을 수 있고 일관되는 범주를 말한다.

- 관계사절

0992 One study found that companies vary in the degree to which they encourage their middle managers to participate in community affairs.

어떤 연구는 회사들이 자신들이 중간관리자들을 지역사회에서 벌어지는 일들에 참여하도록 격려하는 정도에 있어서 다양하다 라는 것을 발견했다.

- 관계사절

0993 That all men are equal is a proposition to which at ordinary times few individuals have ever given their assent.

모든 사람들이 평등하다 라는 것은 평상시에는 그것에 동의하는 사람들이 거의 없는 명제이다.

- 관계사절

0994 The verdict of the case to which many women negatively responded must be reconsidered.

많은 여성들이 부정적으로 반응했던 그 사건의 평결은 재고되어야 한다.

- 관계사절

16) in which

0995 A good director creates an environment in which actors have the freedom to perform at their best.

훌륭한 감독은 배우들이 최고의 기량으로 연기할 수 있는 자유를 가지는 환경을 만들어낸다.

- 관계사절

0996 Many countries have sports in which their own people do very well.

많은 국가들이 자신의 국민들이 매우 잘하는 스포츠를 가지고 있다.

- 관계사절

0997 She may be late, in which case we ought to wait for her.

그녀는 늦을 지도 모르는데 그런 경우 우리는 그녀를 기다려야 한다.

- 관계사절

0998 The manner in which young children are spoken to varies depending on who is present.

어린 아이들에게 말이 붙여지는 방식은 누가 옆에 있느냐에 따라 다양하다.

- in which 관계사절, on who 명사절

0999 February is the month in which we celebrate valentine's day.

2월은 우리가 발렌타인데이를 기념하는 달이다.

- 관계사절

1000 We were over budget on a number of productions but we learned through our mistakes and 2003 was the first year in which we operated with a modest profit and overcame our budget deficit.

우리는 여러 가지 제작물에서 예산을 초과했지만 우리의 실수들을 통해서 무엇인가를 배웠고 2003년은 우리가 약간의 이익을 내면서 영업했고 우리의 예산 적자를 극복했던 첫 해였다.

- 관계사절

17) on which

1001 I often tell my students in this class that there are three issues on which most people are particularly resistant to rational persuasion.
나는 종종 이 수업에서 내 학생들에게 대부분의 사람들이 특별히도 이성적 설득에 저항하게 되는 세 가지 이슈가 있다고 말한다.

- 관계사절

1002 It was really great because it was a stage on which a singer could show his capabilities 100%.
그것은 가수가 자신의 능력을 100% 보여줄 수 있는 그런 무대였기 때문에 정말로 훌륭했다.

- 관계사절

1003 The poll on the right on which Germanic languages you like best has been finished for a few days now.
어떤 게르만언어들을 당신이 가장 좋아하는가에 관한 우측의 여론조사가 며칠간 실시되어 끝났다.

- 명사절

1004 Sponsor Facebook based this list of games on which games had the most users and the highest recommendations.
스폰서 Facebook은 이 리스트를 어떤 게임들이 가장 많은 사용자들과 가장 높은 추천들을 가지고 있느냐에 근거했다.

- 명사절

1005 The Kyocera Dome is a dream stage for all the singers but on which top artists are allowed to stand.
쿄세라 도움은 모든 가수들을 위한 그러나 그 위에 최고의 예술가들만이 서도록 허용되어진 그런 꿈의 무대이다.

- 관계사절

18) without which

1006 Laws without which government would not exist, and with which it exists, should be obeyed for many reasons.

그것이 없다면 정부가 존재하지 않을 그리고 그것과 함께 정부가 존재하는 그런 법들은 많은 이유에서 준수되어야 한다.

- 관계사절

1007 We must introduce the system of minimum wage without which it is probable that wages would be driven down according to the so called economic recession.

우리는 이것이 없다면 임금이 소위 경기침체에 따라 삭감되게 될 가능성이 있는 그런 최소임금제라는 것을 도입해야 한다.

- 관계사절

1008 We must be prudent in using fertilizers without which seeds will not grow well now.

우리는 이것이 없이는 종자들이 잘 자랄 수 없는 그런 비료들의 사용에 있어서 신중해야 한다.

- 관계사절

19) with which

1009 The passion with which our craftspeople create these beautiful cars is reflected in some truly outstanding examples.

우리의 장인들이 이 아름다운 자동차들을 만들어내는 열정이 소수의 진정한 뛰어난 예에 반영되어 있다.

- 관계사절

1010 He tried to explain it in a way with which I was not very familiar.

그는 그것을 내가 친숙하지 않았던 방식으로 설명하려고 애썼다.

- 관계사절

1011 The idea with which he could have made a lot of money was not used commercially but to make all the people happy.

그가 그것으로 많은 돈을 벌수 있었던 생각은 상업적으로가 아니라 모든 사람들을 행복하게 만들기 위해 이용되었다.

- 관계사절

20) of which

1012 It is not wise to mock that of which you know so little.
당신이 아는 바가 거의 없는 것을 무시하는 것은 현명하지 못하다.

- 관계사절

1013 He makes mistakes of which he is well aware.
그는 그가 잘 알고 있는 실수들을 저지른다.

- 관계사절

1014 This is the subject of which he will speak at the meeting.
이것은 그가 그 모임에서 연설하게 될 주제이다.

- 관계사절

1015 I will talk of which program he is using.
나는 어떤 프로그램을 그가 이용하고 있는지에 대해 말할 것이다.

- 명사절

36 명사 + 전치사 + 관계대명사

1) 명사 + of + 관계대명사 구조

1016 My cat just had two kittens, neither of which survived after all.
나의 고양이는 막 두 마리 새끼를 가졌는데 결국 어떤 것도 살아남지 못했다.

1017 Look at the mountain, the top of which is covered with snow.
저 산을 보라 그것의 정상은 눈으로 덮여 있다.

1018 They finally found out a bird statue, the surface of which is made of enamel.
그들은 마침내 새의 조각상을 발견했는데 그것의 표면은 에나멜로 만들어져 있다.

1019 They entered a house, the windows of which were all broken.
그들은 한 집에 들어갔는데 그것의 창문들이 모두 깨어져 있었다.

1020 He showed me several kinds of paper money, the value of which he said varied from about one cent to one hundred dollars.
그는 나에게 여러 종류의 지폐를 보여주었는데 그것의 가치는 그가 말하는바 약 1센트에서 1백 달러까지 다양했다.

1021 It contains very particular things, each of which shows people's mind to the owner.
그것은 매우 특이한 것들을 포함하고 있는데 그 각각의 것이 그 소유자에게 사람들의 마음을 보여주고 있다.

1022 He has collected many stamps, most of which are very valuable.
그는 많은 우표들을 모았는데 그 대부분이 매우 귀중한 것이다.

1023 The Galapagos attract many tourists, some of whom have caused various problems to its environment, for which we should limit the number of visitors.
갈라파고스는 많은 관광객들을 끄는데 그들 중 일부는 그곳의 환경에 다양한 문제들을 일으켰고 그것 때문에 우리는 방문자들의 숫자를 제한해야 한다.

1024 Ionic columns are also typically more slender and contain more fluting than Doric columns, all of which serve to give them an elongated appearance.
이오니아식 기둥들은 도리아식 기둥들보다 전형적으로 더 가늘고 더 많은 세로의 홈을 가지고 있는데 이 모든 것들이 그 기둥들에게 더 길어진 모습을 준다.

1025 This culture gives them a common set of values and standards, and a common political vocabulary in terms of which they conceive and express their grievances and proffer remedies for them.
이 문화는 그들에게 일반적 가치들과 기준들 그리고 일반적 정치 어휘들을 제공하는데 그런 어휘의 관점에서 그들은 자신들의 슬픔을 떠올리고 표현하며 그것들에 대한 치유책도 설명해 준다.

1026 They established the first European colony in North America at Vinland, the precise location of which remains a subject of scholarly dispute to this day.
그들은 북미의 Vinland 라는 곳에 그들의 첫 유럽식민지를 세웠는데 그 정확한 위치는 오늘날까지 학문적 논박의 주제로 남아있다.

1027 You must fill out the tax form, a copy of which is attached to the contractual agreement you received on the first day.
당신은 세금양식에 기입을 해야 하는데 그 한 부가 당신이 첫 날 받았던 계약합의서에 첨부되어 있다.

1028 How much one can earn is important, of course, but there are other equally important considerations, neglect of which may produce frustration in later years.
사람이 얼마나 돈을 버느냐는 물론 중요하지만 다른 동일하게 중요한 고려사항들이 있는데 그런 것들을 무시하는 것은 후에 좌절을 낳을 수 있다.

1029 There were two large offices on this floor, the larger of which served as a meeting room.
이 층에는 두 개의 커다란 사무실이 있는데 그 중 더 큰 곳은 회의실의 역할을 했다.

1030 There were millions of bugs, many of which carried diseases that they were not used to.
수백만의 곤충들이 있었는데 그 중 상당수가 그들이 익숙하지 않았던 질병들을 옮겼다.

1031 We will search the building, on top of which is a heliport.
우리는 그 건물을 수색할 것인데 그것의 꼭대기에는 헬기이착륙장이 있다.

1032 They cut down the birches, the bark of which is thought to be effective in healing some wounds.
그들은 그 자작나무들을 자르는데 그것의 껍질은 어떤 상처들을 치유하는데 효과적으로 여겨진다.

1033 The cathedral, the gate of which was designed by a famous sculptor, is in Italy.
그 성당은 문이 유명한 조각가에 의해 디자인 되었는데 이탈리아에 있다.

1034 I am planning to fly a new type of airplane, of which the size is rather big, compared to the old types.
나는 새로운 유형의 비행기를 탈 계획인데 그것의 사이즈는 구형에 비해 매우 크다.

2) 명사 + 그 외의 전치사 + 관계대명사 구조

1035 In the clothing company, they use much black , men in which color look more professional.
의류회사에서 그들은 검은색을 많이 사용하는데 그 색깔 옷을 입은 남자들이 더 전문적으로 보인다.

1036 They investigated the car accident, the responsibility for which seemed to fall on the driver.
그들은 그 차 사고를 조사했는데 그것에 대한 책임은 운전자에게 귀속되는 것처럼 보인다.

1037 The U.S. was on bad terms with Russia, a spy from which was reported to have been involved in hacking very important information.
미국은 러시아와 사이가 안 좋았는데 그곳출신 스파이가 매우 중요한 정보를 해킹하는 것에 연루된 것으로 보고되었다.

1038 Hunters are chasing after rhinos, the horn of which sells at a high price especially in China, which is resented by many animal protectors.
사냥꾼들은 코뿔소들을 추적하고 있는데 그것의 뿔이 중국에서 특히 비싸게 팔리는데 그것은 많은 동물보호자들의 분개를 사고 있다.

1039 We went to the beach, the residences by which are very popular and very costly.
우리는 그 해변에 갔는데 그 옆의 거주지는 매우 인기 있고 비싸다.

1040 They killed many American alligators, the skin from the belly of which reptile is supple enough for making pocketbooks, wallets, and bags.
그들은 많은 미국 악어들을 죽였는데 그 파충류의 뱃가죽은 지갑과 수첩 그리고 가방들을 만드는데 충분히 탄력있다.

1041 The scientists discovered a new type of planet with the Hubble space telescope, the images through which are very unimaginable and shocking.
그 과학자들은 허블 망원경을 가지고 새로운 유형의 행성을 발견했는데 그 망원경을 통해서 본 이미지들은 상상을 초월했고 충격적이다.

1042 They tried to reconcile the two nations, the relationship between which had been worsened by the border conflict a few years before.
그들은 그 두 국가를 화해시키려 애썼는데 그들 사이의 관계는 몇 년 전 국경분쟁으로 악화되어 있었다.

37 과거시제와 과거완료 시제의 적절한 사용

1043 It is the picture of an elephant drawn by the English historian Matthew Paris(died in 1259) in the middle of the thirteenth century. This elephant had been sent by St Louis, King of France, to Henry the third in 1255. The elephant was the first that had been seen in England.

그것은 영국역사가 Matthew Paris에 의해 13세기 중반에 그려진 코끼리 그림이다. 이 코끼리는 프랑스 왕이었던 루이에 의해 1255년 헨리 3세에게 보내졌었다. 그 코끼리는 영국에서 당시까지 목격된 최초의 것이었다.

1044 When the paintings were first discovered, which had not been exposed to the influence of the atmosphere, their colors were as bright and pure as when they were first painted.

그 그림들이 처음 발견되었을 때 그것은 공기의 영향에 노출되지 않고 있었는데 그 색깔들은 그것들이 처음 그려졌을 때 만큼 밝고 순수했다.

1045 In Socrates' seventieth year, three Athenians decided that he was a strange and evil man. They claimed that he had failed to worship the city's gods, accused him of introducing new gods, and corrupting the young men of Athens. Athens had established procedures for distinguishing right from wrong.

소크라테스의 70세 때, 세 명의 아테네인들이 그를 이상하고 사악한 사람이란 단정지었다. 그들은 그가 아테네의 신들을 숭배하지 않았다고 주장했으며 새로운 신들을 소개하고 아테네의 젊은이들을 부패시킨 혐의로 그를 고발했다. 아테네는 옳고 그름을 구별하는 절차를 확립해 놓았었다.

1046 I was seated in the office of the vice president of sales of a company I'd been consulting with for several years.

나는 내가 몇 년 동안 상담해 주고 있었던 한 회사의 판매부 부총수의 사무실에 앉아 있었다.

1047 Corporations had once been task-oriented entities, created in the nineteenth century through charters to perform specific projects like canal or railroad building.

기업들은 한 때 운하나 철도 건설과 같은 구체적 사업들을 수행하기 위해 승인절차를 거쳐 19세기에 만들어진 업무 지향적인 실체들이었다.

1048 Medicine had been strongly influenced by astrology since classical times.

의학은 고전시대 이후로 점성술에 의해 강하게 영향을 받았었다.

1049 He had struck the first blow, and the physicians were defending themselves.

그는 먼저 타격을 가했고 의사들은 그들 자신을 방어하고 있었다.

1050 She had slept long and soundly, when something awoke her as suddenly as if it had been a blow.

그녀는 오래 그리고 곤히 잠을 자고 있었는데 그 때 무엇인가가 마치 타격처럼 갑자기 그녀를 깨웠다.

1051 After English became my primary language, I no longer knew what words to use in addressing my parents. The old Spanish words (those tender accents of sound) I had used earlier - mama and papa - I couldn't use any more.

영어가 나의 주요 언어가 된 후 나는 더 이상 나의 부모를 부를 때 어떤 말들을 써야 하는지 모르게 되었다. 내가 그 이전에 사용해왔던 스페인 어들인 마마 파파를 나는 더 이상 쓸 수가 없었다.

1052 A decade before Kaczynski mailed his first bomb, Alice Walker spent her days battling racism in Mississippi. She had recently won her first writing fellowship, but rather than use the money to follow her dream of moving to Senegal, Africa, she put herself into the heart and heat of the civil rights movement. Walker had grown up knowing the brutal effects of poverty and racism.

Kaczynski가 그의 첫 소포폭탄을 보내기 십년 전에 Alice Walker는 그녀의 나날들을 미시시피에서 인종주의와 맞서 싸우면서 보냈다.

1053 By the time she received medical care, she was blind in that eye, and it had developed a disfiguring layer of scar tissue.

그녀가 치료를 받았을 무렵, 그녀는 그 눈이 실명되었고 그것은 흉터조직의 망가진 세포층을 만들어 냈다.

1054 Michelangelo's David was an example of strength and enormous courage in the Renaissance Era. In fact, the marble for David was a huge block that a sculptor had abandoned about 40 years earlier.

미켈란젤로의 다비드상은 르네상스 시대의 힘과 엄청난 용기의 본보기였다. 사실 다비드 상에 들어간 대리석은 그 보다 약 40년 전에 한 조각가가 포기했던 커다란 덩어리였다.

1055 Everyone brought our gifts for Mary : stockings from Elena, a purse from Steve, and a pair of very old silver earrings from Chris, who said she had had them since she was a little girl.

모두가 메리를 위한 우리들의 선물을 가져왔다. 엘레나 로부터 스타킹, 스티브로부터 지갑, 그리고 Chris로부터 아주 오래된 은 귀걸이 한 쌍 이었는데 그녀는 자신이 어린 시절 이후부터 그것을 가지고 있었다고 말했다.

1056 James, while John had had 'had', had had 'had had', and 'had had' had had a better effect on their grammar teacher.

John이 'had'를 썼었동안 James는 'had had'를 썼었는데 'had had'가 그들의 문법선생님에게 더 좋은 효과를 가져왔다.

1057 I had had to have him teach my son since 1999 and then something terrible happened in 2002, when I found that he had abused my son.

나는 그를 1999년 이후 나의 아들을 가르치도록 시켰었는데 그 때 무엇인가 끔찍한 것이 2002년 발생했고 그 때 나는 그가 내 아들을 학대해왔다는 것을 알았다.

38 과거완료시제 (past perfect tense) 의 구체적 용법

1) 과거시점 중 P2에 해당하는 행위가 P1 행위에 영향력을 발휘할 때

1058　He had lost his watch and had to borrow mine for the test.
　　　그는 시계를 잃어버려서 시험을 위해 내 것을 빌려야 했다.

2) 과거의 기준시점보다 이전에 시작된 행위가 그 시점까지 지속되고 있거나, 그 시점 직전혹은 어느 정도 시간이 흐른 후에 멈추었을 때 그리고 이 경우 행위를 지속하고 있다는 느낌을 줄 경우 완료진행시제도 사용가능하다. 전치사 for + 기간, 혹은 전치사 since 나 접속사 since 와 잘 어울린다.

1059　Bill was in uniform when I met him. He had been a soldier for ten years or since he was seventeen, and planned to stay in the army till he was thirty.
　　　빌은 내가 그를 만났을 때 제복을 입고 있었다. 그는 17세 이후 십년동안 군인이었었고 삼 십 세가 될 때까지 군에 머물 계획이었다.

1060　Ann had lived in a cottage for sixty years ever since she was born, and had no wish to move to town.
　　　앤은 태어난 후 60년간을 오두막에서 살았었고 도시로 이사 갈 소망은 없었다.

1061　The old oak tree, which had stood in the churchyard for 300 years before the church was built, suddenly crashed to the ground.
　　　그 늙은 참나무는 교회가 세워지기 전 삼백년간 그 교회마당에 서있었는데 갑자기 쓰러졌다.

1062　Peter, who had waited for an hour, was very angry with his sister when she eventually turned up.
　　　피터는 한 시간을 기다렸었는데 마침내 자신의 누이가 나타났을 때 매우 화를 냈다.

1063　It was now six and he was tired because he had been working since dawn.
　　　여섯시였고 그는 새벽이후 일하고 있어서 매우 피곤했다.

1064　He had been trying to get her on the phone.
　　　그는 그녀에게 전화하려고 애쓰고 있었다.

1065　By six o'clock he had repaired the engine.
　　　여섯시 무렵 그는 엔진수리를 마쳤다.

▲ 비교 - By six he had been repairing the engine.
　　　여섯시까지 그는 엔진을 수리하고 있던 중이었다. - 완료여부는 알 수 없다.

(1) 단 다음의 문장에서는 since 나 완료진행시제를 사용할 수 없다.

1066 He had served in the army for ten years ; then he retired and got married. His children were now at school.

그는 십년간 군에 복무했고 은퇴해서 결혼했다. 그의 아이들은 그 때 학교에 다니고 있었다.

3) 과거완료시제는 기준시점이 되는 과거를 초과하는 기간, 못 미치는 기간, 닿은 기간에 다 사용할 수 있다.

1067 Tom was 25. His father had died 5 years before and since then Tom had lived alone. His father had advised him not to get married till he was 35, and Tom intended to follow this advice.

탐은 25세 였다. 그의 아버지는 5년 전에 사망했고 그 이후 탐은 홀로 살았었다. 그의 아버지는 그가 35세 될 때까지는 결혼을 하지 말 것을 충고했었는데 탐은 이 충고를 따를 의도였다.

1068 I had just poured myself a glass of beer when the phone rang. When I came back from answering it the glass was empty. Somebody had drunk the beer or thrown it away.

나는 내 맥주잔을 막 채웠을 때 전화가 울렸다. 내가 전화를 받고 돌아오니 잔이 비어있었다. 누군가가 맥주를 마셨거나 부어버렸었다.

1069 He met her in Paris in 1988. He had last seen her ten years before. Her hair had been grey then; now it was white.

그는 1988년 파리에서 그녀를 만났다. 그는 그 십 년 전에 그녀를 마지막으로 보았었다. 그녀의 머리칼은 그 당시 회색이었었는데 이제는- 1988년- 흰색이었다.

1070 He met her in 1978 and again ten years later. Her hair, which had been grey at their first meeting, was now white.

그는 1978년에 그녀를 만났고 다시 십년 후에 만났다. 첫 만남에서 회색이었었던 머리칼이 십년 후 당시에는 흰색이었다.

(1) 위의 사실을 시간의 순서대로 나열하면 과거완료시제를 사용할 필요가 없다.

1071 He met her first in 1978 when her hair was grey. He met her again in 1988. Her hair was now white.

그는 그녀를 1978년에 처음 만났고 그 때 그녀의 머리칼은 회색이었다. 그는 1988년 그녀를 다시 만났다. 그녀의 머리는 그 때 흰색이었다.

(2) 다음의 두 사실을 비교해 보자.

1072 She heard voices and realized that there were some people in the next room.
그녀는 목소리들을 들었고 옆방에 사람들이 있다는 것을 깨달았다.

1073 She saw empty glasses and cups and realized that some people had been in the room.
(They were no longer there.)
그녀는 빈 잔들과 컵들을 보았고 누군가가 방안에 있었다는 것을 깨달았다 - 그들은 더 이상 거기 없다.

1074 He arrived at 2.30 and was told to wait in the VIP lounge.
그는 두 시 30 분에 도착했고 vip 라운지에서 기다리라는 말을 들었다.

1075 He arrived at 2.30. He had been told to wait in the VIP lounge.
그는 두 시 30 분에 도착했다. 그는 vip 라운지에서 기다리라는 말을 들었었다.

4) 시간의 부사절에서 과거와 과거완료시제의 시점 비교

(1) when 절의 시제가 과거이고 주절의 시제도 과거이면 두 개의 행위가 동시에 발생했거나 직후 발생했다는 것 혹은 인과관계로 발생했다는 것을 암시한다.

1076 When he called her a liar she smacked his face.
그가 그녀를 거짓말쟁이로 불렀을 때 그녀는 그의 얼굴을 찰싹 때렸다.

1077 When he opened the window the bird flew out.
그가 창문을 열었을 때 새가 날아서 나갔다.

1078 When the play ended the audience gave a big clap.
연극이 끝났을 때 청중은 큰 박수를 보냈다.

1079 When he died he was given a state funeral.
그가 죽었을 때 그에게 국장이 거행되었다.

(2) when 절의 시제를 과거완료로 적을 경우 두 번째 행위보다 확연하게 먼저 일어났거나 첫 번째 행위가 끝나고 나서 어느 정도 시간이 흐른 후 두 번째 행위가 일어났다는 것을 암시한다. 다만 had just pp를 사용하면 직후에 발생했다는 것을 암시한다.

1080 When I arrived Ann had just left.
내가 도착했을 때 앤은 막 떠나고 없었다.

1081 When he had shut the window we opened the door of the cage.
그가 창문을 닫은 후 우리는 새 장의 문을 열었다.

1082 When she had sung her song she sat down.
그녀가 노래를 다 불렀을 때 그녀는 자리에 앉았다.

▲ 비교 - When she sang her song she sat down.
그녀가 노래를 부를 때 그녀는 자리에 앉아 있었다.

1083 When he had seen all the pictures he said he was ready to leave.
그가 모든 사진을 다 보았을 때 그는 떠날 준비가 되었다고 말했다.

▲ 비교 - When he saw all the pictures he expressed amazement that one man should have painted so many.
그가 모든 그림을 보았을 때 그는 한 사람이 그토록 많은 그림을 그렸다는 사실에 대한 놀라움을 표현했다.

(3) until, till 혹은 before 와 함께 사용될 경우 시점 차이를 의미하지 않고 완료적 의미로만 해석해야 하므로 had pp 형태가 단순과거보다 시점 상 후행의 의미를 가질 수 있다.

1084 He refused to go till he had seen all the pictures.
그는 그림을 다 볼 때까지는 떠날 것을 거부했다.

1085 He did not wait till we had finished our meal.
그는 우리가 식사를 끝날 때까지 기다리지 않았다.

1086 Before we had finished our meal he ordered us back to work.
우리가 식사를 다 마치기 전에 그는 일터로 복귀하라고 명령했다.

1087 Before we had walked ten miles he complained of sore feet.
우리가 십 마일을 다 걷기 전에 그는 부르튼 발을 불평했다.

(4) 주절과 종속절에 공히 과거완료를 사용할 수 있는데 각각의 의미는 다르다.

1088 It was a very expensive town. Before we had been here a week we had spent all our money.
그것은 매우 비용이 많이 드는 도시였다. 우리가 여기서 일주일을 다 있기 전에 우리는 모든 돈을 다 써버렸다.

(5) after 는 주로 과거완료시제를 받아서 주절과거시제와 비교한다. 다만 이 경우 두 시제를 단순과거로 표현할 수도 있다.

1089 After the will had been read there were angry exclamations.
유언장이 다 읽어진 후 화난 탄식들이 있었다.

1090 After the will was read there were angry exclamations.
유언장이 읽어진 후 화난 탄식들이 있었다.

5) P2에서 P1까지의 경험유무 혹은 빈도를 표현한다.

1091 Had he ever been to the nation?
그는 그 당시까지 그 나라에 가본 적이 있었나요?

1092 He had never been invited to a formal party.
그는 그 당시까지 공식파티에 초청받아본 적이 없었다.

1093 How many times had he read the book?
그는 얼마나 여러 번 그 책을 읽었었는가?

1094 He had read the book seven times.
그는 그 책을 그 당시까지 일곱 번 읽었었다.

6) had long since pp 의 표현

(1) [-한 지 오래되었다, 오래 전에 -했다, 그 이후 오래 동안 -했다] 로 해석할 것.

1095 He had long since forgotten the book until one day he ran into it.
그는 그 책을 잊은 지 오래되었는데 어느 날 그것과 우연히 조우했다.

1096 Matisse and Picasso had long since become the two great rockets of 20th century art.
앙리마티즈와 파블로 피카소는 20세기 미술의 위대한 두 거장이 된지 오래이다.

1097 The original building had long since been demolished.
원래 건물은 파괴된 지 오래되었다.

1098 Any doubts had long since been swept away.
모든 의심이 사라진지 오래되었다.

1099 They had long since moved away.
그들은 오래전에 이사 갔다.

▲ 현재와 상관없는 과거 특정한 시간에 완성된 행동들에 사용한다. 일부 과거시제는 현재에는 그렇지 않다는 단절의 의미를 표현하기도 한다.

39 과거시제의 적절한 사용

1) 시간이 주어진 과거의 행위

1100 I met him yesterday.
나는 그를 어제 만났다.

1101 Louis Pasteur died in 1895.
파스퇴르는 1895년 사망했다.

2) 과거의 행위에 대한 시간을 물어볼 때

1102 When did you meet the defendant?
당신은 그 피고를 언제 만났는가?

3) 시간대가 주어지지 않았다 해도 특정한 시간대에 일어난 것이 명백한 행동

1103 The train was ten minutes late.
그 기차는 십분 늦었다.

1104 How did you get your present job?
당신은 현재의 직업을 어떻게 구했는가?

1105 I bought this car in Korea.
나는 이 차를 한국에서 구입했다.

4) 현재와는 단절된 과거특정기간 혹은 과거특정 시점의 행동

1106 He worked in that bank for four years.
그는 4년 동안 그 은행에서 일했다 - 현재와 닿지 않은 4년

1107 She lived in Rome for a long time.
그녀는 오래 동안 로마에서 살았다 - 현재와 닿지 않은 기간

1108 My grandmother once saw Queen Victoria.
내 할머니는 한 때 빅토리아 여왕을 보았다.

1109 Did you ever hear Maria Callas sing?
당신은 마리아 칼라스가 노래 부르는 것을 들은 적이 있는가?

5) 빈도부사를 쓰면 과거의 습관적 행동

1110 He always carried an umbrella.
그는 항상 우산을 가지고 다녔다.

1111 They never drank wine.
그들은 결코 와인을 마시지 않았다.

40 현재완료시제의 적절한 이해와 응용

1) 형태

Affirmative ; have pp, has pp, have been pp, has been pp
Negative ; have not pp, has not pp, have not been pp, has not been pp
Interrogative ; have, has +주어 + pp, have, has + 주어 + been pp ?

(1) 축약형 ; 주어 + 어퍼스트러피 + ve, s

1112 I've worked hard.
   나는 열심히 일했다.

1113 She's done everything for you.
   그녀는 너를 위해 모든 것을 다 했다.

(2) 부정축약형 ; haven't, hasn't

1114 I haven't seen you.
   나는 당신을 보지 못했다.

1115 She hasn't been there.
   그녀는 그곳에 간 적 없다.

2) 용도

현재완료는 과거의 행위를 현재에 연결시켜 말하는 것으로서 주로 대화체나, 서간문, 신문, 방송매체의 보도 등에서 자주 사용된다. 단순과거와의 차이점으로는 현재와 상관이 있는 과거의 사실이면 현재완료시제, 현재와 무관한 사실이면 단순과거를 사용한다.

(1) 최근에 끝난 행위를 암시하는 have just pp ; 부정문에서 주로 사용하지 않는다.

1116 He has just stepped out.= He stepped out a few minutes ago.
   그는 막 걸어 나갔다.

(2) 최근의 과거에 일어난 행위지만 과거시점에 특별히 주어지지 않았을 때 사용한다.

1117 I have read the manual but I don't understand it.
   나는 그 사용설명서를 읽어보았지만 이해가 안 간다.

1118 Have you had lunch?
    점심식사를 했는가?

(3) 하지만 과거의 시점이 주어질 때는 과거시제를 사용한다.

1119 I read the manual last night. (시점이 주어졌으므로 단순과거시제를 사용한다.)
    나는 어제 밤 그 설명서를 읽어보았다.

1120 Did you have lunch at the restaurant?
    당신은 그 식당에서 점심을 먹었는가?
▲ 두 사람은 지금 그 식당이 아닌 곳에 있어서 한 사람이 그 식당을 떠나기 전을 명백한 과거시점으로 본다.

(4) 의문문에서도 같은 법칙이 적용된다.

1121 Have you seen my bike? - Yes, I have / No, I haven't.
    당신은 내 자전거를 보았는가?
▲ 이 경우 Yes, I saw it in the backyard an hour ago. 도 가능하다.

1122 Have you had lunch yet? - Yes, I have / No, I haven't.
    당신은 벌써 점심을 먹었는가?
▲ 이 경우 Yes, I had it with my mom. (엄마와 함께- 는 특정시간대를 암시하고 있다.)

(5) 최근의 일어난 일의 결과를 현재에 볼 수 있을 경우

1123 Jason has had a bad car crash.
    제이슨은 심각한 자동차충돌 사고를 겪었다.
    (그가 병원에 있거나 그의 자동차는 현재 운행불능이다.)

1124 The elevator has broken down.
    승강기는 고장 났다.
    (우리는 지금 승강기를 이용할 수 없다.)

1125 I have washed my car.
    나는 세차를 했다.
    (현재 내 차는 말끔하다.)

(6) 위의 예문들을 과거시제로 표현하면 현재의 결과와는 관련이 없다.

1126 Jason had a bad car crash.
제이슨은 심한 차 사고를 겪었다.
(현재 그의 상태나 그의 차 상태는 알 수 없다.)

1127 The elevator broke down.
승강기는 고장 났다.
(현재 승강기의 작동 여부는 알 수 없다.)

1128 I washed my car.
나는 세차를 했다.
(현재 내 차의 상태는 알 수 없다.)

(7) 이 경우 yet을 사용하면 확실히 현재의 결과를 알 수 있다.

1129 He hasn't gone yet.
그는 아직 가지 않았다.
(아직 그는 여기에 있다.)

1130 He hasn't come yet.
그는 아직 오지 않았다.
(아직 그는 오지 않았으므로 여기에 없다.)

(8) 현재나 미래에도 반복될 것 같은 과거의 행동에 대한 수차례 이상의 사례. 이 때 조심할 것은 과거의 행동이 지금까지 여러 차례 있어서 그 행동이 앞으로도 예측될 경우에는 현재완료시제를 사용한다.

1131 I have seen tigers in that forest.
나는 그 숲에서 호랑이들을 보았다.
(특정 시점에 본 것이 아니며 호랑이들이 살아 있고 앞으로도 출몰할 가능성이 있다는 의미이다.)

1132 Tommy has produced a number of science fiction movies.
Tommy는 여러 편의 공상과학영화들을 제작했다.
(그가 아직 살아 있어서 앞으로도 영화를 제작할 가능성이 있다는 의미이다.)

(9) 이에 반하여 호랑이나 제작자가 사망했을 경우는 현재에 그럴 일이 더 이상 일어나지 않을 과거이므로 단순과거 시제로 처리한다.

1133 I used to see tigers in that forest.
나는 그 숲에서 호랑이를 보곤 했다.

1134 Tommy produced a number of SF movies.
Tommy는 여러 편의 공상과학 영화를 제작했다.

(10) 화자가 지정한 시간의 틀 안에 놓인 과거의 행동은 현재완료를 사용하며 틀 밖에 놓이면 단순과거를 사용한다.

(11) 예를 들어 [오늘 오전 = this morning] 이라는 부사구가 붙어 있을 경우 보통 오전을 의미하는 오전 12시 59 분 이전에 말하는 시점인 현재가 놓여 있으면 현재 완료를 사용한다. 'He has been found dead this morning.' 이라고 말할 때 보도하는 시점이 아직 오전 12시 59분 이전이다. 'Have you seen her today?'라고 말할 경우, 아직 오늘이 끝나지 않은 시점이다. 'Have you made a great fortune this year?' 라고 말할 경우, 아직 해가 끝나지 않았다.

(12) 이 때 주로 사용하는 표현

today, this morning, this afternoon (보통 오후 5시 59분까지), this evening (보통 밤 9시 이전이나 수면시간으로서의 밤이 아니라 활동시간으로서의 밤이라고 상호 이해하는 시간대에서), this week, this month, this year, this century 등이 있다. 하지만 해당 시간의 틀이 지나면 단순 과거시제를 사용한다.

1135 Mr. Anderson called you twice this morning.
앤더슨 씨는 오늘 아침 두 번이나 당신을 호출했다.
(이 경우 말하는 시점이 이미 오후 1시를 넘어간 것이다.)

(13) 하지만 비록 지금이 아침시간대라 할지라도 특정 아침시간대에 행해지는 행위는 단순과거를 써야 한다.

1136 My alarm clock didn't go off this morning.
내 자명종은 오늘 아침 울리지 않았다.
(왜냐하면 자명종은 보통 특정한 아침 시간대에 맞추어져 있기 때문에 말하는 시점이 오전이라 해도 특정시간대를 지난 것으로 본다.)

(14) 같은 이치로 만약 우유배달부가 아침 8시에서 8시 반 사이에 주로 방문한다면 아침 아홉시가 되어서 우유가 배달되지 않았을 때

1137 Did the milk delivery man come this morning?
오늘 아침 우유배달부가 왔었는가?

▲ 라고 말할 수 있으며 8시에서 8시 반사이라면 'Has the milk delivery man come this morning?' 이라고 말할 수 있다.

(15) ately, recently 가 현재완료시제와 함께 사용되었을 때는 어느 정도의 기간을 포괄하는 개념이므로 최소한 지난 주, 지난 달, 지난 해 정도의 기간 내에서 벌어진 일들을 이야기 할 때 사용한다.

1138 There have been some changes lately or recently.
최근에 어떤 변화들이 있었다.

1139 He's had a lot of bad luck lately or recently.
그는 최근에 많은 불운을 겪었다.

(16) 여기서 단순과거와 함께 사용될 수도 있다. 그 경우 '얼마 전' 이라는 의미이다.

1140 He left recently = He left a short time ago.
그는 최근에 떠났다.

(17) 현재완료는 특정한 과거부터 말하는 시점까지 발생한 빈도에 의해 경험의 유무나, 경험의 빈도를 나타 내며 부사 ever, never, always, occasionally, often, several times, 등과 함께 어울린다.

1141 Have you ever fallen off a horse?
당신은 말에서 떨어진 적이 있는가?

▲ 이 경우 만약 이 사람이 말을 타던 시즌이 끝났을 경우는 단순과거로 'Did you ever fall off a horse?' 를 사용한다.

1142 I've been scolded quite often.
나는 매우 자주 야단을 맞고 있다.

▲ 이 경우 현재에도 툭하면 야단을 맞고 있다는 의미가 내포되어 있다.

(18) 여기서 계속의 의미가 강조되면 always, never 나 since 등을 사용하는데 since 는 부사, 전치사, 접속사로 모두 사용할 수 있다. ever since 는 문미에만 사용한다.

1143 I haven't seen him since September.
나는 9월 이후 그를 본적이 없다.

1144 Has he written to you since he joined the army?
그가 군대가 간 이후 당신에게 편지를 썼는가?

1145 I had a letter last week, but I haven't heard him since.
나는 지난 주 편지를 한 통 받았는데 그 이후 그에게서 소식을 못 들었다.

1146 I have since changed my mind = I have changed my mind since then.
나는 그 이후 내 마음을 바꾸었다.

1147 They have always answered my letters.
그들은 늘 내 편지들에 답장을 했다.

1148 I have never been late for class.
나는 수업에 늦은 적이 없다.

1149 Since my car accident I have written with my left hand.
내 차 사고 이후 나는 왼 손으로 글을 쓰고 있다.

1150 I've worn contact lenses since my childhood.
나는 어린 시절 이후 접안렌즈를 착용하고 있다.

1151 He had a bad fall last week and has been off work ever since.
지난 주 그는 심한 낙상을 당했는데 그 이후 휴무상태이다.

(19) 여기서 for + 기간을 사용해서 계속의 정보를 주기도 하는데 이렇게 계속의 의미가 동작의 계속을 강조할 경우 have been + ing 형태를 사용할 수 있다.

1152 I've used my left hand for a month now.
나는 지금까지 한 달 동안 왼손을 사용해 왔다.

1153 I've worn contact lenses for ten years.
나는 십년 동안 접안렌즈를 이용해 왔다.

1154 I've been using my left hand for a month now.
나는 지금까지 한 달 동안 내 왼손을 이용하고 있는 중이다.

1155 I've been wearing contact lenses for ten years.
나는 십년 동안 접안렌즈를 착용하고 있는 중이다.

(20) 여기서 동사가 be, live, wait 등이면 전치사 for를 생략하고 사용할 수 있다.

1156 We've been here an hour.
우리는 한 시간을 여기서 기다렸다.

1157 I've lived here two years.
나는 2년을 여기서 살았다.

(21) 또한 all로 시작하는 기간을 의미할 때는 for를 사용하지 않는다.

1158 They have worked all night.
그들은 밤새 일했다.

▲ 하지만 a whole night 은 전치사 for를 사용할 수 있다.

1159 They have worked for a whole night.
그들은 하루 밤 내내 일했다.

▲ since 와 for를 사용할 때 last 와 the last 의 용법차이에 주의해야 한다.

1160 I have been here since last week.
나는 지난 주 이후 여기서 일하고 있다.

1161 I have been here for the last week.
나는 지난 주 동안 여기서 일해 왔다.

(22) 여기서 최상급을 사용한 명사 뒤에서 관계사절의 시제를 현재 완료로 사용하는 용법을 알아두어야 한다.

1162 This is the hardest liquor I have ever drunk.
이것은 내가 마셔본 가장 독한 술이다.

1163 This is the worst movie I have ever seen.
이것은 내가 본 적 있는 최악의 영화이다.

▲ 이 경우 서수인 first, second, 등과 only를 사용하면 부사 ever를 사용하지 않아도 된다.

1164 This is the first time I have seen teen idols.
이것은 내가 십대의 우상들을 본 처음이다.

1165 This is the only book he has written.
이것은 그가 쓴 유일한 책이다.

(23) 상태의 지속이나 동작의 계속을 강조하는 경우는 all day, all night, all week, all my life, all the time, lately, recently 등을 사용할 수도 있다.

(24) 이 지속의 경우는 보통 과거에서 시작된 동작이나 상태가 말하는 시점을 지나서도 이어질 것이라는 것을 암시한다.

1166 He has been in the navy for two years. (He is still in the navy.)
그는 2 년 동안 군에 있다.

1167 I have smoked since I left high school. (I still smoke.)
나는 고등학교 졸업 후 담배를 피우고 있다.

1168 We have waited all day.
(We are still waiting. 하지만 기다리던 상대가 눈앞에 나타났을 경우에는 동작이 끝났음을 암시할 수 있다.)
우리는 하루 종일 기다렸다.

이에 대한 예로 누군가를 만난 시점에서 'I haven't seen you for ages.' 라고 말하면 지금 만난 것이니 동작이 완료되었다는 것을 암시하고 'This room hasn't been cleaned for months.' 라고 말하면 지금 우리가 방을 치우고 있다는 사실을 암시할 수 있으며 'It has been very cold lately but it's just beginning to get warmer.' 라는 문장도 완료의 의미를 알 수 있다.

(25) 물론 현재에 이르기 전에 어떤 동작이 끝났으면 단순과거시제를 사용해서 위의 부사들을 표현할 수 있다.

1169 He was in the army for two years. (He is not in the army now.)
그는 2 년 동안 군에 있었다.

1170 I smoked for 2 months. (and he stopped smoking then.)
나는 2 개월 동안 담배를 피웠다.

1171 He lived here all his life. (Presumably he is dead.)
그는 평생을 여기서 살았다.

(26) 여기서 인지 동사인 know 나 believe 는 계속의 의미를 강조하는 부사가 동반되지 않는다면 현재완료를 사용하지 않는다.

1172 I have known him for a long time.
나는 오래 동안 그를 알아왔다.

1173 I have never believed their theories.
나는 그들의 이론들을 믿은 적이 없다.

1174 Did you know that he was going to be divorced?
당신은 그가 이혼하리라는 것을 알았는가?

▲ 여기서는 Have you known 으로 사용하지 않는다.

41 주요전치사 of, for, to 용법 총정리

I. of

1) 명사1 of 명사2 ; 명사2 소속이나 소유의 명사1

한국어에서 [-의] 해석에 가깝다. 이 용법은 명사2가 복수인 경우 단수 소유격과 발음상이나 철자상의 혼동을 피하기 위해 주로 사용하며 명확한 표현을 나타내고자 함이다. my brother's room [내 형제의 방 ; 한 명 소유를 말한다.] my brothers' room [내 형제들의 방 ; 여러 명 소유를 말하는데 발음상 구분이 되지 않으므로 철자로 표현하는 경우에는 my brothers' room 이나 the room of my brothers를 둘 다 사용하지만 말로 표현하는 경우는 the room of my brothers를 주로 사용할 것을 권장한다. 'the wings of the airplane' 에서처럼 무생물의 소유격은 특별히 의인화되거나 관용적으로 굳어진 표현을 제외하고는 전치사 of를 사용한다.

1175 He is at his wits' end.
그는 어찌할 바를 모르고 있다.

1176 I saw the fortune's smile.
나는 행운의 미소를 보았다.

▲ wit 나 fortune 이 무생물이어도 관용적으로 의인화하여 사용하는 경우가 있다.

2) 소속의 경우, 부분이나, 분량을 의미하기도 한다.

> a friend of mine [나의 친구들 중 하나]
> five volunteers of 20 men [스무 명 중 다섯의 지원자]
> one of my teachers [나의 선생님들 중 한 분]
> a friend of my mother's [내 어머니의 친구들 중 한 분]
> some of this milk [이 우유의 일부]
> three of us [우리들 중 세 명]

1177 Spiders are the most beneficial of all the insect eaters.
거미들은 모든 곤충킬러들 중 가장 유익하다.

1178 Of all things, water is most likely to be the material over which conflicts will occur.
모든 것들 중에서 물은 분쟁이 발생할 가능성이 가장 큰 물질이다.

1179 He should of all men set an example.
그는 모든 사람들 중에서 모범을 보여야 한다.

3) 동격

the City of Rome [로마제국의 수도인 로마]

1180 There are five of us in my family.
우리 가족에는 다섯 명이 있습니다.]

4) 재료의 의미

1181 This watch is made of gold.
이 시계는 금으로 만들어져 있다.

1182 He has a house of brick.
그는 벽돌로 만들어진 집이 한 채 있다.

1183 Don't make a fool of me.
나를 바로로 만들지 말라.

1184 I want to make a teacher of my son.
나는 나의 아들을 선생으로 만들고 싶다.

1185 He finally made something of himself.
그는 마침내 출세했다.

1186 He made much of his devotion.
그는 그의 헌신을 대단 시 했다.

1187 I can make nothing of his words.
나는 그의 말을 이해할 수 없다.

1188 I can make nothing of all this scribble.
나는 이 낙서를 이해할 수 없다.

5) 형용사적 비유

1189 Look at that fool of a man = Look at that foolish man.
저 바보 같은 사람을 봐라.

1190 I met an angel of a woman = I met an angel like woman.
나는 천사 같은 여인을 만났다.

1191 We swam in the mountain of a wave = We swam in the mountainous wave.
우리는 산더미 같은 파도 속에서 헤엄쳤다.

6) [거리, 위치, 분리, 제거, 박탈] 의 의미로

1192 The fort will be located within ten miles of the river.
그 요새는 그 강에서 10마일이내에 위치될 것이다.

1193 I deprived a person of some money.
나는 한 사람에게서 돈을 조금 빼앗았다.

1194 The doctor will cure me of the disease.
그 의사는 나에게서 그 병을 치료해 줄 것이다.

1195 They will rob the bank of the diamonds.
그들은 그 은행에서 그 다이아몬드들을 털 것이다.

1196 I will ask a favor of him.
나는 그에게서 부탁을 하나 하겠다.

7) 뒤에 있는 명사가 형용사적 역할을 하는 경우

1197 I met a girl of ten years old.
나는 열 살짜리 소녀를 만났다.

1198 He is a man of ability.
그는 능력 있는 남자이다.

1199 He is a man of his words.
그는 약속을 지키는 남자이다.

1200 He is a man of my age.
그는 내 나이의 남자이다.

1201 He has a son (of) my age.
그는 내 나이의 아들을 가지고 있다.

8) 뒤에 있는 명사가 목적어 관계

1202 Do you feel the love of God?
당신은 신에 대한 사랑을 느끼는가?

1203 They investigated the murder of the Pope.
그들은 교황살해 사건을 조사했다.

(1) 소유관계와 혼동하지 말 것.

1204 This is a portrait of my father's.
이것은 내 아버지 소유의 초상화이다.

1205 This is a portrait of my father.
이것은 내 아버지의 초상화이다.

9) 뒤에 있는 명사가 행위의 주어일 때

1206 The 20th century saw the arrival of the Computer Age.
20세기는 컴퓨터시대의 도래를 목격했다.

1207 I felt the true love of my step mother.
나는 양어머니의 진정한 사랑을 느꼈다.

1208 This is a portrait of my father.
이것은 내 아버지가 그린 초상화이다.

10) 형용사 + of : 뒤에 있는 명사를 목적어로 받기 위해서 사용한다.

1209 I am sick of you.
나는 당신이 지긋 지긋하다.

1210 I am aware of his death.
나는 그의 사망을 알고 있다.

1211 I am ignorant of his whereabout.
나는 그의 거처를 모른다.

1212 I am blind of an eye.
나는 한 눈이 실명이다.

1213 It is true of every case.
어떤 경우에도 진실이다.

1214 I am confident of the black horse's chance of winning the race.
나는 검은 말이 경주에서 우승할 가능성을 확신한다.

11) 동사 + of : 관용어구로 사용되거나 타동사구를 만들기 위해 사용된다.

1215 He died of lung cancer.
그는 폐암으로 사망했다.

1216 What has become of him?
그 사람 어떻게 되었는가?

1217 They are of an age = They are of the same age.
그들은 동갑이다.

1218 The room smells of cigarette smoke.
그 방은 담배연기 냄새가 난다.

1219 You have not come of age.
너는 성년이 되지 않았다.

12) of + 동명사 : 동격이나 수식관계를 동사의 내용으로 받을 경우

1220 The fact of my having seen him is very important.
내가 그를 만난 적이 있다는 사실은 매우 중요하다.

1221 This is a means of conserving energy.
이것은 에너지를 아끼는 수단이다.

1222 Will you show me the act of protecting your environment?
당신은 환경을 보호하는 행동을 보여주겠는가?

13) 사람의 성품을 나타내는 관용표현에서 : it is 성품형용사 + of + 사람

1223 It was so silly of me to say so.
내가 그렇게 말하다니 참으로 어리석었다.

1224 It is honest of him to tell the whole story.
그는 정직하게도 모든 이야기를 다 한다.

14) 계량표시를 만드는 관용어구 혹은 단독적 부사구를 만드는 표현에서

a piece of, a part of, a number of, a group of, a kind of, a sort of, of course 등

15) of를 사용한 구문연습

1225 Robert Basham, CEO and one of the three founders of the very successful Outback Steakhouse restaurant chain in the United States, is among the many U.S. business executives capitalizing on the fascination surrounding Australia.
Robert Basham 은 대표이사 이자 성공을 거둔 미국의 Outback 스테이크 식당 체인의 세 명의 창업자중 하나인데 호주를 둘러싼 매혹을 이용하고 있는 많은 미국 사업체의 고위간부들 가운데에 있다.

1226 When a recipe calls for nuts, there is a part of me that says, " Oh, no, nuts are fattening. "
요리법이 견과류를 요구할 때 '안 돼, 견과들은 살을 찌우는 것이야' 라고 나의 마음 한구석이 말을 한다.

1227 Of all the sources we rely on when we evaluate experiences, perhaps nothing is more important than comparisons to other people.
우리가 경험들을 평가할 때 의존하는 모든 소스들 중에서 아마도 타인들과의 비교보다 더 중요한 것은 없을 것이다.

1228 They used a common weapon of social influence.
그들은 사회적 영향력이라는 일반적 무기를 이용했다.

1229 I will rid my mind of the doubt of his honesty.
나는 나의 마음에서 그의 정직성에 대한 불신을 제거할 것이다.

1230 The feeling of shame can be unbearably painful, as shown by the 1996 suicide of an American navy admiral who was about to be exposed as not entitled to some of the medals he was wearing, or by the six suicides in 1997 among Frenchmen who were exposed as consumers of pedophiliac material.
부끄러움이라는 감정은 참을 수 없을 정도로 고통스러울 수 있는데 그것은 자신이 차고 있었던 훈장 중에서 일부가 자격이 없는 것으로 노출될 예정이었던 한 미국 해군 제독의 1996년 자살사건에 의해서 혹은 아동포르노 물의 소비자들로 노출되었던 프랑스인들 가운데서 1997년 6건의 자살에 의해서 보여진바와 같다.

1231 If Zinedine Zidane had paused for a fraction of a second to reflect, he would have realized that the action of assaulting the other team's player might cost the defeat of his team and the ruin of his reputation.

만약 Zinedine Zidane이 뒤돌아 볼 잠시의 시간만 가졌더라면 그는 다른 팀원에 대한 그 공격행위가 자기 팀의 패배와 자신의 명성의 파괴를 초래하게 될지도 모른다는 것을 깨달았을 것이다.

II. for

1) [대리, 대신, 대표]

1232 He speaks for the White House.
그는 백악관을 대변한다.

1233 Shall I write a letter to him for you?
당신대신 그에게 편지를 써드릴까요?

1234 I had to take her class for her while she was ill in bed.
나는 그녀가 아파서 누워있는 동안 그녀를 대신해서 그녀의 수업을 들어야 했다.

1235 Say hello to your sister for me.
내 대신 너의 여자형제에게 안부 전해줘.

2) [옹호, 찬성, 지지]

1236 He says he will always die for his own country.
그는 그의 조국을 위해서 언제나 죽을 것이다 라고 말한다.

1237 Are you for or against the new taxation bill?
새로운 조세법안에 찬성인가 반대인가?

1238 I am all for people having fun.
나는 사람들이 재미를 보는 것에 완전히 찬성한다.

3) [이익, 은혜, 적부, 용도]

1239 This is a present for you from your boss.
이것은 당신의 보스로부터 당신을 위한 선물이다.

1240 He presented me something too good for me.
그는 나에게는 너무 과분한 무엇인가를 제공했다.

1241 There are the magazines for boys, not for girls.
소녀들 용이 아닌 소년들 용 잡지들이 있다.

1242 I don't think it's the time for saying good bye to them.
그들에게 작별을 할 시간은 아니라고 생각한다.

1243 We got a new table for the dining room.
우리는 식당용 새 식탁을 샀다.

1244 Can you translate this document for me?
당신은 나를 위해 이 문서를 번역할 수 있는가?

4) [교환, 보상, 등가]

1245 You can get ten for a dollar.
당신은 일 달러에 열 개를 살 수 있다.

1246 They gave each other blow for blow.
그들은 서로에게 타격에 타격으로 응대했다.

1247 I will apply the rule of an eye for an eye to this matter.
나는 이 문제에 대하여 눈에는 눈으로 라는 규칙을 적용할 것이다.

1248 I bought it for about 10,000 dollars.
나는 그것을 약 1만 불에 샀다.

1249 This is a check for 100 bucks.
이것은 100 달러수표이다.

1250 Shaking your head for 'no' is not universal.
'아니오' 를 의미하는 고개 가로 젓기는 보편적인 것은 아니다.

5) [목적, 대상, 의향, 기대, 소망]

1251 He has an eye for beauty and I have an ear for music.
그는 아름다움을 보는 눈 그리고 나는 음악을 듣는 귀를 가지고 있다.

1252 I will send for a doctor while you take care of his bleeding.
나는 당신이 그의 출혈을 보살피는 동안 의사를 부르러 사람을 보내겠다.

1253 I wrote to him for a good piece of advice and waited for it for a whole week.
나는 그에게 충고를 얻기 위한 편지를 썼고 일주일 동안 그것을 기다렸다.

1254 The beggar went into the market for his meal.
그 걸인은 그의 음식을 구하기 위해 시장으로 들어갔다.

1255 My retriever is too old for a duck hunt.
나의 리트리버견은 오리사냥을 하기에는 너무 늙었다.

1256 What for?
   무엇을 위해서?

1257 She is working for Apple.
   그녀는 애플사를 위해 일한다.

1258 He came to me for advice.
   그는 충고를 구하러 내게 왔다.

1259 For more information, please call this number.
   더 많은 정보를 위해서는 이 번호로 전화를 하세요.

1260 There were more than fifty applicants for the position.
   그 직책을 얻기 위해서 50명 이상의 지원자들이 있었다.

6) [방향, 행선지]

1261 The train is bound for Deli.
   그 기차는 델리행이다.

1262 He started for America, dreaming a life of a success.
   그는 성공자로의 삶을 꿈꾸며 미국을 향해 떠났다.

7) [원인, 이유]

1263 I did so for many reasons.
   나는 많은 이유 때문에 그렇게 했다.

1264 He shouted for joy in spite of himself.
   그는 자신도 모르게 기쁨으로 소리를 질렀다.

1265 I am sorry for not being punctual.
   나는 시간을 엄수하지 못해서 미안하다.

1266 I can hardly see anything for the heavy fog.
   나는 그 짙은 안개 때문에 거의 어떤 것도 보기 힘들다.

1267 The doctor was punished for neglecting the regular checkup for the patient.
   그 의사는 그 환자를 위한 정기검진을 소홀히 한 이유로 처벌받았다.

1268 He was rewarded for saving the old man who had fallen into the railroad.
   그는 철길에 떨어졌던 그 노인을 구한일로 보상을 받았다.

1269 The town is famous for its old cathedral.
그 마을은 오래된 성당으로 유명하다.

1270 I couldn't speak for laughing.
나는 웃음 때문에 말을 할 수가 없었다.

1271 You'll feel better for a good night's sleep.
당신은 하루 밤 푹 자면 한결 나아질 것이다.

1272 Thank you for helping me with my homework.
나의 숙제를 도와주어서 고맙다.]

8) [기념, 존중]

1273 We are going to hold a farewell party for him.
우리는 그를 위한 송별회를 열 것이다.

1274 I will buy a diamond ring for my engagement.
나는 나의 약혼을 위해 다이아반지를 살 것이다.

9) [시간의 길이, 시간의 취지, 공간의 길이]

1275 I am supposed to stay for a week.
나는 일주일 동안 머물게 되어 있다.

1276 I haven't seen him for the last ten years.
나는 지난 열흘 동안 그를 못 보았다.

1277 He has been back now for ten days.
그는 돌아온 지 열흘이 되었다.

1278 I won't be here for long.
나는 이곳에 오래 있지는 않을 것이다.

1279 Let's stop the work for the day.
오늘 일과를 끝내자.

1280 I am warning you for the last time.
나는 너에게 마지막으로 경고한다.

1281 The road spread for miles and miles.
그 길은 여러 마일 뻗어 있었다.

10) [연관성, 취지]

1282 I have no opinion for that matter.
나는 그 문제에 대해 의견이 없다.

1283 That is so much for that.
그것에 대해 그 정도면 과하다.

1284 We had enough discussion for the dress code.
우리는 복장수칙에 대해 충분히 토론했다.

11) [비교]

1285 It is still rather cold for the time of year.
예년 이 맘 때에 비해 아직 꽤 춥다.

1286 He looks very young for his age.
그는 그의 나이에 비해 매우 젊어 보인다.

1287 He is handling too much trouble for the youngest son in his family.
그는 그 가족의 막내아들인 것에 비해 너무 많은 난관을 처리하고 있다.

12) [판단의 결과, 자격]

1288 He is always taken for my brother, which is not true.
그는 늘 나의 형제로 취급되어지고 있는데 사실이 아니다.

1289 He was given up for lost or dead.
그는 실종 내지는 사망으로 포기되었다.

1290 You are beginning to take me for granted.
당신은 나를 당연시하기 시작하고 있다.

13) [부정사의 의미상 주어]

1291 It is time for me to go.
내가 가야할 시간이다.

1292 For him to marry my daughter would be impossible.
그가 나의 딸과 결혼한다는 것은 불가능할 것이다.

1293 The secretary writes letters for him to sign.
그 비서는 그가 서명할 편지를 쓴다.

1294 Here is no money for you to spend.
당신이 쓸 돈은 여기 없다.

1295 For a girl to talk to her mother like that!
여자아이가 엄마에게 그런 식으로 말을 하다니!

14) [뒤에서 동명사를 받아서 명사의 용도]

1296 This is a stick for walking.
이것은 산책용 막대기- 지팡이 - 이다.

1297 I want to buy clothes for swimming.
나는 수영복을 사길 원한다.

1298 I need a machine for slicing bread.
나는 빵을 썰기 위한 기계가 필요하다.

15) [그 외의 관용어]

(1) for all ; -에도 불구하고

1299 For all his riches he is not happy.
그의 모든 재산에도 불구하고 그는 행복하지 않다.

1300 I respect him for all his faults.
나는 그의 모든 결점에도 불구하고 그를 존경한다.

(2) for better or for worse ; 좋든 나쁘든

1301 You should accept the situation for better or for worse.
당신은 좋든 싫든 그 상황을 받아들여야 한다.

(3) but for = if it were not for, if it had not been for, if not for ; -가 없다면, 없었다면

1302 But for his contribution to the program, many Africans would still have drinking water shortage.
그 프로그램에 대한 그의 기여가 없었다면 많은 아프리카인들이 여전히 음용수 부족을 겪고 있을 것이다.

(4) be in for ; -을 맞이하게 되다 (벌, 곤경)

1303 He behaved badly and is in for a beating.
그는 나쁘게 처신했고 매를 맞게 된다.

(5) for good and all ; 이번을 마지막으로 영원히

1304 I am going for good and all.
나는 가서 돌아오지 않을 것이다.

(6) for good = for ever ; 영원히

1305 I will be by your side for good.
나는 당신의 옆에 영원히 있을 것이다.

(7) for one's part = as for one ; -의 입장에서

1306 For my part, I don't care who wins.
나로서는 누가 이기는지 신경 쓰지 않는다.

(8) for all I know ; 아마도

1307 He may be a good man for all I know.
그는 내가 아는 한 아마 좋은 사람일지 모른다.

(9) for it ; 상황의 it을 써서 '그것에 대처해야 할'

1308 There is nothing for it but to run.
도망치는 것을 제외하고 도리가 없다.

(10) be up for ; -을 위해 내놓다

1309 This house is up for sale.
이 집은 판매를 위해 내 놓았다.

(11) now for ; 화제의 전환을 위해 사용하는 말

1310 And now for some traffic information.
자 이번에는 교통 정보입니다.

for example, for instance ; 예를 들어

16) 동사 + for : 동사와 함께 타동사구 생성

(1) look for = seek for = search for : ~을 구하다, 찾다

1311 If you are not married, take this into account when you search for a soul mate. Look for someone whose sibling is married to a productivity-oriented individual, not to a salary-oriented one.
당신이 미혼이면 반려자를 찾을 때 이것을 고려하라. 그 형제나 자매가 급여지향적이지 않고 생산성지향적인 사람과 결혼한 그런 배우자감을 찾아라.

(2) listen for : ~을 귀로 들어서 찾다

1312 tried to listen for my lost watch in the hay stacks.
나는 그 건초 더미 속에서 내 잃어버린 시계를 귀 기울여 찾으려 했다.

(3) answer for : ~에 책임을 지다
send for : ~을 부르러 사람을 보내다
reach for : ~을 잡으러 손을 내뻗다

1313 Risks lie on both sides as businesses reach for these opportunities. When a market begins to boom and a firm is unable to keep up with demand without greatly increasing capacity and resources, it faces a dilemma.
사업체들이 이런 기회를 잡으려 할 때 위험은 양쪽에 존재한다. 시장이 붐을 형성하기 시작하고 회사는 능력과 자원을 엄청나게 확대시키지 않고는 수요를 따라 잡을 수 없을 때 딜레마에 직면한다.

(4) long for : ~을 갈망하다
wait for : ~을 기다리다
ask for : ~을 요구하다
call for : ~을 요구하다
beg for : ~을 구걸하다
go for : ~을 가지러 가다, 에 해당되다, 을 선호하다

1314 The employees will never go for this plan.
종업원들은 이 계획을 지지하지 않을 것이다.

1315 Let's go for a drive.
드라이브 가자.

1316 I usually do not go for horror movies.
나는 공포영화를 선호하지 않는다.

(5) come for : 어떤 목적으로 오다, ~을 가지러 오다

1317 Those who do not come for interviews on the appointed day will be disqualified.
정해진 날짜에 면접하러 오지 않는 사람들은 자격을 잃을 것입니다.

1318 They come for the tea.
그들은 차를 마시러 온다.

1319 I'll come for you at noon.
12시에 당신에게 올 것이다.

(6) account for : ~을 해명하다, 설명하다, 차지하다

1320 It is impossible to account for tastes.
취향을 설명하는 것은 불가능하다.

1321 CO_2 emissions from commercial and residential heating account for 12% of all CO_2 emissions.
상업용 그리고 가정용 난방으로 나오는 이산화탄소 배출은 모든 이산화탄소 배출의 12%를 차지한다.

1322 Headache and back pain account for the majority of on-the-job pain complaints.
두통과 요통은 직업통증불평의 대다수를 차지한다.

(7) prepare for : ~에 대비하다

1323 I would like to go with you, but I can't , because I have to prepare for the test.
당신과 가고 싶다. 그러나 시험에 대비해야 하기 때문에 그럴 수가 없다.

(8) compensate for : ~을 벌충하다, 갚다

1324 Nothing can compensate for the loss of a mother.
그 무엇도 어머니의 상실을 벌충할 수 없다.

(9) feel for : ~에 대해 공감, 동정을 느끼다, 더듬어 찾다

1325 I really felt for her when her father died.
나는 그녀의 아버지가 사망했을 때 정말로 그녀에게 동정을 느꼈다.

1326 He doesn't enjoy concerts because he doesn't feel for music.
그는 음악에 공감하지 못하므로 연주회를 즐기지 못한다.

(10) pay for : 빚을 갚다, 벌을 받다, 댓가를 지불하다

1327 You can pay for it later.
당신은 그것에 대해 나중에 지불해도 된다.

1328 How much did you pay for your car?
당신은 당신의 자동차에 얼마를 지불했는가?

1329 He embezzled company funds to pay for his vacation.
그는 그의 휴가비를 대기 위하여 회사 돈을 횡령했다.

(11) leave for : ~로 향해 떠나다
start for : ~향해 출발하다
head for : ~로 향하다

17) 일부 형용사 뒤에서 목적어를 받기 위해 사용된다.

> be responsible for = -에 책임이 있다
> be answerable for = -에 책임이 있다
> be famous for = - 때문에 유명하다
> be notorious for = - 때문에 악명 높다
> be eager for = -을 갈망하다
> be ready for = -에 대비하다
> be anxious for = -을 갈망하다

18) 접속사 for = because : 반드시 결과절 다음에 써야 하고 why 에 해당하는 답변으로는 사용하지 않는다.

1330 We listened very attentively, for what he brought to us was very critical to our fate.
우리는 매우 주의 깊게 경청했다. 왜냐하면 그가 우리에게 가져온 것은 우리의 운명에게 매우 결정적이었기 때문이다.

1331 It is going to rain, for the barometer is falling rapidly.
비가 올 것이다. 왜냐하면 기압계가 급격히 떨어지고 있기 때문이다.

19) 전치사 for 가 사용된 문장 집중 연습

1332 The Romans had no love for science. They adopted the mathematics of the Greeks and applied it very successfully to engineering and architecture, and the fruits of this application are to be seen today in many Roman remains, especially in some of their very wonderful aqueducts for carrying water to their towns.

로마인들은 과학에 대해 애정이 없었다. 그들은 그리이스의 수학을 채택해서 그것을 매우 성공적으로 공학과 건축에 응용했으며 이 응용의 산물들을 오늘 날 많은 로마 유적들 특히 물을 도시로 운반하기 위한 그들의 멋진 수로들 중 일부에서 볼 수 있다.

1333 Athens had established the procedures for distinguishing right from wrong. The court was a large building with wooden benches for a jury at one end and a prosecution and defendant's platform at the other. ...For the city, the opinion of the majority was equated with the truth.

아테네는 옳고 그름을 판별하는 절차를 수립했었는데 재판정은 한 쪽 끝이 배심원단을 위한 나무 벤치들 그리고 다른 쪽 끝은 원고와 피고를 위한 단상이 있는 큰 건물이었다. 그 도시에게는 다수의 의견이 진실과 동일한 것이었다.

1334 The mechanical quality of life that industrialization fostered was proving to be a source of dissatisfaction for many, which made it ripe for its satirization by Charlie Chaplin in his 1936 film Modern Times.

산업화가 만들어 냈던 기계적 삶의 특징은 많은 이들에게 불만의 원천으로 판명되고 있었는데 그것은 그 특성을 찰리 채플린의 1936년 작 Modern Times 에서 보여준 풍자를 위해 무르익도록 만들었다.

1335 What time of the day is best for exercise? Some people prefer the lunch hour for weight control reasons.

운동을 하기에 가장 좋은 시간은 언제인가? 어떤 이들은 체중조절 이유로 점심시간을 선호한다.

1336 I was seated in the office of the vice president of sales of a company I'd been consulting with for several years. The VP was interviewing for the position of regional sales director and asked me to listen in.

나는 내가 몇 년 동안 상담해 주고 있었던 한 회사의 판매부 부사장의 사무실에 앉아 있었는데 그는 지역 판매관리자를 뽑기 위한 면접을 하려 했고 나에게 들어와서 들을 것을 요구했다.

1337 An enormous amount of the music written in the Baroque period and earlier was designed to support either the liturgical rituals of the church or secular activities at court, which frequently focused on dancing. Supplying music for dancing was an essential task for nearly every composer until the twentieth century, when popular music took over the job.

바로크와 그 이전 시대에 만들어진 엄청난 양의 음악은 교회의 예배의식 혹은 궁전의 세속적 활동을 도와주기 위해 계획되었는데 그것은 종종 무용에 주력했다. 무용음악을 제공하는 것은 20세기에 대중음악이 그 일을 떠맡게 될 때까지 거의 모든 작곡가에게 필수적인 임무였다.

1338 Snowmelt will come earlier in spring and not be available during the summer months when crops require water for irrigation.
융설은 봄의 더 이른 시기에 일어날 것이고 곡식이 관개를 위해 물을 필요로 하는 여름에는 이용할 수 없을 것이다.

1339 The book sold for 3 pence, which made it accessible to the poor.
그 책은 3 펜스에 팔렸는데 그것은 그 책을 가난한 사람들에게 접근 가능하도록 만들어 주었다.

1340 Malcolm calmly set conditions for his cooperation in breaking up the mob : medical care for the beaten Muslim, and proper punishment for the police officers.
맬콤은 침착하게 그 군중의 해산을 위한 그의 협조에 필요한 조건들을 제시했다. 즉, 구타당한 회교도를 위한 치료, 그리고 구타한 경찰들에 대한 적절한 처벌이 그것이었다.

1341 I commend Mayor Roberto and the people Pittsfield for a job well done, and I ask that the article be printed in the newspaper.
나는 훌륭히 수행한 업무에 대하여 Pittsfield 시민들과 시장인 Roberto를 칭찬합니다. 그리고 나는 그 취재기사가 신문에 실려야 한다고 요구합니다.

1342 In a further development of form, pointed or round-based pots were half-buried for the storage of liquid that needed to be kept cool.
좀 더 심화된 형식의 발전 속에서 뾰족한 혹은 둥근 바탕의 그릇들이 시원하게 유지될 필요가 있는 액체의 저장을 위해 땅에 반 쯤 묻혔다.

1343 Tourism services cannot be produced and stored today for consumption in the future. For example, an airline flight that has 100 empty seats on a 400 seat airplane cannot compensate for the shortfall by selling 500 seats on the next flight of that airplane. For tourism managers, one of the greatest challenges in making is to compensate for perishability by effectively matching demand with supply.
관광서비스는 미래의 소비를 위해 현재에 생산되어 저장될 수 없다. 예를 들어, 400석짜리 비행기에서 100석이 비어 있는 비행편은 다음 번 비행에서 500석을 판매함으로써 그 부족분을 벌충할 수 없는 것이다. 관광업 관리자들에게 있어서는 가장 큰 난제들 중의 하나가 수요와 공급을 효과적으로 일치시킴으로써 소멸성을 벌충하는 것이다.

III. to

1) [도착의 의미를 포함하지 않는 운동의 방향]

1344 Turn to the right and you will see a hardware shop.
오른쪽으로 회전하면 철물점을 하나 보게 될 것이다.]

2) [도착의 의미를 포함하는 방향]

1345 You can get to Seattle in this bus.
이 버스를 타면 시애틀에 도착할 수 있습니다.

1346 Finally, he came to the crown as the first Queen in her country.
마침내 그녀는 자신의 나라에서 최초의 여왕으로 왕위에 올랐다.

1347 I have been to the airport to welcome my friend.
나는 친구를 마중하러 공항에 갔었다.

1348 Things went from bad to worse.
사태는 악화되었다.

1349 The controlled substance act was designed to protect the American public from illegal and dangerous drugs, not from vitamins, herbs, and minerals whose use goes back to ancient times.
통제물질법안은 그 사용이 고대까지 거슬러가는 비타민, 약초, 그리고 광물들로 부터가 아니라 불법적이고 위험한 약물들로부터 미국사람들을 보호하려고 계획된 것이었다.

1350 The female woodpecker begins to carry mud from the creek bank back to the nest to close in the opening of the nest.
암컷 딱따구리는 강둑에서 진흙을 가져다가 둥지의 입구를 틀어막기 위해 다시 그것을 둥지로 가져온다.

1351 Lamson returned from a visit to Norway and Sweden and came to see me and told me of a deaf and blind girl in Norway who had actually been taught to speak.
Lamson은 노르웨이와 스웨덴 방문으로부터 돌아와서 나를 보러왔고 나에게 실제로 말하는 법을 배웠던 노르웨이의 한 청각 시각 장애소녀에 대해 말해 주었다.

1352 I would not rest satisfied until my teacher took me to Miss Sulivan.
나는 나의 선생님이 나를 Ms. Sullivan에게 데려갈 때까지 안심한 채로 편히 지내려고 하지 않았다.

1353 Close observation of the Colorado potato beetle led scientists to a biological pesticide that can help farmers control this insect pest.
콜로라도 감자풍뎅이에 대한 자세한 관찰은 농부들이 이 해충을 통제하는데 도움을 줄 수 있는 생물학적 살충제를 개발하도록 이끌어 주었다.

3) [be 동사 뒤에서 방위]

1354 The chapel is to the north of the park.
그 예배당은 그 공원 북쪽에 있다.]

4) [상태나 환경 변화의 방향]

1355 He rose to wealth and honor in his late fifties.
그는 50 대 후반에 부와 명예를 누렸다.]

1356 We must stand to attention when officers come in.
장교들이 들어오면 우리는 차려 자세를 취해야 한다.]

5) [도달점, 정도, 범주]

1357 She was all wet to the skin.
그녀는 옷 속까지 흠뻑 젖었다.

1358 When I heard that, I was cut to the heart and determined to take avenge on them.
내가 그것을 들었을 때 나는 가슴속까지 상처를 입어 그들에게 복수할 것을 결심했다.

1359 It is true to the best of my knowledge.
그것은 나의 지식의 최고점까지 - 내가 아는 바 - 사실이다.

1360 Korean economy has been recovered from the recent turmoil to some extent.
한국경기가 최근의 혼란으로부터 어느 정도까지 회복했다.

1361 When I have dinner, I'm crazy to such an extent as to 'drink' food.
내가 저녁을 먹을 때 나는 음식을 거의 '마시는' 정도까지 미치게 된다.

1362 There are times when we single mothers suffer to such an extent that we feel we hate men.
남편 없는 엄마들이 남자들을 미워한다고 느끼게 될 정도로 괴로운 시간들이 있다.

1363 Culture shock has been written about to such an extent that even enthusiastic researchers find it hard to uncover further information, at least in documentary form.
문화충격이라는 주제는 심지어 열성적인 연구자들도 적어도 문서형식으로는 심화정보를 찾아내기가 어렵다고 생각할 정도까지 글에서 다루어졌다.

1364 Kill them to the last one.
한 놈도 남김없이 처치하라.

1365 He is punctual to the minute.
그는 분까지 정확히 시간을 지킨다.

1366 Only his leadership could have brought the conception of foreign policy to such a pass.
그의 리더쉽만이었다면 그것은 대외정책의 구상을 그런 지경으로 끌고 갔을 수도 있다.

▲ pass ; 처지, 지경, 단계

6) [결과, 효과]

1367 He tore the paper to pieces.
그는 그 종이를 갈갈이 찢었다.

1368 He overdrank himself to death.
그는 과음을 해서 사망했다 - 죽을 정도 까지 과음을 했다.

1369 He learned to his cost that he spent too much money.
그는 혼이 나고서야 자신이 과소비를 한다는 것을 알았다.

1370 He went to the man for help to no purpose.
그는 그 사람에게 도움을 구하러 갔으나 헛된 일이었다.

1371 The train slowed to a complete stop.
기차는 속도를 늦추어 완전히 정지했다.

1372 Friends tried to discourage Helen's using her lips and voice, fearing it would lead to disappointment in the end.
친구들은 결국 실망을 줄까봐 헬렌의 입술과 음성 사용을 말리려고 했다.

7) [접촉을 전제로 한 방향제시]

1373 You apply too much soap to a towel.
당신은 수건에 비누를 너무 많이 칠한다.

8) [특정 행동이 목적, 의도, 예정일 때]

1374 I am willing to come to your rescue.
나는 당신을 구조하러 언제든 오겠다.

1375 Everybody sit down to dinner.
모두가 식사를 위해 자리에 앉으세요.

1376 Why would you go to such trouble?
당신은 왜 그런 수고를 하려 하는가?

9) [특정시간까지, 특정시간 전]

1377 I am going to stay here to the end of July.
나는 7월말까지 여기에 머물 작정이다.

1378 Let's make it at a quarter to four.
4시 15분 전으로 시간을 정하자.

1379 It is ten minutes to 9 o'clock.
9시 10분 전입니다.

10) [자격을 의미하는 as 대용으로]

1380 Will you take the woman to your wife?
당신은 저 여인을 아내로 맞이하겠는가?

11) [대립이나 대면, 병렬 혹은 등가]

1381 We need to have a talk face to face.
우리는 마주보고 이야기할 필요가 있다.

1382 They finally had to fight hand to hand.
그들은 마침내 백병전을 해야 했다.

1383 Few inventions are to everyone's taste.
발명품이 모두의 기호에 일치하기는 어렵다.

12) [적합, 일치, 상응]

1384 It is made to order.
그것은 주문 제작된다.

1385 We defeated them three to one.
우리는 3 대 1 로 그들을 물리쳤다.

1386 Your account does not correspond to hers.
당신의 설명이 그녀의 것과 일치하지 않는다.

1387 The written record of the conversation doesn't correspond to what was actually said.
그 대화를 글로 기록한 것이 말해진 것과 일치하지 않는다.

1388 The Korean kimchi corresponds roughly to the American salad.
한국의 김치는 미국의 샐러드에 대략 상응한다.

1389 You have been absent 4 times according to our records.
우리 기록에 따르면 당신은 4 번 결석했다.

1390 The salary will be fixed according to qualifications and job experience.
급여는 자격과 직업경력에 따라 결정될 것이다.

13) [첨가, 부가, 소속의 대상]

1391 There is nothing to him.
그는 아무 것도 갖추지 못한 사람이다.

1392 That's all there is to it.
그것에 대해서는 그게 모두 다 이다.

1393 It belongs to me.
그것은 내 것이다.

1394 This is a key to my room.
이것은 내 방 열쇠이다.

1395 I met one of the brothers to the king.
나는 그 왕의 동생들 중 하나를 만났다.

14) [수반 ; -에 맞추어서]

1396 We danced to the traditional Cuban rhythm.
우리는 그 전통 쿠바 리듬에 맞추어서 춤을 추었다.

1397 Move your body to the music.
그 음악에 맞추어서 몸을 흔들어라.

15) [결합, 접착]

1398 Fasten it to the wall in the living room.
그것을 거실의 벽면에 고정시켜라.

1399 I am deeply attached to the old clothes.
나는 그 오래된 옷에 애착이 많다.

1400 He tried to cling to the rope in the midst of hail.
그는 우박 속에서 그 로프에 매달려 있으려고 애썼다.

1401 They adhere to the old doctrine of communism.
그들은 공산주의의 오래된 이론을 고수한다.

1402 Taking risks has its rewards, especially when the risk is tied to something you really want that can truly make your life better and more meaningful.
위험을 무릅쓰는 것은 특히 당신이 원하는 그 위험이 당신의 삶을 더 낫고 더 의미있게 만들어줄 수 있는 무엇인가와 연결되어 있을 때 그 보상이 있다.

16) [행위나 작용을 받는 대상]

1403 Let's drink to his safe return.
그의 무사귀환에게 건배를 하자.

1404 Here is to you.
너의 건강을 위해 건배

1405 My sister tends to keep the skirt to herself though mom bought it for both of us.
어머니가 우리 둘을 위해 그것을 사주었지만 내 여자형제는 그 스커트을 독차지하는 경향이 있다.

1406 Just listen to me very carefully.
나에게 매우 귀를 기울여 주세요.

1407 What do you say to starting early?
일찍 출발하는 것에 대해 어떻게 생각하시나요?

1408 Many volunteers seldom contribute their time to perhaps the most important service they can provide - speaking out to policymakers about the people they serve.
많은 자원봉사자들이 그들의 시간을 제공할 수 있는 가장 중요한 서비스 즉 자신들이 봉사하는 사람들에 대한 정책 결정자들에게 당당히 말한다는 것에 그들의 시간을 기여하는 일은 좀처럼 못하고 있다.

1409 Much energy is devoted to jockeying for position in the peer groups.
많은 에너지가 또래 집단에서 위치를 얻으려고 다투는데 바쳐진다.

17) [특정 동사 다음에서 '인정' 의 의미로]

1410 He confessed to the crime after a severe investigation.
그는 철저한 조사 후에 그 죄를 인정하는 자백을 했다.

1411 He swore to the miracle.
그는 그 기적에 대해 맹세로서 확인해 주었다.

1412 The huge attendance figures for the exhibition witness to a healthy interest in modern art.
그 전시회 입장객의 엄청난 숫자가 현대미술에 대한 건강한 관심을 증명한다.

1413 The film testifies to the courage of ordinary people during the war.
그 영화는 전쟁 중에 있었던 보통사람들의 용기를 증명한다.

18) [형용사나 명사의 적용 방향이나 범주]

1414 His attitude toward the poor is open to public attack.
그의 빈자들에 대한 태도는 대중의 공격에 노출되어 있다.

1415 The positioning of his work is very critical to our success.
그의 작업에 대한 성격의 선정이 우리의 성공에 매우 중요하다.

1416 You have transformed yourself into the voice of the people, of the old and the young, of every human being to whom fate has not been kind.
당신은 사람들, 즉 젊은이들이나 늙은이들, 자신에게 운명이 순탄치 않았던 모든 이들의 목소리로 당신 스스로를 변화시켰다.

1417 Good laws and good governance are essential to good public policy.
좋은 법과 좋은 통치는 좋은 공공정책에게 필수적인 것이다.

1418 The right of citizens to petition their government is basic to our democracy.
시민들이 정부에 청원을 할 수 있는 권리는 우리의 민주주의에 기본적인 것이다.

1419 Colorado potato beetles were known to be resistant to chemical insecticides.
콜로라도 감자풍뎅이는 화학살충제에 저항적이라고 알려져 있었다.

1420 Speaking of their childhood, men recall being highly responsive to the sex role opinions of other boys.
어린 시절에 대해 이야기할 때 남성들은 다른 소년들의 성역할 의견에 대해 매우 반응을 심하게 했다고 기억한다.

1421 Girls in preteen years appear to be less susceptible to sex-role pressure.
십대이전의 소녀들은 성역할 압박감에 대해 덜 민감한 것으로 보인다.

19) [4형식 구조에게 간접 목적어가 직접 목적어의 뒤에 있을 때]

1422 Give this to him.
이것을 그에게 주어라.

1423 You should hand the application form to the human resources department in person.
당신은 지원양식을 휴대하여 인사과에 제출해야 한다.

1424 Don't assign too much work to him.
그에게 너무 많은 과업을 할당하지 말라.

1425 The risks that do not bring any benefit to your life are not worth taking.
당신의 삶에 아무런 혜택을 가져다 주지 않는 위험들은 무릅쓸 가치가 없다.

42 혼동하지 말아야 할 특정 접속사의 용법

1) in as much as ; '-인 점을 고려하면 -인 한은 [기준적 의미]'

1426 Beethoven was a very unusual musician inasmuch as he was totally deaf.
베토벤은 그가 전혀 듣지 못했다는 점을 고려하면 매우 특이한 음악가였다.

1427 Inasmuch as he can speak fluent English, we need him badly.
그가 영어를 유창하게 할 수 있는 점을 고려하면 우리는 그가 간절히 필요하다.

1428 Your idea is a slightly different issue, inasmuch as it is connected to chemistry.
그것이 화학과 관련되어있는 것을 고려하면 당신의 생각은 약간 다른 이슈이다.

1429 Ann is guilty, inasmuch as she knew what the others were planning.
다른 사람들이 무엇을 계획하고 있었는지 그녀가 알았다는 점을 기준으로 보면 그녀는 유죄이다.

2) in so far as / in as far as ; '-하는 한에 있어서는 [범주적 의미]'

1430 In so far as I know it, that's the truth.
내가 아는 한에 있어서는 그것은 사실이다.

1431 In so far as we can help him, we are always willing to do so.
우리가 그를 도울 수 있는 한, 우리는 언제나 기꺼이 그렇게 할 것이다.

3) as long as = so long as ; '-이기만 하면 / -이기 때문에 /-인 한은 [조건적 의미]'

1432 I don't want to see you with her as long as I have breath.
내가 살아 숨 쉬는 한 그 여자와 함께 당신이 있는 것을 보고 싶지 않다.

1433 So long as there is a demand for these drugs, the financial incentive for drug dealers will exist.
이런 마약에 대한 수요가 있는 한 마약상들에 대한 재정적 유인책은 존재할 것이다.

4) as far as = so far as ; '-에 관한 한 [범주적 의미]'

1434 As far as I am concerned, I have no objection .
나에 관한 한 나는 반대하지 않는다.

1435 As far as I know it, dolphins have no sense of smell.
내가 그것을 아는 한 돌고래들은 후각이 없다.

(1) 이 경우 뒤의 as 는 유사관계대명사적으로 사용될 수도 있다.

1436 As far as is known, an ostrich cannot fly anymore.
알려진 한 타조는 더 이상 날 수 없다.

5) as soon as ; '- 하자마자'

1437 As soon as I have been informed of the results, I will let you know.
결과에 대해 듣고 나면 바로 너에게 알려주겠다.

1438 We will get started, just as soon as the city issues the building permit.
시에게 건축허가를 발부하자마자 바로 시작할 것이다.

no sooner 로 과거시제를 고칠 경우는 no sooner 다음은 보통 과거완료시제 than 이하는 과거시제를 사용한다. scarcely 나 hardly를 사용할 경우는 접속사를 before 나 when을 사용한다. 시제 사용기준은 no sooner 와 동일하다

6) in order that ; '-할 수 있도록'

1439 All those concerned must work together in order that agreement can be reached on this issue.
이 사안에 대해 합의가 이를 수 있도록 관계자 모두가 협심해야 한다.

1440 Get there early in order that you may get a good seat.
좋은 자리를 얻도록 일찍 가라.

1441 In order that training should be effective it must be planned systematically.
훈련이 효과적 이어야 하기 위해서는 체계적으로 계획되어야한다.

1442 There must be some administrative process in order that compensation claims can be made.
보상요구가 이루어지기 위해서 행정절차가 있어야 합니다.

1443 He left by the side door in order that on one (should) see him.
그는 아무도 그를 보지 못하도록 옆문으로 떠났다.

1444 In order that authority not be divided, the superior must allow the temporary usurpation of his authority.
권위가 분할되지 않도록 하기 위해 상위직급자는 자신의 권위에 대한 잠정적 찬탈을 허용해 주어야 한다.

긍정문에서는 조동사를 may, can, will 등을 사용하지만 부정구문에서는 shall 이나 should를 사용하기도 하며 미국영어에서는 should를 생략하고 바로 동사원형을 쓰기도 한다.

7) so that ; '-할 수 있도록 / - 그 결과 -하다'

1445 Turn it from time to time so that it may be cooked on both sides.
양쪽이 익도록 가끔씩 뒤집어 주세요.

1446 Switch the light on so that we can see what it is.
그것이 무엇인지 우리가 볼 수 있도록 불을 켜 주세요.

▲ 이 경우 뒤에 조동사에 의해서 뒤의 구조가 명백할 경우 that을 생략하기도 한다.

1447 The roof had fallen, so that the cottage was not inhabitable.
지붕이 무너졌었다 그래서 그 오두막은 거주할 수 없었다.

결과 구문에서는 조동사는 보통 사용되지 않고 콤마를 앞에 두며 that 은 생략될 수 있다.

8) so + 형용사, 부사, 분사 + that ; '매우 -해서 -할 정도이다'

1448 Those ponds and streams are so small that they cannot be shown on maps.
그 연못이나 냇물들은 매우 작아서 지도상에서 보여질 수 없을 정도이다.

1449 He liked sharks so much that he decided to live with them all his life.
그는 상어들을 너무 좋아해서 평생 그것들과 함께 살기로 결정했을 정도였다.

1450 It is so late that we can do nothing.
너무 늦어서 아무것도 할 수 없다.

1451 So happy was the man whose son had just come back alive from the frontline that he burst into tears.
전선에서 아들이 막 살아 돌아온 그 남자는 매우 행복해서 울음을 터뜨렸을 정도였다.

1452 It so happened that he was not at home at that time.
공교롭게도 그는 그 때 집에 없었다.

1453 He was so promoted that he could show his potentiality well enough.
그는 자신의 잠재력을 제대로 보여 줄 수 있을 정도로 승진했다.

▲ 이 구조에서 so 다음의 피수식어를 문두로 도치시키면 주절이 의문문의 어순으로 도치될 수 있다.
such 는 한정사이므로 명사와 호응하되 아래의 어순과 용법에 주의할 것

> such a/an (형용사) + 단수가산명사 that
> such (형용사) 불가산 명사, 복수명사 that
> so + 형용사 + a/an 단수가산명사 that
> so + many/much/few/little +복수명사/불가산명사 that
> 주어 + be such that = such + be 주어 that

1454 I have such a nice son that I am happy all the time.
나는 매우 착한 아들이 있어 늘 행복하다.
= I have so nice a son that I am happy all the time.

1455 They are such honest people that they don't know about the meaning of fraud.
그들은 매우 정직한 사람들이어서 사기의 개념도 모른다.

1456 So much money was gathered that we could build two shelters for the homeless at the same time.
매우 많이 돈이 모아져서 우리는 그 노숙자들을 위한 쉼터를 두 채로 동시에 지을 수 있었다.

1457 He has so many supporters that he can safely cross several continents without any difficulty.
그는 많은 후원자를 가지고 있어서 어려움 없이 몇 개의 대륙을 무사히 건널 수 있다.

1458 The extent of the disaster was such that the local authorities were not able to cope with it.
재난의 정도는 현지당국이 대처할 수 없었을 정도였다.

1459 Such was his generosity that he forgave his cheating wife.
그의 관대함은 바람피우는 아내를 용서했을 정도였다.

1460 No man is so bad but (that) he may have some redeeming point.
상쇄할 만한 장점을 가지지 못할 정도로 나쁜 사람은 없다.

1461 He is not such a fool but he can tell that.
그것을 말할 수 없을 정도로 그가 바보는 아니다.

▲ so 나 such 는 but 접속사와 호응하기도 하는데 이 때 but 이하는 부정의 의미로 해석을 하고 주절에 있던 부정어와 합쳐서 최종적으로는 긍정의 의미가 된다.

9) now that ; '이제 - 했으니까'

1462 Now that the cold weather has come, it's more important than ever to keep you warm and healthy.
이제 추운 날씨가 왔으니까 어떤 때 보다 자신을 따듯하고 건강하게 유지하는 것이 더 중요하다.

1463 Now that your plan has been into action, all you've got to do is wait and see.
이제 당신의 계획이 실행되었으니 당신이 해야 할 모든 것은 기다려 보는 것이다.

1464 Now that he is 20, he should be responsible for what he does.
이제 그는 20살이니까 자신이 하는 것에 책임을 져야 한다.

10) provided that / providing that ; '어떤 조건이라면, 만일 -하다면'

1465 Provided that they are strictly managed, nuclear materials could offer us numerous benefits.
핵물질이 엄격히 통제만 된다면 우리에게 수많은 혜택을 줄 수 있다.]

1466 I will go with you provided that all the others want me to.
다른 모든 이들이 원한다면 나는 당신과 함께 가겠다.]

1467 Provided that the sample product is up to our standard, we will place some of our future orders with you.
견본품이 우리의 기준에 부합하면 앞으로의 주문 중 일부를 귀사에 의뢰하겠습니다.

1468 Provided you have the money in your account, you can withdraw up to 1,000 dollars.
당신의 통장에 돈이 있다면 하루 천 불을 인출할 수 있다.

1469 You should sit in on tomorrow's class provided you have read the first chapter.
당신이 챕터 1을 읽었다는 전제하에 내일 수업에 참가해야 한다.

if 와는 달리 반대사실을 가정하지 않고 단순 조건만 제시한다. 조건을 제한하는 의미이며 '-할 경우에만' 이라는 한국어와 가장 가깝다.

11) if only ; '-라면 얼마나 좋을까, 단지 -하다면'

1470 If only I knew whether he is alive or not, I would not be so worried.
그가 살았는지의 여부만 내가 알고 있어도 이렇게 걱정하지 않을 텐데.

1471 If only I could see.
내가 볼 수만 있다면.

1472 If only he had remembered to drop by.
그가 잠시 들러야 한다는 사실을 기억하기만 했어도 얼마나 좋았을까.

wish 동사와 같은 역할을 하는 반대사실의 유감표명에 주로 사용한다. 종속절로만 사용할 수도 있다.

12) only if ; '단지 -라는 조건에서만'

1473 Only if a teacher has given permission is a student allowed to leave the test room.
교사의 허락 하에서만 학생은 수험장을 떠날 수 있다.

1474 The bank will lend you money only if you sign the paper.
당신이 그 서류에 서명할 때에만 은행은 대출을 해 줄 것이다.

provided 가정법과 거의 유사한 의미이다.

13) if not for the reason / if only for reason ; '어떤 이유가 아니라면 / 어떤 이유에서만'

1475 Money is better than poverty, if only for financial reasons.
돈은 오직 금전적 이유로만 가난보다 낫다.

1476 If not for the reason, I would not have helped her.
그런 이유가 아니었다면 나는 그녀를 돕지 않았을 것이다.

14) granted that / granting that ; '-라 해도, 인정한다 해도'

1477 Granted that he has found another, it does not matter to me.
그가 다른 사람을 찾았다 해도 나에게 상관없다.

15) in case ; '-할 경우에 대비하여'

1478 Take an umbrella, in case it rains.
비 올 경우에 대비하여 우산을 가져가라.

1479 He had his camera ready all the time, just in case he saw something that would make a nice picture.
멋진 사진이 될 무엇인가를 발견할 경우에 대비해서 그는 늘 카메라를 준비했다.

1480 In case you missed the program, I have one taped.
그 프로그램을 놓쳤을 경우에 대비하여 나는 녹화된 하나를 가지고 있다.

▲ in case of를 사용하면 명사나 동명사, wh- 에 의한 명사상당어가 와야 한다.

16) given that ; '-라는 조건에서, -하다면, -을 고려하면'

1481 It doesn't seem fair to split it, given that I didn't even eat.
내가 먹지 않았다는 조건에서 보면 나눠 내는 것은 온당치 않다.

1482 Russia is especially sensitive about Crimea given that it has been home to the Black Sea naval fleet for more than two centuries.
크림반도는 2백년 넘는 동안 흑해함대의 본거지였으므로 러시아가 그곳에 대해 특별히 민감하다.

1483 We cannot ignore the risk given that the stake held by foreign shareholders has reached the 60 percent level.
외국주주가 가지고 있는 지분이 60 퍼센트 수준에 이른다는 것을 고려하면 우리는 그 위험을 무시할 수 없다.

1484 Given what she has said about the topic, she is not an expert on it.
그 주제에 관해 그녀가 말한 바를 고려하면 그녀는 전문가는 아니다.

17) unless 와 but

1485 They would have succeeded in reaching the summit but (that) it rained so hard.
비가 그렇게 심하게 내리지 않았다면 그들은 정상에 도달하는데 성공했을 텐데.

1486 It never rains but it pours.
퍼붓지 않는다면 비는 내리지 않는다. = 내리면 늘 퍼 붓는다.

unless 와 but 은 가정법의 반대사실 시제 규칙을 따르지 않고 현재나 과거시제로 주로 사용하며 주절에 의해서 단순조건인지 반대사실가정인지를 파악한다.

18) every time = each time / the first time / the last time

1487 I stutter everytime I speak before the public.
대중 앞에서 연설을 할 때마다 나는 말을 더듬는다.

1488 The first time I saw her, I thought I was looking at an angel.
내가 그녀를 처음 보았을 때 나는 천사를 쳐다보고 있다고 생각했다.

1489 The last time you came here, you brought with you an incurable disease called 'freedom'.
당신이 지난번에 여기 왔을 때 당신은 자유라고 불리는 치유할 수 없는 질병을 가져다 주었다.

▲ 생성과정에서 관계부사 when 이 생략되고 접속사적으로 굳어졌다.

19) by the time 과 until

1490 By the time you get back, we will have gone to bed.
당신이 돌아올 무렵이면 우리는 잠자리에 들었을 것이다.

1491 By the time I was 10, I had already participated in many swimming competitions.
열 살 무렵까지 나는 이미 많은 수영대회에 참가했었다.

1492 Until I was ten, I had been taken care of by my uncle.
열 살 때까지 나는 아저씨의 보호를 받고 있었다.

by the time 은 주절에 일회성, 완료성 동사와 함께 until 은 주절에 계속성 동사와 함께 사용한다.
by the time 은 뒤에서 관계부사 when 이 생략되고 접속사로 굳어졌다.

20) 동사원형으로 유도하는 양보절

1493 Come what may, I will be with you till the end.
= Whatever may come = No matter what may come,
무엇이 닥쳐도 나는 끝까지 당신 곁에 있을 것이다.

1494 Say what you will, kimchi goes best with ramen.
= Whatever you may say = No matter what you may say,
뭐니 뭐니 해도 라면에는 김치가 가장 어울린다.]

1495 Try as you may, it is not so easy for a man like you to fall in love.
= However (hard) you may try = No matter how (hard) you may try,
아무리 애를 써도 너와 같은 사람이 사랑에 빠지는 것은 쉽지 않다.

1496 Hurry as you will, you can't make the station before it is too late.
= However you may hurry = No matter how you may hurry,

아무리 서둘러도 늦기 전에 기차역에 도착할 수는 없다.

1497 Be the man ever so rich, I won't marry him.
= However rich the man may be = No matter how rich the man may be

그 남자가 아무리 부자여도 나는 그와 결혼하지 않는다.

1498 Be the matter what it may, it is none of your business.
= Whatever matter it may be = No matter what matter it may be

그것이 어떤 문제이건 간에 그것은 너의 일은 아니다.

1499 Come when you may, you are welcome.
= Whenever you may come = No matter when you may come

언제 오시던 환영입니다.

1500 Go where you will, I will be there.
= Wherever you may go = No matter where you may go

어디로 가든 나는 그곳에 있을 것이다.

1501 Cost what it may, we want to protest our innocence.
= Whatever it may cost = No matter what it may cost

어떤 희생을 치르던 우리는 우리의 무죄를 항변하고 싶다.

1502 She was determined to go, come what might.
= Whatever might come = No matter what might come

어떤 일이 닥쳐도 그녀는 가기로 결심했다.

wh + ever 에 의해 유도되는 간략한 양보절의 동사원형을 문두에 두는 방식이며 원형동사가 앞에 오면 조동사는 may 나 will을 사용한다. 주로 현재, 미래 시제에 걸쳐 일어나는 일에 사용하는데 드물게 과거에 일어난 일에 대해서도 사용할 수 있다. however 다음에 hard 라는 부사가 올 때는 부사자체를 생략하고 주로 동사원형으로 의미를 전달하며 however 뒤에서 형용사가 올 경우는 원형동사를 앞으로 두고 주어 다음에 주로 ever so 라는 수식어를 이용한다.

43 all but, nothing but, anything but

1) all but

(1) but 이 전치사로 사용되어 'but 이하의 경우를 제외한 모든' 이라는 의미

1503 In those days all but a few rebellious people believed that the Bible was not only the literal word of God but a record of unquestionable facts.

그 당시는 소수의 반항적인 사람들을 제외하고 모두가 성경이 신의 말일 뿐 아니라 의심할 수 없는 사실들의 기록이라고 믿었다.

1504 If the gross profit of my company has declined substantially, this could be attributed to all but which of the following reasons?

만약 우리 회사의 순익이 상당히 감소했다면, 이것은 아래의 이유들중 어떤 것을 제외하고 해당될 수 있는가?

1505 All but you and me would have done the same thing.

당신과 나를 제외한 모두가 같은 일을 하려 했을 것이다.

1506 He runs the company in all but name.

그는 이름만 빼고 모든 분야에서 그 회사를 경영한다.

1507 The last goal was made just as the final whistle sounded. Tom said, "Well, it's all over but the shouting. "

마지막 휘슬이 울렸을 때 최후의 득점이 이루어졌고, Tom은 말했다. " 자 이제 환호성을 울리는 것을 제외하고 다 끝났다. "

(2) 부사 almost 의 의미로

1508 The bubonic plague was easy to spot on someone because the buboes would spread all over the body then, when someone was all but dead, black and blue spots would appear all over their skin.

흑사병은 사람에게서 찾아보기 쉬웠다. 왜냐하면 림프절 질환은 사람 몸의 전신에 퍼져서 그 사람이 거의 죽게 되었을 때 검붉은 점들이 그의 피부 전역에 퍼지곤 했기 때문이다.

1509 Physical labor carried beyond a certain point is atrocious torture, and it has very frequently been carried so far as to make life all but unbearable.

특정 정도를 넘어서서 수행되는 육체노동은 혹독한 고문이며 그것은 인생을 거의 못 참을 지경으로 만들만큼 매우 자주 수행되었다.

1510 The party was all but over when we arrived.

우리가 도착했을 때 파티는 거의 끝났고 있었다.

2) nothing but

'오로지' 라는 의미의 수식어로 사용된다. 원래 전치사 but 의 의미인 ' -을 제외한' 이라는 의미와 부정어 nothing을 합쳐서 ' -을 제외하고는 어떤 것도 아닌 ' 이라는 것이 의미 생성 과정이다.

1511 Nothing but a miracle can save her now.
기적을 제외하고는 무엇도 그녀를 구할 수 없다.

1512 I want nothing but your apology.
나는 너의 사과만을 원한다.

1513 She did nothing but weep all day over his death.
그녀는 그의 주검을 두고 하루 종일 울기만 했다.

1514 He has lost so much weight that he looks like nothing but skin and bones.
그는 살이 너무 빠져서 뼈와 가죽만으로 보일 지경이다.

1515 A fashion is nothing but an induced epidemic.
유행이란 단지 의도된 전염병이다.

1516 It would be a great mistake to expect that a child at school is sure to learn nothing but what the master teaches.
학교에서 아이들이 선생이 가르치는 것만을 배울 것이 확실하다고 기대한다면 큰 실수일 것이다.

3) anything but

' 결코 - 아닌 ' 이라는 의미인데 이것 역시 but 의 전치사적 해석인 ' -을 제외하고는 모든 것이 다 된다
즉 '-만은 아니다 ' 라는 의미 생성과정을 거쳤다. but 은 전치사용법에서 출발했지만 뒤에 모든 품사를 다 받을 수 있다.

1517 Only when we are willing to bear the brunt can we approximate the ideal of being the captain of our ship. A spurious tranquility rooted in inner dullness is anything but enviable.
It is bound to make us weak and easy prey to any kind of influence.
우리가 기꺼이 공격의 예봉에 맞서려할 때 우리는 우리 배의 선장이라는 이상에 가까워 질 수 있다. 내적 태만에 뿌리박힌 가짜의 평화는 결코 탐낼 만한 것이 아니다. 그것은 우리를 약하게 만들며 어떤 종류의 영향력에도 쉬운 먹잇감이 되도록 만들 것이 확실하다.

1518 Your ground is anything but convincing.
너의 근거는 결코 설득적이지 않다.

1519 They wanted to live their lives ; they did not care about anything but each other.
그들은 그들의 삶을 살고 싶었다. 그들은 서로에게를 제외하고 어떤 것도 결코 신경쓰지 않았다.

1520 I've jumped hundreds of times and it's never been anything but fun.
나는 수 백 번을 점프해보았다 그리고 그것은 재미있기만 했다.

44 선행사와 관계사절의 인접성향

1521 Wide is the gate, and broad is the way that leads to destruction and there are many who go in there. Strait is the gate, and narrow is the way which leads unto life and there are few who find it.

파멸로 이끄는 문은 넓고 그 길도 넓으며 그리로 들어가는 사람들이 많다. 생명으로 이끄는 길은 길도 문도 좁은데 그것을 찾는 사람은 거의 없다.

1522 Fortunate is the man who. at the right moment, meets the right friend ; fortunate is the man who at the right moment meets the right enemy.

좋은 시기에 좋은 친구를 만나는 사람은 운이 좋다. 적당한 시기에 적당한 적을 만나는 사람도 운이 좋다.

1523 Fascinating is the method by which salmon locate the entrance to their home stream while swimming up a river.

강을 헤엄쳐 올라가는 동안에 자신의 고향인 강으로 들어가는 입구를 연어가 찾아내는 방식은 매혹적이다.

1524 It is unlikely that many of us will be famous, or even remembered. But no less important than the brilliant few that lead a nation or a literature to fresh achievements, are the unknown many whose patient efforts keep the world from running backward ; who guard and maintain the ancient values, even if they do not conquer new ; whose inconspicuous triumph it is to pass on what they inherited from their fathers, unimpaired and undiminished, to their sons.

우리 다수가 유명해지고 기억될 가능성은 크지 않다. 그러나 하나의 국가나 문학을 새로운 단계로 이끄는 총명한 소수들 못지않게, 그들의 인내하는 노력이 세상을 후퇴하지 않도록 해주고, 새로운 것을 정복하지는 못한다 해도 선조의 가치들을 지키고 보호하며, 자신들이 조상에게서 물려받은 것을 손상당하거나 줄어들지 않게 하여 자손들에게 물려주는 것이 자신들의 소박한 승리인 알려지지 않는 다수들도 중요한 것이다.

◆ 선행사와 관계사절을 주로 문미로 도치시켜서 인접시키는 것이 글의 균형상 중요하다.

45 명사와 절의 분리

1) 선행사와 관계사절의 분리

수식어와 피수식어 사이에 혼동의 여지가 없을 때는 문장의 배치 균형상 선행사와 관계사절을 분리하기도 한다.

1525 Scientists are suggesting that the time has come when we must realize that certain powers are dangerous, certain inventions are threats rather than promises, and that in a world, we must begin to ask not simply can we do that or this but should we do this or that.

과학자들은, 우리가 특정한 힘들은 위험하고 특정한 발명품들은 희망이라기보다는 위협들이며, 어떤 세상에서는 우리가 어떤 것들을 할 수 있는가를 물어야 할 뿐 아니라 그것들을 진정으로 해야 하는가를 물어야한다는 사실을 깨달아야 할 시기가 왔다는 사실을 시사하고 있다.

1526 The law of supply and demand, formulated by the British economist Thomas R. Malthus, says that for each commodity, a price must exist that will cause the commodity's supply and demand to be equal.

영국의 경제학자 맬더스에 의해서 만들어진 수요와 공급의 법칙은 각각의 상품에 있어서 수요와 공급이 일치되게 하는 가격이 존재함에 틀림없다고 말한다.

1527 A broad gravel walk runs between the buildings and the river, which is always trim and cared for.

건물들과 그 강 사이에는 넓은 자갈길이 있는데 그것은 늘 단정하고 잘 관리되어 있다.

1528 No man is free who will not dare to pursue the questions of his own loneliness. It is through them that he lives.

어떤 사람도 자신의 고독이라는 질문을 감히 추구하려고 하지 않는다면 자유롭지 못하다. 그가 살아가는 것은 바로 이런 질문을 통해서 이다.

1529 As the hotels are designed for those who have not much money, particularly students and young workers, no one is allowed to stay in them who has travelled by car or even motorcycle.

그 호텔은 돈이 많이 없는 사람들 특히 학생들이나 젊은 노동자들을 위해 고안되었기 때문에 자동차나 심지어 모터사이클로 여행하는 사람들은 그 누구도 머물도록 허용되지 않는다.

선행사와 관계사절을 분리해도 관계대명사 which, who, whom 등을 써서 선행사를 알아보도록 도움을 주며 앞에 선행사가 될 수 있는 명사가 하나 밖에 없을 경우는 쉽게 알아 볼 수 있다.

2) 명사와 동격절의 분리

동격의 명사절도 구성과 배치를 고려하여 분리시킬 수 있다.

1530 The opinion is widely held that knowledge of a language is merely one of many possible roads to the understanding of a people.
언어에 대한 지식은 한 민족에 대한 이해를 위한 수많은 가능성 있는 방법들 중 단지 하나일 뿐이라는 의견이 폭 넓게 주장되어진다.

1531 There is this remarkable difference between men and animals that the latter are governed by their instinct but the former are endowed with reason.
인간과 동물사이에는 동물은 본능에 의해 지배받지만 인간은 이성이 부여되어졌다는 현저한 차이점이 존재한다.

1532 No tribe has ever been found which is without language, and all statements to the contrary may be dismissed as mere folklore. There seems to be no warrant whatever for the statement which is sometimes made that there are certain people whose vocabulary is so limited that they cannot go on without the supplementary use of gesture so that intelligible communication between members of such a group becomes impossible in the dark.
언어가 없는 어떤 종족도 발견되지 않았다. 그리고 그와 반대되는 모든 진술들은 단순한 잡설로 묵살될 수도 있다. 그 어휘가 너무나 제한적이어서 어둠속에서는 그들이 보충적으로 몸짓을 사용하지 않는다면 구성원들 사이의 알아들을 수 있는 대화가 불가능할 정도인 특정한 사람들이 존재한다는 가끔씩 이루어지는 주장들에 대해서는 그 어떤 근거도 없다.

◆ 동격명사절은 분리되어 있어도 동격의 절을 받을 수 있는 명사가 내용을 가질 수 있는 명사여야 하므로 쉽게 동격관계를 알아볼 수 있다.

◆ 동격명사절은 관계사절과 혼동될 수 있으므로 반드시 내용이 있는지를 확인하고 명사절이 완성구조인지도 확인해야 한다.

46 정관사 the 의 특별한 해석법

정관사 the 는 보통명사와 함께 그 명사가 가지는 성질이나 정신을 표현할 수 있다. 예를 들어 the friend 가 [우정] the mother 가 [모성애] the child 가 [동심] the poet 가 [시심] 등으로 해석될 수 있다.
특정한 명사인지 아니면 추상적 해석인지는 문맥을 보면서 판단해야 한다.

1533 I felt the mother at the scene of orphans starving.
나는 굶주리는 고아들을 보고 모성애를 느꼈다.

1534 When you said a poet should have come, you meant that it evoked the poet in your heart.
당신이 시인이 왔어야 했다 라고 말했을 때, 당신은 그것이 마음속에서 시심을 불러일으켰다는 사실을 시사했던 것이다.

◆ 정리

the brute = 야수성	the human = 인간성
the pen = 문필	the sword = 무력
the stage = 연극계	the mother = 모성
the father = 부성	the child = 동심
the friend = 우정	the poet = 시심
the soldier = 군인정신	the virgin = 처녀성
the teacher = 훈육정신	the student = 학생정신
the gentleman = 신사도	the beggar = 거지근성

47 문장순서에서 부정어의 위치

I. not

1) 술어동사 부정

술어동사와 함께 부정문을 만든다. be동사 뒤에 위치하고, 조동사 뒤에 위치하며, 일반동사는 do not, does not, did not 의 형태를 취한 후 뒤에 동사원형을 쓴다. 부정관사, a,an 혹은 any를 부정할 경우 바로 그 앞에 쓴다.
특히 not + any 의 구조에서는 not을 빼고 any를 no 로 바꾸어 쓸 수 있다. 이 경우 not의 품사는 부사이다.
not 뒤에 다양한 형용사와 부사를 붙여서 부정문을 만들 수 있다. 술어동사를 부정해서 최종적으로 부정문을 들지만 not + any 는 긍정형 동사를 써도 문장 전체는 부정문이 된다. not 에 의해 수식받는 부분만을 부정하는 경우는 술어동사를 긍정적으로 해석해야 하는 긍정문이다.

1535 He is not a psychiatrist.
그는 신경정신과 의사가 아니다.

1536 They will not waive the delivery fee.
그들은 운송료를 면제해주지 않을 것이다.

1537 They did not announce the result of the election.
그들은 선거결과를 발표하지 않았다.

1538 Not a car is in the garage.
단 한 대의 차도 차고에 없다.

1539 Not any flower is allowed in this ward. = No flower is allowed in this ward.
이 병동에는 어떤 꽃도 허용되지 않는다.

1540 Not a few object to the taxation policy.
적지 않은 사람들이 그 과세정책에 반대한다.

1541 He had to abandon not a little of his share.
그는 자기 몫의 상당부분을 포기해야 했다.

1542 He violated the dress code not once nor twice.
그는 복장수칙을 한, 두 번 위반한 것이 아니었다.

1543 He is not audacious, either.
그는 대담하지도 않다.

2) 복문에서 not 의 위치

not 은 복문구조에서나 축약구조에서 특정한 위치를 선호한다. I think that they will not refund 구조보다는 I don't think that they will refund 구조를 선호하는데 이와 같이 특정사안에 대해 반대의 추측이나 의견을 제시할 때, 주어 + don't + think, suppose, believe + 종속긍정절 구조를 선호한다. guess 는 반대로 종속절의 not을 즐겨 쓴다. 또한 not 은 축약구조에서 동사 바로 뒤에 쓰거나 주어인 명사 앞에 쓰기도 한다.

1544 A: Will he lend me some money?
B: I think not. = I don't think so.

　A: 그가 나에게 돈을 빌려주겠는가?
　B: 나는 그렇게 생각하지 않는다.

▲ 경우 부정적으로 대답하는 방식에 I am afraid not을 사용할 경우는 I am not afraid 구조로 만들지 않는다.

1545 A: Will Japanese admit that they committed the worst form of a war crime?
B: Not they.

　A: 일본인들이 가장 끔찍한 형태의 전쟁범죄를 저질렀다는 것을 인정할 것인가?
　B: 그들은 그러지 않을 것이다.

3) not A but B 구조

not 은 상관접속사와 어울려서 사용할 때 혹은 축약구조에서 동사가 아닌 명사, 형용사, 부사, 전치사, 구, 절 등의 앞에 올 수 있다.

1546 Not dad but mom earns bread for our family.
　아빠가 아니라 엄마가 가족을 위해 돈을 버신다.

1547 You can come back not by air but by train.
　당신은 비행기가 아니라 기차로 돌아올 수 있다.

1548 I set up the fund not that I think I am famous enough but that I am the one who have lost a beloved one with AIDS.
　내가 유명하다고 생각해서가 아니라 에이즈로 사랑하는 사람을 잃은 당사자이기 때문에 그 기금단체를 세운 것이다.

1549 I come to bury Caesar, not to praise him.
　나는 시이저를 묻기 위해 온 것이지 칭송하러 온 것이 아니다.

1550 Not like this.
　이런 식으로는 안 된다.

4) 준동사의 부정

not 은 동명사, 분사구문을 부정할 때 술어동사부정의 규칙을 따르지 않고 준동사의 앞에 쓴다.

1551 Not being a member of the reward program suggests that you may lose some benefits.
보상프로그램의 회원이 아니라는 것은 당신이 일부 혜택을 놓칠 수 있다는 것을 시사한다.

1552 Not invited to the feast, I felt so alienated.
그 축제에 초대받지 못해서 나는 소외감을 느꼈다.

5) 부정사의 부정

not 은 to 부정사를 부정할 때 앞에 위치한다. 단, 원형부정사를 부정할 때는 동사의 원형 앞에 온다.

1553 I finally made up my mind not to step in.
나는 마침내 개입하지 않기로 결심했다.

1554 Father made me not reveal what I thought.
아버지는 내가 생각했던 바를 드러내지 않게 만들었다.

6) 부사의 부정

not 의 뒤에서 , always, altogether, all, every, both 등 100%를 의미하는 말이 올 경우 부분부정을 의미한다.

1555 Not every one can find a right one for his mate.
모두가 다 딱 맞는 배우자를 발견할 수 있는 것은 아니다.

1556 Not all bees go out for honey.
모든 벌들이 다 꿀을 따러 나가는 것은 아니다.

7) not 의 축약형

not 은 축약형을 만들 수 있고 분리될 경우 의문문 주어의 뒤에 위치한다.

1557 Won't you try again? = Will you not try again?
다시 시도하지 않으실래요?

♦ 축약형

> will not = won't
> shall not = shan't
> can not = can't
> must not = mustn't
> would not = wouldn't
> should not = shouldn't
> could not = couldn't
> are not, am not = aren't
> was not = wasn't
> were not = weren't
> have not = haven't
> has not = hasn't
> had not = hadn't
> is not = isn't

is not, was not, are not, were not = ain't (표준어법에서 쓰지 말 것을 권장)
때로는 have not, has not, had not + pp 구조에서 = ain't (표준어법에서 쓰지 말 것을 권장)

II. never

1) 술어동사의 부정

not 과 같이 be 동사와 조동사의 뒤에 오지만 일반동사를 부정할 경우 앞에 오며 not 과 달리 문장의 앞에 와서 전체문장을 의문문의 순서로 도치시키며 부정명령문을 만들 때 don't처럼 동사원형 앞에 올 수 있다. 빈도나 경험을 강하게 부정할 때 주로 사용한다. 이 경우 뒤에 다시 ever를 쓰기도 한다.

1558 He is never late.
그는 결코 늦지 않는다.

1559 He will never let you procrastinate in submitting the report.
그는 당신이 리포트 제출을 미적대도록 허용하지 않을 것이다.

1560 It never leads to good results.
그것은 결코 좋은 결과를 낳지 않는다.

1561 Never have I been so attempted to abandon what I've been doing so far.
지금까지 내가 해오고 있는 일을 그만두고 싶다는 유혹을 이토록 받아본 적 없다.

1562 Never does anyone fully understand the logic.
누구도 그 논리를 완벽하게 이해하지 않는다.

1563 Never is the pleasure of being in one's fifties fully understood until he or she gets that much aged.
실제로 그렇게 나이를 먹을 때까지 50대에 있다는 즐거움은 완벽히 이해될 수 없다.

1564 Never let that happen again.
다시는 그런 일이 일어나지 않도록 하라.

1565 I will never do it again ever.
나는 다시는 그런 일을 하지 않을 것이다.

2) 문장일부의 부정

문장의 일부를 부정할 경우 명사나 형용사 및 그 밖의 다른 구, 절 앞에 올 수 있다.

1566 No, never me.
아니, 나는 절대로 안 된다.

1567 Never in my place.
나의 거처에서는 결코 안 된다.

1568 Never too late to come back.
돌아오기에 너무 늦은 것은 절대 아니다.

III. neither

1) 상관부사

앞에 미리 부정어를 두고 뒤에서 '~도 역시 아니다' 라는 의미이므로 not + either 개념으로 이해한다. 짧은 문장에서는 문장의 뒤에 올 수 있으며 긴 문장의 경우 문장의 앞으로 옮긴 후 뒤에 오는 절을 의문문 어순으로 도치시킨다.

1569 He doesn't live here and he will neither. = He doesn't live here and neither will he.
그는 여기에 살지 않고 그러지도 않을 것이다.

2) 대명사 neither

대명사로 사용될 경우 명사의 자리인 주어, 목적어, 보어 자리에 오며 neither of 의 형태로 자주 사용된다. 이 경우 of 이하에 오는 명사는 '둘'을 의미하는 복수이다. 주어로 사용될 경우 단수 취급한다.

1570 I will take neither.
나는 둘 다 취하지 않을 것이다.

1571 They use neither of the doors.
그들은 그 문을 둘 다 이용하지 않는다.

1572 Neither of us is content with our son's grades.
우리 둘 다 아들의 등급에 만족하지 않는다.

1573 I am dependent on neither of my parents.
나는 부모님 둘 다에게 의존하지 않는다.

1574 He calls me neither of my first and last name.
그는 나를 이름으로도 성으로도 부르지 않는다.

IV. no

1) 수량의 부정어

주로 가산명사 단, 복수, 혹은 불가산 명사 앞에 오는데 이 경우 양이나 수를 부정하는 의미로 not + any 의 대용어이다. '조금도, 하나도, 전혀 -아니다, 없다' 정도의 의미이다.

1575 I have no money with me.
   수중에 돈이 전혀 없다.

1576 No one knows of his whereabout.
   누구도 그의 거처에 대해 모른다.

1577 He has no siblings.
   그는 형제, 자매가 하나도 없다.

2) no + 동명사

동명사 앞에 사용되면 빈도나 정도, 사례의 전면적 부정이나 금지로 해석 된다.

1578 There is no denying that he is involved in the bloody massacre of innocent people.
   그가 그 무고한 사람들의 대학살에 관련되어 있다는 것을 부인할 수 없다.

3) no + 단수보통명사

수나 양과 관련 없는 신분, 정체, 성질 등을 의미하는 명사 앞에 오면 해당하는 성질이 없다는 의미로서 '답지 않다' '적합하지 않다' 라는 의미가 된다.

1579 He is no professor.
   그는 교수답지 않다.

1580 It's no joke.
   그것은 농담 같지 않다. 장난이 아니네.

1581 He showed no great skill.
   그는 대단하다고 할 수 있는 솜씨는 보여주지 않았다.

1582 I am no match for him.
   나는 그의 상대로는 적합하지 않다.

1583 This is no place for a kid to be at night.
여기는 꼬마가 밤에 있을 그런 장소가 아니다.

4) no + 비교급

형용사나 부사의 비교급 앞에서 사용될 경우 동일함, 변화 없음, 또는 한계를 강조하는 표현이다. 문두에 위치시키고 뒤를 의문문 구조로 도치할 수 있다. 원급형용사 앞에서도 사용가능 하다.

1584 He is no better than a beggar.
그는 걸인보다 나을 것이 조금도 없다, 즉 걸인이다.

1585 I can walk no farther.
나는 더 이상 걸을 수 없다.

1586 No longer is it needed.
그것은 더 이상 필요가 없다.

1587 She is a little girl no taller than I.
그녀는 나보다 클 것도 없는 즉, 나만큼 작은 소녀이다.

1588 No sooner had the injured been taken into hospital than he made his final breath.
그 부상자가 병원으로 옮겨지자마자 절명했다.

1589 My father is no different from the average patriarchal one.
내 아버지도 보통의 가부장적 아버지와 조금도 다를 바 없다.

5) no more .... than ....

no more 내용A than 내용B' 구조에서 내용B에는 매우 명백한 오류를 비유하고 내용A에 판단이 어려운 사실을 넣어서 'A의 내용이 맞다고 하는 것은 B의 내용이 맞다고 하는 것보다 더 나을 것도 없을 정도로 잘못된 것이다' 라는 뉘앙스의 표현을 만드는 데 사용된다. 이것은 널리 알려진 사실에 사용될 수 있을뿐더러 개인적인 사실에도 사용한다.

1590 Tomatoes are no more fruits than cabbages are.
토마토가 과일이라고 한다면 그것은 양배추가 과일이라고 하는 것보다 더 나을 것도 없는 논리이다. 즉 둘 다 과일이 아니다. (널리 알려진 사실)

1591 My daughter, as I soon realized, had no more capacity for figures than my son had.
내가 곧 깨달았듯이, 나의 아들이 숫자에 대해 재능이 없었던 것처럼 내 딸도 수리능력이 없었다. (개인적 사실)

48. today, tomorrow, yesterday 와 the, this, that, next, last +시간명사

I. today, tomorrow, yesterday

이 세 단어는 시간의 길이나, 특정한 의미를 부가하지 않을 경우 전치사를 붙여서 사용하지 않는다. 다만 특정한 의미를 주기 위해서는 within, for, throughout, over, by, until, from 등의 전치사를 사용해야 한다.

1592 He came back today.
그는 오늘 돌아왔다.

1593 Today, I am very busy.
오늘 나는 매우 바쁘다.

1594 I will take an oath in court tomorrow.
나는 내일 법정에서 선서를 할 것이다.

within tomorrow	= 내일 이내에
for tomorrow	= 내일 동안, 내일을 위해, 내일에 대비하여
throughout tomorrow	= 내일 내내
over tomorrow	= 내일에 걸쳐서
by tomorrow	= 내일 까지 (완료형, 일회성 동사와 어울림)
until tomorrow	= 내일 까지 (지속성 동사와 어울림)

II. the + day, week, month, year, time, moment

보통 수식어를 사용해서 어떤 시점인지 밝히거나 아니면 의사소통의 당사자들이 해당 시점에 대해 공통의 인식을 가지고 있다는 전제하에서 사용된다. 뒤에 관계사절을 달아서 수식하는 경우를 제외하고는 기본 전치사 in, at 등을 사용할 것을 권장한다. 특정한 의미를 주기 위해서 within, for, throughout, over, by, until, from, during 등의 전치사를 사용해야 한다.

1) on the day

the day 앞에는 전치사 on을 붙여서 사용한다. 일부 문장에서는 생략할 수 있다.

1595 Tickets will be on sale (on)the day of the show.
표는 공연당일에 판매될 것이다.

1596 This ticket is valid on the day of issue only.
이 표는 발행당일에만 유효하다.

1597 The police asked him what he had been doing on the day of the murder.
경찰은 그에게 살인사건 당일 날 그가 무엇을 하고 있었는지 물어보았다.

1598 The day he appeared in this remote village, we were having trouble finding a new source of water.
그가 이 먼 마을에 나타났던 날, 우리는 새로운 수원을 찾느라고 애를 먹던 중이었다.

2) at the time

the time 앞에는 전치사 at을 붙여서 사용한다. 관계사절에 의해 수식될 때는 전치사를 생략하고 사용하기도 한다. at 이외의 다른 의미의 전치사는 생략할 수 없다.

1599 I was home (at) the time you were in the theater.
당신이 극장에 있었을 때 나는 집에 있었다.

1600 By the time you arrive, we will have done the cleaning.
당신이 돌아올 무렵, 우리는 청소를 마쳤을 것이다.

3) in the week

the week, the month, the year는 보통 전치사 in 을 붙여서 사용한다. 관계사절에 의해 수식될 때는 전치사를 생략하고 사용하기도 한다. 다른 의미의 전치사는 생략할 수 없다.

1601 In the week of the exhibition, we didn't sleep well.
전시회의 주에 우리는 제대로 자지 못했다.

1602 During the week of the exhibition, more than 10,000 people visited here.
그 전시회의 주 동안 만 명 이상이 여기를 방문했다.

1603 In the year of 1919, there arose a nationwide independence movement against the Japanese governance.
1919년에 일본의 통치에 반대하는 전국적 독립운동이 일어났다.

4) at the moment

the moment 앞에는 전치사 at을 붙여서 사용한다. 뒤에 관계사절을 붙일 경우 전치사를 생략할 수 있다.

1604 The moment I saw the reptile, I knew it was alive though it didn't move at all.
그 파충류를 보았던 순간 나는 그것이 움직이지 않았지만 살아있다는 것을 알았다.

1605 She looked directly at me at the moment of her death.
그녀가 숨을 거두던 순간 그녀는 나를 정면으로 응시했다.

III. this, that, these, those, next, last + 시간명사

위의 지시어들이 붙은 경우에는 원칙적으로 관사를 붙이지 않는다. 의미상 생략된 관사는 in, at, on 이라고 본다. 이렇게 사용되는 주요 시점부사는 this morning, this afternoon, this evening, this year, this month, this week, this time, next time, next year, next week, next month, next Thursday, next winter. last night, last week, last year, last time. last Tuesday. last summer 등이 있다. 특별히 [이 날]을 강조하지 않는 경우 [오늘]은 today, [내일 밤] 은 tomorrow night 으로 사용한다. the last, the next 뒤에 명사를 쓸 경우 전체를 명사적으로 본다.

1606 He has given 3 calls to you this morning.
그는 오늘 아침 너에게 3번 전화했었다.

1607 I've been very busy all these days.
나는 요즘 매우 바빴다.

1608 Next time, I will treat you to lunch.
다음번에 내가 점심을 대접하겠다.

1609 Next time you visit Seattle, drop by this place where we offer all of the amenities you would expect from a five-star hotel.
다음번에 시애틀에 오시면 당신이 오성급호텔에서 기대할 수 있는 모든 위락시설을 제공하는 이곳을 들러주십시오.

1610 I booked my stay at the Arbor Hotel last night. Please confirm my reservation.
제가 어젯밤 아보호텔에 예약을 했습니다. 예약확인을 부탁드려요.

1611 The last time I saw him was in March.
내가 그를 마지막으로 본 것은 3월이었다.

1612 He wanted to lose some 50 pounds in the next year.
그는 그 다음해에 50 파운드를 빼고 싶었다.

49 such 와 so

I. such

1) 형용사나 대명사 such

such 는 [그러한] 이라는 한정사 혹은 [그러한 것] 이라는 대명사로 활용되어 앞에 나온 내용의 특정부분을 대신 받는다. 단수와 복수로 활용될 수 있다.

1613 Lawyers were boring and greedy. Such was my opinion before I met her.
변호사들은 지루하고 탐욕스럽다. 그런 것이 그녀를 만나기 전 나의 견해였다.

1614 I had been invited to a Korean traditional wedding and was not sure what would happen on such occasions.
나는 전통 한국식 결혼에 초대를 받았는데 그런 경우, 어떤 일이 일어나는지 알 수 없었다.

1615 He said he was busy, had no time, and made some such excuses.
그는 바쁘고 시간이 없다는 둥 그런 변명들을 했다.

1616 I longed to find someone who could understand my problem and I thought I had found such a person in him.
나는 나의 문제를 이해해줄 수 있는 사람을 찾고 싶었는데 그에게서 그런 사람을 찾았다고 생각했다.

1617 We were second-class citizens and they treated us as such.
우리는 2류 시민이었고 그들은 우리를 그렇게 다루었다.

1618 Such is life.
삶이란 그런 것이다.

1619 I don't want to meet another such in my life.
내 인생에서 또 다른 그런 사람을 만나고 싶지 않다.

2) such A as B

뒤에서 언급될 말을 미리 받아서 [그런, 그러한] 이라는 한정사 혹은 대명사로 사용될 수 있다. 이 경우 뒤에 전치사as나 관계사 as를 호응한다. such A as B = A such as B = A like B

1620 There is no such thing as a free dinner.
공짜저녁과 같은 것은 없다. 모든 일에는 대가가 있기 마련이다.

1621 Such poets as Milton are so rare.
밀턴과 같은 시인들은 매우 드물다.

1622 No machine can work without fuel such as coal and oil.
석탄이나 석유 같은 연료 없이 작동하는 기계는 없다.

1623 I hate such delays as make one impatient.
나는 사람을 안달 나게 만드는 그런 지체들을 싫어한다.

1624 Such advice as I was given has proved to be very useful.
내가 받은 것 같은 그런 충고는 매우 유용한 것으로 판명되었다.

1625 The knot was fastened in such a way that it was impossible to untie.
그 매듭은 그것을 푼다는 것이 불가능한 그런 방식으로 묶여있었다.

1626 The damage was such that it would cost hundreds of dollars.
그 손상은 수 백 달러가 소요될 그런 것이었다.

1627 Take from the blankets such as you need.
이 담요들 중에서 당신이 필요로 하는 것을 가져가라.

1628 We should listen to all such as have had similar experiences.
우리는 유사한 경험들을 겪은 모든 사람들에게 귀를 기울여야 한다.

3) such that 절

such 는 명사와 호응하거나 자체가 대명사로 활용되어 뒤에 [정도]를 비유하는 that 절을 받는다. 주어 + be 동사 + such + that 절 구조는 such 과 주어가 상호치환될 수 있다. 미국영어에서는 that 이 생략되는 경우가 많다.

1629 This issue is of such significance that we can't afford to ignore it.
이 쟁점은 매우 중요해서 우리가 그것을 무시할 여유가 없다.

1630 We have such fine weather that we can't stay indoors.
날씨가 너무 좋아서 실내에만 있을 수 없을 정도다.

1631 The elegance of the caligraphy is such that it is still used in many copy designs.
= Such is the elegance of the caligraphy that it is still used in many copy designs.
그 서체의 우아함은 아직도 많은 문자디자인에서 그것이 이용되고 있을 정도이다.

1632 The knot was fastened in such a way that it was impossible to untie.
그 매듭은 그것을 푼다는 것이 불가능한 그런 방식으로 묶여있었다.

1633 The damage was such that it would cost hundreds of dollars.
그 손상은 수 백 달러가 소요될 그런 것이었다.

1634 She had such a fright that she fainted.
그녀는 매우 놀라서 졸도했을 정도였다.

1635 He showed such little interest in his lessons that he almost failed.
그는 수업에 매우 적은 관심을 보여주어서 낙제했을 정도였다.

1636 The audience made such noises I could hardly hear what the speaker said.
청중들은 매우 시끄러워서 나는 연사가 하는 말을 들을 수 없을 정도였다.

4) such a,an + 형용사 + 명사

형용사적으로 사용될 때 부정관사, another, other 만 어순에서 뒤에 받고 나머지 한정사보다 후행한다. 즉 such a, an (형용사) + 명사, such another + 명사, such other + 명사 / any, some, no, many, few + such + 명사

1637 Such a man cannot perform this job.
그런 사람은 이 일을 수행할 수 없다.

1638 I hope never to have such another experience.
나는 이런 또 다른 경험은 하고 싶지 않다.

1639 Such men always complains.
그런 사람들은 늘 불평한다.

1640 All such men are eligible for the position.
그런 모든 사람들은 그 직책의 자격이 있다.

1641 Many such houses can be seen around the area.
많은 그런 집들이 그 지역 주위에서 목격된다.

1642 Any such man can join us.
그런 어떤 사람도 우리와 함께 할 수 있다.

1643 We need some such man.
우리는 어떤 그런 사람을 필요로 한다.

1644 No such thing will happen again.
그런 일은 다시 일어나지 않을 것이다.

5) such 의 관용표현

(1) such and such : 대명사로 '무뢰한, 불량배'
    such and such : 형용사로 ' 이러, 저러한 -'

1645 We walked such and such a street and dropped at such and such a shop.
우리는 이러, 저러한 거리를 걸었고 이러, 저러한 점포에 들렀다.

(2) such as it is : 보잘 것 없지만, 변변하지 않지만

1646 You can put up at my house, such as it is.
누추하지만 우리 집에서 머물러도 좋습니다.

(3) There is such a thing as - : -라는 일도 있지 않은가. (실수의 가능성이나 협박)

1647 There is such a thing as violent death.
횡사라는 일도 있기 마련이지.

(4) and such : 기타 등등

1648 We need nails, hammers, saws and such.
우리는 못, 망치, 톱 기타 등등이 필요하다.

(5) such being the case : 분사구문에서 ' 사정이 그러하므로 '

1649 Such being the case, I beg you will sympathize with her situation.
사정이 그러하니 그녀의 상황에 공감해 주길 바랍니다.

1650 I can't help but support him, such being the case.
사정이 그러하니 나는 그를 돕지 않을 수 없다.

(6) such A, such B 구조의 댓구를 만드는데 사용함.

1651 Such master, such servant.
그 주인에 그 머슴.

1652 Such father, such son.
그 아버지에 그 아들.

II. so

1) 단독부사 : '그렇게, 그와 같이, 그처럼, 그대로'

1653 It is better so.
그것은 그대로가 더 좋다.

1654 I like you so.
나는 지금 그대로의 너를 좋아한다.

2) so + 형용사, 부사 : '그토록, 매우'

1655 He couldn't speak, he got so excited.
그는 아무 말도 못했다, 그는 그만큼 흥분했었다.

1656 It is so sweet of you.
당신은 참 친절하군요.

▲ 이 경우 뒤에 that 절을 받을 수 있다. 이 that 절은 목적이나 비유적 정도 등으로 해석하면 so 대신 enough 나 sufficiently 계열의 부사도 가능

1657 He got so excited (excited enough) that he couldn't speak.
그는 매우 흥분해서 말을 할 수 없을 정도였다.

1658 Those ponds and streams are so small that they cannot be shown on the maps.
그 연못들과 도랑들을 매우 작아서 지도상에서 나타날 수 없을 정도이다.

1659 He so handled the matter that he won over his opponents.
그는 반대자들을 포섭하도록 그 문제를 처리했다.

3) 대명사적 보어로서 : ' 그 상태로, 그러하게 '

1660 Is that so?
그렇습니까?

1661 Not so.
그렇지 않습니다.

1662 How so?
어떻게 그런가요?

1663 If so, I will follow you.
만일 그렇다면 나는 당신을 따르겠습니다.

1664 Everybody calls me a genius, but I don't want to be so called.
모두가 나를 천재라고 부르지만 나는 그렇게 불리는 것이 싫다.

1665 He is rich - as much so as or more so than I.
그는 부자이고 나만큼 그러하거나 나보다 더 그러하다.

1666 He is poor - so much so that he can hardly get enough to live.
그는 가난하다 - 매우 많이 그러하여 살아갈 정도도 얻기 힘들다.

4) so + 주어 + 동사 : '과연 그러하다, 정말로 그러하다'

1667 You said he was nice, and so he is.
당신은 그가 착하다 말했는데 정말 그러하다.

1668 I look tired, so I am.
나는 피곤해보이고 정말 피곤하다.

5) so + 의문문어순 : '다른 주어도 그러하다' - 긍정문에서만 사용.

1669 My father was a radical and so was I.
내 아버지는 급진주의였고 나도 그러했다.

1670 The door is shut and so are the windows.
문은 닫혀있고 창문들도 그러하다.

6) 대명사적 목적어로

주로 동사 do, say, tell, think, hope, expect, suppose, believe, fear, hear, be told, be afraid 등 다음에 앞의 내용을 받아서 사용한다. 이 경우 목적어를 문두에 도치해도 같은 의미이다.

1671 I suppose so = So I suppose.
나는 그렇게 생각한다.

1672 I told you so and I had been told so.
나는 너에게 그렇게 말했고 나도 그렇게 들었다.

1673 He was asked to leave the seat, but he refused to do so.
그는 자리를 비워달라는 부탁을 받았으나 그렇게 할 것을 거부했다.
▲ do so 는 수동의 내용을 대신 받을 수는 없다.

1674 The flowers in the garden must not be gathered. Anyone found gathering them will be fined.
(여기서 gathering them 대신 doing so를 사용할 수 없다.)
정원의 꽃들은 채집되어서는 안 된다. 누구라도 그것을 채집하다가 걸리면 벌금을 물게 된다.

7) 수량을 계측하는 or 다음에서 : ' 그 정도 ' (명사를 뒤에 쓰기도 한다.)

1675 I will be back in a day or so.
나는 하루 정도면 돌아올 것이다.

1676 I will stay here for 3 or so days.
나는 3일 정도를 머물 것이다.

8) 결과의 부사절을 이끄는 접속사로 : ' 그래서, 그 결과 '

1677 The dog was very hungry, so I fed him a lot.
그 개는 매우 굶주려서 나는 많이 먹였다.

9) 문장의 앞에서 문맥을 받아서 : ' 그러면, 드디어, 그래서, 자 '

1678 So you are here again.
그래서 여기 또 왔군.

1679 So there you are.
그럼 그쯤 해두자.

1680 So, that's that.
자 그건 그렇고.

10) as 양태절을 선행시키고 뒤에 주절을 강조하면서 : ' -하듯이 -하다 '

1681 Just as the lion is the king of the beasts, so the eagle is the king of the birds.
사자가 야수의 왕이듯 독수리는 새들의 왕이다.

11) not A so(as) B as C 구조에서 : 'C 만큼 B하는 A는 없다'

1682 People here do not shake hands so much as you do in America.
미국에서 당신들이 그러는 것만큼 악수를 많이 하는 여기 사람들은 없다.

1683 I am not so smart as my son.
나는 아들만큼 그렇게 총명하지는 않다.

12) so 형용사, 부사 as to 부정사 : '-할 만큼 매우 -한, -하게'

1684 Nobody can be so stupid as to believe your story.
누구도 너의 이야기를 믿을 만큼 어리석지 않다.

1685 He got so angry as to be unable to speak.
그는 말을 할 수 없을 정도로 매우 화가 났다.

1686 Please come so early as to be in plenty of time.
시간이 충분하도록 일찍 와 주세요.

13) not so 형용사, 부사 but 주어 + 동사

'하지 않을 정도로 매우 -한, -하게는 아니다' but 의 특별한 해석법에 주의할 것

1687 He is not so deaf but he can hear a cannon.
대포소리를 못 들을 정도로 그가 귀를 먹지는 않았다.

1688 No one is so old but he can learn any more.
더 이상 배울 수 없을 정도로 그렇게 나이를 먹는 사람은 없다.

14) so that을 붙여서 목적의 부사절로 : ' -하기 위해서 ' (that 생략가능)

`1689` Turn it from time to time so (that) it may be cooked on both sides.
양쪽이 익도록 가끔씩 뒤집어 주세요.

15) 정도를 지시하는 말로 표현할 때 : ' 그 정도면 좋다'

`1690` A little more to the left, so !
약간 더 왼쪽으로 , 그래 좋아.

16) so을 이용한 주요 관용표현

(1) not so much A as B : A라기 보다는 B이다

`1691` The question is not so much what it is as how it looks.
문제는 그 본질이라기보다는 그 외관이다.

(2) not so much as 동사 : -조차 못하다

`1692` He cannot so much as write his own name.
그는 자신의 이름조차 쓸 수 없다.

(3) so many : -와 동수의, 그 만큼 수의

`1693` They worked like so many bees.
그들은 마치 동수의 벌들처럼 일했다.

(4) so much : -와 동량의, 그 만큼의

`1694` It is only so much rubbish.
그것은 단지 그만큼의 쓰레기일 뿐이다.

(5) so much for : -은 거기까지

1695 So much for today.
오늘은 거기까지.

1696 So much for him, now what about you?
그 사람은 그렇다 치고 당신은 어떤가?

1697 So much for his knowledge.
그의 지식은 거기까지다.

1698 So much for meddling.
참견을 하니까 그렇게 되는 것이다. 참견은 거기까지.

(6) so be it : 그렇다면 그것으로 좋다, 수용하겠다 (체념)

1699 If he doesn't want to be involved, then so be it.
그가 참견하고 싶지 않다면 그렇게 하라 그래라.

1700 If they want to have a trial for their crimes in their jurisdictions, so be it.
만약 그들이 자신들의 사법관할권 내에서 재판받기를 원하면 그러하고 해라.

50 명사와 동사의 품사공용

품사의 공용은 한국어에 없고 영어에는 있는 개념이다. 한국어는 '-하다, -다' 라는 토씨가 붙으면 동사이고 이것이 없어야 명사로 쓸 수 있다. 영어도 명사로만 사용되거나 동사로만 사용되는 단어들이 있지만 상당수의 단어가 명사와 동사를 함께 쓸 수 있는데 이것은 위치에 의해서 구별되어 진다. 조심할 것은 동사로 쓰지 않고 명사로 썼을 경우 명사가 갖는 역할을 그대로 수행하므로 수식어의 종류나 역할이 달라진다. 동사의 경우 부사가 수식하지만 명사의 경우 형용사가 수식하며, 동사의 경우 목적어나 보어를 받을 수 있지만 명사의 경우 전치사를 매개하지 않고는 목적어나 보어를 받지 않는다. 전치사로 매개하지 않을 경우는 부정사나 동격명사절 등을 써서 목적어의 내용을 추가한다. 다른 품사들끼리의 공유도 많지만 여기서는 명사와 동사의 품사공용만을 다룬다.

I. pay 와 visit

1) 동사 pay

1701 Honesty pays in the end.
정직이 결국 득이 된다.

1702 It pays to keep up to date with your work.
당신의 작업을 최신의 상태로 유지하는 것은 득이 된다.

1703 My company pays well.
나의 회사는 후하게 월급을 준다.

1704 It is hard to make farming the fish pay.
양식업을 하는 것이 득이 되도록 만드는 것은 어렵다.

1705 I will pay off my debt.
나는 채무를 청산하겠다.

1706 I will pay you on a monthly basis.
나는 당신에게 월단위로 급여를 주겠다.

1707 I paid him twenty dollars.
나는 그에게 20달러를 지불했다.

1708 I will pay for the tickets.
나는 그 티켓의 가격을 지불하겠다.

1709 You will pay for what you say.
당신은 당신이 하는 말의 댓가를 지불하게 될 것이다.

1710 Are you paying in cash or by credit card?
당신은 현찰 혹은 신용 어떤 것으로 지불할 것인가?

1711 Do you mind paying the plumber?
배관수리공에게 돈을 주는 것을 꺼리는가?

1712 I will pay a call on my friends.
나는 친구들을 방문할 것이다.

1713 I didn't pay attention to what he was doing.
나는 그가 무엇을 하고 있었는지 주목하지 않았다.

1714 The manager paid tribute to all she had done to protect the customer.
관리책임자는 그녀가 고객을 보호하기 위해 했던 모든 것에 찬사를 보냈다.

2) 명사 pay

1715 It will make a good pay to you.
그것은 당신에게 후한 급여를 제공할 것이다.

1716 You will get a monthly pay.
당신은 월단위의 급여를 받게 될 것이다.

3) 동사 visit

1717 He will go to visit his parents in Nashville.
그는 내쉬빌에 있는 부모님을 방문하러 갈 것이다.

1718 The president is visiting Korea to strengthen the tie between the two countries.
그 대통령은 두 국가 간의 동맹을 강화하기 위해 한국을 방문하고 있다.

1719 Please visit our website for more information.
더 많은 정보를 위해서는 우리의 홈페이지를 방문해 달라.

1720 The lake is visited mostly in summer.
그 호수는 여름철에 주로 방문을 받는다.

4) 명사 visit

1721 If you have time, pay a meaningful visit to the national museum.
당신이 시간이 있으면 그 국립박물관에 의미있는 방문을 하라.

1722 I had a sudden visit from the police yesterday.
어제 경찰로부터 갑작스런 방문을 받았다.

1723 This is my first visit to Cambodia.
이것은 나의 캄보디아로의 첫 방문이다.

1724 Visits to our website have tripled in a month.
우리의 홈페이지로의 방문횟수가 한 달 만에 세배가 되었다.

동사를 명사화 할 때는 다른 동사를 써서 그 명사를 목적어로 취하며 만약 뒤에 목적어를 받으려 할 경우 전치사를 매개해야 한다.

II. 주요한 명사, 동사 공용어의 활용

1) wait : 자동사 (기다리다), 명사(기다림) / 구어체에서 for 없이 타동사가능

1725 I've been waiting for you to admit what you did.
나는 당신이 했던 것을 당신이 인정하기를 기다려왔다.

1726 We had a long wait for this chance.
우리는 이런 기회에 대한 오랜 기다림을 가졌다.

1727 There will be an agonizing several-week wait for the results.
그 결과에 대한 괴로운 몇 주간의 기다림이 있을 것이다.

1728 You have to wait your turn.
당신은 당신의 차례를 기다려야 한다.

2) laugh : 자동사(웃다), 명사(웃음)

1729 She seldom laughs at my jokes.
그녀는 나의 농담들에 거의 웃지 않는다.

1730 She seldom gives me a hearty laugh at my jokes.
그녀는 나에게 나의 농담에 대해 커다란 웃음을 거의 보내지 않는다.

3) look : 자동사(보다), 명사(봄)

1731 He looked at me and smiled.
그는 나를 쳐다보았고 미소지었다.

1732 He gave me a look and a smile.
그는 나에게 눈길과 미소를 보냈다.

1733 Are you still looking for a place to live in?
당신은 아직도 살 장소를 찾고 있는 중인가?

1734 I've had a good look for it, but I can't find it.
나는 그것을 잘 찾아보았으나 발견할 수 없다.

1735 Do you want to take a close look around?
당신은 주변을 자세히 둘러보고 싶은가?

4) reply : 자동사(응하다), 명사(반응, 대답)

1736 He is likely to reply to our invitation.
그는 우리의 초대에 반응할 가능성이 크다.

1737 We had more than 10 replies to our request.
우리는 우리의 요청에 대한 10건 이상의 응답을 얻었다.

5) ride : 자동사(타다), 타동사(-을 타다), 명사(탐, 타기)

1738 She was riding on a white Persian horse.
그녀는 흰색 페르시아산 말을 타고 있었다.

1739 He wants to ride a Harley Davidson.
그는 할리 데이빗슨을 타고 싶어 한다.

1740 She hitched a ride on a motor cycle to the station.
그녀는 모터사이클을 얻어 타고 그 역으로 갔다.

1741 The kid had a ride on an elephant at the zoo.
그 아이는 동물원에서 코끼리를 탔다.

6) stand : 자동사 (서다, 서 있다, 정지해 있다, 유효하다), 타동사 (세우다, 견디다), 명사(섬, 입장)

1742 The castle stands on the site of an ancient battlefield.
그 성은 고대의 전투지역 위에 서있다.

1743 I stood my little son on a stand so that he could see it.
나는 나의 어린 아들을 스탠드 위에 세워서 그가 그것을 보도록 했다.

1744 Mix the batter and let it stand for 10 minutes.
반죽을 섞어서 그것이 10분간 가만히 있도록 하라.

1745 Does your offer still stand?
당신의 제안은 여전히 유효한가?

1746 Doctors must stand the sight of blood.
의사들은 피가 나는 광경을 견뎌야 한다.

1747 He was notorious for his tough stand on immigration.
그는 그의 이민입국에 대한 강경한 입장으로 악명높다.

1748 We must make a stand against further job losses.
우리는 심화될 일자리 손실에 저항해야 한다.

1749 He has to take a stand on court as the first witness.
그는 첫 증인으로 법정에서 서야 한다.

7) rise : 자동사 (상승하다, 일어나다, 솟다), 명사 (상승, 발흥)

1750 The river has risen by a few meters.
그 강은 몇 미터 정도 수위가 올랐다.

1751 He stopped dining and rose from the table.
그는 식사하는 것을 멈추고 식탁에서 일어났다.

1752 He rose to the rank of marshall.
그는 오성장군의 계급에 올랐다.

1753 Her voice rose to a shriek.
그녀의 음성은 고성으로 올라가 비명이 되었다.

1754 Our spirits rose at the news.
우리들의 기분이 그 소식으로 고조되었다.

1755 The hair on my head rose at the scream.
내 머리위의 털들이 그 비명으로 곤두섰다.

1756 He made a miraculous rise from bottom to top.
그는 바닥에서 꼭대기로 기적적인 상승을 했다.

1757 Do you think you can make a rise to the CEO?
당신은 대표이사로의 승진을 할 수 있다고 생각하는가?

8) lie : 자동사 (거짓말하다, 놓여있다), 명사(거짓말, 놓여있는 상태)

1758 The cat was lying asleep on the bed by the fire.
그 고양이는 불 옆에 있는 침대에 잠든 채 누워있었다.

1759 Don't lie to me any more because you can't go on living a lie.
나에게 거짓말을 하지 말라 왜냐하면 당신은 거짓된 삶을 계속해갈 수 없다.

1760 Another lie to your father would cause a disaster.
당신의 아버지에게 또 한 번 거짓말을 하면 그것은 재앙을 가져올 것이다.

1761 Your second shot seems to have a clean lie on the fairway but mine has a bad lie.
당신의 두 번째 타구는 페어웨이의 좋은 자리에 안착한 듯 보이지만 내것은 놓인 위치가 안좋다.

9) return : 자동사 (돌아가다, 돌아오다), 타동사(되돌려주다), 명사(반환, 귀환)

1762 She is returning to Korea from Germany tomorrow and it is a great return.
그녀는 내일 독일로부터 한국으로 돌아올 것이고 그것은 금의환양이다.

1763 Though they make seemingly painful returns from the far open seas, their instinct orders them to do so.
그들은 먼 대양으로부터 고통스런 귀환을 하는 것처럼 보이지만 그들의 본능은 그들에게 그렇게 하도록 명한다.

1764 I think I will return the microwave oven to the store due to its frequent malfunction.
나는 전자파오븐의 잦은 고장 때문에 그것을 매장에 돌려줄 작정이다.

1765 Your return of the microwave oven to our store will be gladly accepted.
당신의 전자파오븐에 대한 우리 매장으로의 반품은 기꺼이 수용될 것이다.

10) hold : 자동사 (지속되다, 버티다),
   타동사(쥐다, 붙들다, 보유하다, 유지하다, 지탱하다, 수용하다, 유치하다, 중단하다, 억제하다)
   명사 (쥐기, 잡기, 억제, 통제, 유지)

1766 His hold on her arm weakened.
그녀의 팔에 대한 그의 붙잡기는 힘이 빠졌다.

1767 Make sure you've got a steady hold on the camera.
사진기를 단단히 붙잡고 있다는 것을 확인해라.

1768 I struggled to get a hold of my anger.
나는 나의 분노를 억누르려고 애썼다.

1769 He held her by the hand not to let her fall.
그는 그녀를 떨어뜨리지 않기 위해 그녀의 손을 잡았다.

1770 Hold your fire.
사격을 중지하라.

1771 Hold your anger and listen up to what I say.
분노를 억제하고 내가 말하는 것을 들어보라.

1772 Hold this position for a minute till you feel pain.
당신이 통증을 느낄 때까지 잠시 동안 이 자세를 유지해라.

1773 Take a good hold of this position till you feel pain.
당신이 통증을 느낄 때까지 이 자세를 잘 유지해라.

1774 I don't think this branch can hold your weight any longer.
나는 이 나뭇가지가 당신의 체중을 더 이상 지탱할 수 있다고 생각하지 않는다.

1775 I don't think this branch can keep a good hold against your weight.
나는 이 나뭇가지가 당신의 체중에 대한 훌륭한 지탱을 유지할 것이라고 생각하지 않는다.

1776 He is on another line, so will you hold the line?
그는 다른 회선전화를 받고 있으니 대기하겠는가?

1777 He is on another line, so will you take hold of the line?
그는 다른 회선전화를 받고 있으니 대기하겠는가?

1778 What I know about his past war criminal records gives me a strong hold over him.
내가 그의 과거전쟁 범죄기록에 대해 알고 있는 것은 나에게 그를 강력히 통제하게 해준다.

1779 Take your time, I can give you enough hold of this elevator.
천천히 하세요. 내가 당신에게 이 승강기를 충분히 잡아드리겠습니다.

11) run : 자동사 (달리다, 흐르다, 운행하다, 공연되다, 유효하다, 출마하다),
타동사 (흐르게 하다, 운영하다, 굴리다, 기사를 싣다) , 명사 (달리기, 운행, 흐름, 공연, 출마)

1780 The shareholders want more say in how to run the company.
그 주주들은 그 회사를 운영하는 방식에서 더 많은 발언권을 원한다.

1781 They run extra trains during the rush hour.
그들은 바쁜 시간대에 추가적 열차를 운행시킨다.

1782 The old tramlines are still there but now no street cars run on them.
그 오래된 전차선로들은 거기에 여전히 있지만 그 위로 전차가 다니지는 않는다.

1783 I ran my eyes over the page.
나는 그 페이지위로 나의 시선을 굴려보았다.

1784 How long does this film run?
이 영화는 얼마나 오래 상영되는가?

1785 Tears ran down her cheeks.
눈물이 그녀의 빰을 타고 흘러내렸다.

1786 I'll run you a bath.
나는 당신에게 목욕물을 받아주겠다.

1787 The smoke makes my nose and eyes run.
그 연기가 나의 콧물과 눈물을 흐르게 한다.

1788 On advice from my consultant, we decided not to run the article on our paper.
나의 고문으로부터의 충고에 입각하여 우리는 신문에 그 기사를 싣지 않기로 결정했다.

1789 Ms Clinton has not decided to run for presidency.
클린턴 여사는 대통령직 출마를 하기로 결심하지 않았다.

1790 I run every morning from here to the end of the lake.
나는 매일아침 여기서 그 호수의 끝까지 달린다.

1791 On seeing her he broke into a sudden run.
그녀를 보고 그는 갑자기 달아났다.

1792 I go for a run on this path every morning.
나는 매일 아침 이 길에서 달리기를 한다.

1793 We've had a record-breaking run of the show for 10 years.
우리는 10년 동안 그 쇼의 기록을 갱신하는 상연을 했다.

1794 He made an unsuccessful run for the California governor.
그는 캘리포니아 주지사에 대한 성과없는 출마를 했다.

1795 The run of his tears down the cheeks made us moved.
그의 뺨을 흘러내리는 눈물이 우리를 감동시켰다.

1796 Can you make just one run over the stairs?
그 계단을 한 번에 뛰어올라갈 수 있는가?

1797 You had better make a run for your life before he finds you.
그가 당신을 발견하기 전에 달아나서 목숨을 건지는 게 좋겠다.

12) turn : 자동사 (돌다, 바뀌다, 변화되다), 타동사(돌리다, 바꾸다, 변화시키다), 명사(변화, 전환, 바뀜, 순번)

1798 I can't get the screw to turn.
나는 그 나사못이 돌아가게 만들 수 없다.

1799 She turned to look at me.
그녀는 돌아서서 나를 쳐다보았다.

1800 He turned his gun at me.
그는 그의 총구를 돌려서 나에게 겨누었다.

1801 Turn your sweater before you put it in the washing machine.
스웨터를 세탁기 안에 넣기 전에 뒤집어라.

1802 Please give the screw a slow turn.
나사못에게 느린 회전을 주어라.

1803 He made a turn to the left.
그는 좌측으로 방향을 틀었다.

1804 The turn up of his coat collar prevented some of the wind against his face.
그의 외투깃을 올려서 세운 것이 그의 얼굴에 대한 바람을 약간 막아주었다.

13) smell : 자동사(냄새나다), 타동사(냄새를 맡다), 명사(냄새)

1805 His breath does not smell.
그의 숨결은 냄새가 나지 않는다.

1806 Smell this and tell me what it is made of.
이것의 냄새를 맡아보고 나에게 그것이 무엇으로 만들어졌는지 말해 달라.

1807 I smelt danger instinctively.
나는 본능적으로 위험을 냄새 맡았다.

1808 A faint smell of danger would scare off the chipmunk.
위험의 희미한 냄새만 나도 그것은 그 다람쥐들을 도망치게 할 것이다.

1809 He took just one smell of the liquid and his eyes began to water.
그는 그 액체를 단 한번 냄새 맡았는데 그의 눈에서 눈물이 나기 시작했다.

1810 A quick smell of this material is enough to tell this is a poison.
이 물질은 빠르게 한 번 냄새 맡아도 독성물질인 것을 금방알 수 있다.

14) taste : 자동사(맛이 나다), 타동사(맛보다, 맛을 느끼다), 명사(맛)

1811 This water tastes.
이 물은 특정한 맛이 난다.

1812 He had tasted freedom for the first time in his life and soon lost it again.
그는 인생 최초로 자유를 맛보았고 곧 다시 그것을 잃었다.

1813 You can taste the garlic in this noodle soup.
당신은 그 물국수에서 마늘 맛을 느낄 수 있을 것이다.

1814 The taste of the garlic keeps me addicted to this recipe.
그 마늘 맛은 나를 이 요리에 중독시킨다.

1815 Just have a taste of this Kimchi and you'll understand the difference between the two makes.
이 김치맛을 한 번 보면 당신은 그 두 제조사 간의 차이를 이해할 것이다.

15) sound : 자동사 (소리 나다), 타동사(울리게 하다, 소리를 내다), 명사(소리)

1816 The bell sounded for the end of the class.
그 벨소리는 수업의 끝을 알렸다.

1817 Passing motorists sounded their horns to support us.
지나가는 운전자들이 우리를 지지하는 경적을 울렸다.

1818 The sound of the bell suggests the end of the ceremony.
그 벨의 소리는 의식의 끝을 암시한다.

1819 The sound of their horns encouraged the mob.
그들의 경적소리는 군중들을 부추겼다.

1820 They give a sound to the bell only once a year.
그들은 일 년에 단 한 번 그 종을 친다.

16) reach : 타동사(닿다, 뻗치다, 연락하다, 이르다), 명사(닿는 거리, 범위, 권한, 직선으로 닿음)

1821 He didn't reach the finish line.
그는 결승선에 이르지 못했다.

1822 The bad news finally reached the President.
그 나쁜 소식은 마침내 대통령에게 당도했다.

1823 Nighttime temperature can reach -20 degrees Celsius.
야간기온이 섭씨 영하 20도에 달할 수 있다.

1824 We have to reach an agreement.
우리는 합의에 도달해야 한다.

1825 How can I reach you?
나는 어떻게 당신과 연락할 수 있는가?

1826 Can you reach that box for me?
나를 위해 그 상자를 집어 줄 수 있는가?

1827 Your reach to that box would be very helpful since I am too short.
내가 너무 키가 작기 때문에 당신이 그 상자를 집어주면 매우 도움이 되겠다.

1828 The shot was well beyond the reach of the goalkeeper.
그 슛은 골을키퍼의 손을 충분히 벗어났다.

1829 How can I get a direct reach at you?
나는 어떻게 당신과 직접 연락을 취할 수 있는가?

1830 He is interested in an exploration of the deepest reaches of the human mind.
그는 인간정신의 가장 깊은 곳을 탐험하는 것에 흥미있어 한다.

17) approach : 타동사(다가오다, 접근하다), 명사(접근, 처리법)

1831 As you approach the school, you'll notice a small statue of a girl.
당신이 그 학교에 접근하면 한 작은 소녀의 동상을 보게 될 것이다.

1832 This project could make profits approaching 10 million dollars.
이 계획은 천만 달러에 달하는 이익을 낼 수 도 있다.

1833 What is the best way of approaching this problem?
이 문제에 접근하는 가장 좋은 방법은 무엇인가?

1834 I will adopt a different approach to this problem.
나는 이 문제에 다른 접근법을 택할 것이다.

1835 We will soon begin the final approach to the runway so fasten your seatbelt.
우리는 곧 활주로에 마지막으로 접근하게 되므로 안전벨트를 매어주십시오.

1836 That is the nearest approach to an apology we will get from Japan.
그것이 우리가 일본으로부터 얻을 수 있는 사과에 대한 가장 가까운 방식입니다.

18) influence : 타동사(영향을 주다), 명사(영향력)

1837 The religion had influenced the lives of hundreds of thousands of people.
그 종교는 수십만의 사람들에게 영향을 끼쳤다.

1838 A number of social factors influence life expectancy.
많은 사회적 요소들이 수명에 영향을 미친다.

1839 His father no longer has any influence on her.
그의 아버지는 더 이상 그녀에게 영향을 끼치지 못한다.

1840 What is the influence of television on children's behavior?
아이들의 행동에 대한 티비의 영향력은 무엇인가?

19) answer : 타동사(대답하다, 부합하다) , 명사 (응답, 대응책)

1841 You have not answered a few of the questions.
당신은 몇 가지 질문에는 답하지 않았다.

1842 He shall answer the door.
그에게 문에 나가보도록 시킬 것이다.

1843 Does this additional amount of sugar answer your taste?
이 정도 설탕첨가가 당신의 취향에 부응하는가?

1844 You have not given me answers to a few of my questions.
내 질문들 중 일부에 당신은 답하지 않았다.

1845 He shall give an answer to the door.
그를 시켜서 문에 나가보도록 할 것이다.

1846 The new water park will be our answer to their amusement facilities.
그 새로운 물놀이 공원은 그들의 놀이시설에 대한 우리의 해결책이 될 것이다.

20) attack : 타동사(공격하다), 명사(공격)

1847 A gang of youths attacked a woman.
한 무리의 젊은이들이 한 여성을 공격했다.

1848 Did you read the newspaper article attacking the coach of Manchester United?
당신은 맨유의 코치를 공격하는 그 신문기사를 읽었는가?

1849 Let's attack one problem at a time.
한 번에 한 문제씩 공격하자.

1850 They made a series of racist attacks on Koreans in Australia.
호주에서 한국인들에 대한 일련의 인종적 공격이 있었다.

1851 The new government will launch an all-out attack on poverty and polarization.
그 새 정부는 가난과 양극화에 대한 전면적 공격을 시작할 것이다.

21) support : 타동사(지지하다, 후원하다, 떠받치다), 명사(지원, 도움, 버팀목)

1852 Environmental groups strongly support these measures.
환경단체들은 이런 조치들을 강력히 반대한다.

1853 Support the baby's head with your right.
아기의 머리를 오른 손으로 지지하라.

1854 There is no strong public support for the bill.
그 법안에 대한 강력한 대중적 지지는 없다.

22) catch : 타동사(잡다, 목격하다, 만나다, 걸리다, 끼이다, 포착하다, 이해하다),
      명사(잡기, 잡은 양, 애로점, 획득물)

1855 The dog caught the frisbee in its mouth.
그 개는 입으로 그 프리스비를 잡았다.

1856 He caught hold of her arm as she tried to push past him.
그녀가 그를 밀고 가려 했을 때 그는 그 여자의 팔을 잡았다.

1857 She caught herself wondering whether she had done something wrong.
그녀는 자신이 무엇인가 잘못했지 않았나 궁금해하는 자신을 발견했다.

1858 I caught her smoking in the lavatory of the plane.
나는 그녀가 비행기의 화장실에서 담배를 피는 것을 발견했다.

1859 I'll catch you later.
나중에 보자.

1860 He caught his thumb in the door.
그는 문에 엄지손가락을 끼었다.

1861 The artist has caught her smile perfectly.
그 예술가는 그녀의 미소를 완벽히 잡아냈다.

1862 A huge catch of tuna would endanger the species.
참치의 엄청난 포획이 그 종을 위험에 빠뜨릴 것이다.

1863 The painting was a nice catch for that price.
그 그림은 그 가격대에서는 정말 잘 잡은 것이다.

1864 He managed to make a catch of what she suggested.
그는 그녀가 암시한 바를 간신히 이해했다.

23) lack : 타동사 (-을 충분히 갖지 못하다, -을 부족하게 가지다), 명사(결핍)

1865 He lacks confidence.
그는 자신감이 부족하다.

1866 If there is a lack of capital, this project has poorer chance of having fruit.
만약 자본의 부족이 있다면 이 사업계획은 결실을 거둘 가능성이 떨어진다.

24) stop : 자동사(멈추다), 타동사(그만두다), 명사(멈춤)

1867 The car didn't stop at the red light.
그 자동차는 정지신호에 서지 않았다.

1868 Stop me if I bore you.
내가 당신을 지루하게 하면 제지해달라.

1869 It is time to put a stop to the violence.
폭력에 종식을 내릴 시간이다.

1870 Make a stop to the mob.
그 군중을 제지하라.

25) thank : 타동사(-에게 고마워하다), 명사(감사)

1871 I would like to thank everybody present.
나는 참석자 모두에게 감사하고 싶다.

1872 When I express my thanks to him, he just gives me a big smile.
내가 그에게 감사를 표할 때 그는 나에게 단지 큰 미소를 보낸다.

26) praise : 타동사(칭찬하다), 명사(칭찬)

1873 Critics praised the work as highly original.
비평가들은 그 작품을 매우 독창적이라고 칭찬한다.

1874 My mother was full of praise for the progress my wife was making.
나의 어머니는 내 아내가 이루고 있던 발전에 대해 칭찬일색이었다.

1875 He wrote articles in praise of support for the charity.
그는 그 자선에 대한 지지의 칭찬성 기사를 썼다.

27) reward : 타동사(보상하다), 명사(보상)

1876 She rewarded the patrons handsomely for the loyalty they had shown.
그녀는 그들이 보여주었던 충성심에 대해 후하게 단골손님들을 보상했다.

1877 There should be a reward for good behavior.
좋은 행동에 대한 보상이 있어야 한다.

28) supply : 타동사 (공급하다), 명사(공급, 보급품, 비축량)

1878 We will talk about food which supply our daily vitamin needs.
우리는 우리의 하루 비타민 요구를 제공하는 음식에 관해 대화할 것이다.

1879 The UN has agreed to allow the supply of emergency aid.
국제연합은 비상원조의 공급을 허락하는데 동의했다.

1880 We cannot guarantee adequate supplies of raw materials.
우리는 천연재료의 충분한 공급을 보장할 수 없다.

29) substitute : 타동사(대신하다, 대체하다), 명사(대체물)

1881 You can substitute olive oil for butter in this recipe.
당신은 이 요리에서 버터대신 올리브기름을 쓸 수 있다.

1882 The local subway service was a poor substitute for their cars.
해당지역의 지하철 서비스는 그들의 자동차에 대한 형편없는 대체재였다.

30) say : 타동사(말하다, 나타내다), 명사(말, 발언권)

1883 I had to say something to her.
나는 그녀에게 무엇인가를 말해야 했다.

1884 We had no say in the decision to lay off some of the employees.
우리는 직원의 일부를 해고하는 결정에 대한 발언권이 없다.

1885 The judge has the final say on the sentence.
판사는 그 판결에 대한 최종 발언을 한다.

31) hope : 타동사(희망하다 : 명사목적어는 for를 써서 받음), 명사(희망)

1886 We are hoping for good weather on Saturday.
우리는 토요일에 좋은 날씨를 희망하고 있다.

1887 The freedom that had been hoped for never came.
희망되어 졌던 그 자유는 오지 않았다.

1888 She is hoping to win a gold medal in the final match.
그녀는 결승전에서 금메달을 따기를 희망하고 있다.

1889 I hope that you were okay.
나는 당신이 괜찮았기를 희망한다.

1890 There is no hope of a cure.
치료제에 대한 희망은 없다.

1891 Hopes for the missing children are fading.
실종된 아이들에 대한 희망들이 사라지고 있다.

1892 They have high hopes for their children.
그들은 그들의 아이들에게 기대치가 크다.

32) show : 타동사(보여주다), 자동사(보이다, 나타나다), 명사(보여주기, 공연물)

1893 The figures show that you are making progress.
그 숫자는 당신이 발전하고 있다는 것을 보여준다.

1894 You have to show your ticket as you enter.
당신은 입장할 때 티켓을 보여주어야 한다.

1895 Show me which picture you painted.
나에게 당신이 어떤 그림을 그렸는지 보여달라.

1896 They showed much respect for their parents.
그들은 그들의 부모에게 많은 존경심을 보여주었다.

1897 The film is now showing at all major movie theaters.
그 영화는 모든 대규모 상영관에서 상영되고 있다.

1898 I have no idea why he didn't show.
나는 왜 그가 나타나지 않았는지 모르겠다.

1899 This is his show of support.
이것은 그의 지지에 대한 표방이다.

1900 He made a great show of affection.
그는 애정의 커다란 표시를 했다.

1901 The rate of no show is decreasing due to applying a rigid cancellation fee.
고객의 비출현 비율이 엄격한 취소비용을 적용한 탓에 줄어들고 있다.

33) offer : 타동사(제안, 제의, 제공, 권고하다), 명사(제의,제안)

1902 The manager of the restaurant offered a free meal as a way of apology.
그 식당의 지배인은 사과의 방법으로 무료 식사를 제공했다.

1903 My son offered to do the dishes instead of setting the table.
나의 아들은 식탁을 차리는 대신 설거지를 하겠다고 제안했다.

1904 The new cell phone offers an excellent camera feature.
그 새로운 휴대전화는 뛰어난 카메라 기능을 제공한다.

1905 I will gladly accept his offer to help.
나는 기꺼이 그의 원조제안을 받을 것이다.

1906 Their offer of a loan cannot be a genuine one.
그들의 대출제안은 진정한 것일 수 없을 것이다.

1907 A lot of offers of marriage have taken place in May.
5월에 많은 결혼제안들이 있었다.

34) pass : 자동사(지나가다, 통과하다, 발생하다), 타동사(전달해주다, 이동시키다),
명사(통과, 이동, 통행증, 전달, 산길)

1908 On her death, the title will pass to her second son.
그녀가 사망할 때 그 직함은 그녀의 차남에게 갈 것이다.

1909 I'll have to pass on this question.
나는 이 질문에 대해 유보해야 할 것이다.

1910 I'm going to pass on dessert if you don't mind.
나는 당신이 괜찮다면 후식은 그냥 지나갈 작정이다.

1911 How many more of months will have to pass before we get news from him?
우리가 그로부터 새로운 소식을 얻기 전에 몇 달이 더 지나야 하는가?

1912 Nobody offered any help, passing right before me.
내 앞을 바로 지나치면서도 아무도 도움을 제공하지 않았다.

1913 You will pass a small souvenir shop on your way to the boutique.
당신은 그 의상실로 가는 길에 조그만 기념품점을 지나게 될 것이다.

1914 Pass me the salt.
나에게 소금을 전달해 달라.

1915 It is not as easy to pass the driving test in America as you think.
미국에서 운전면허시험에 통과하는 것은 당신이 생각하는 만큼 쉽지 않다.

1916 The pass to Rooney was too long.
루니에게 간 패스는 너무 길었다.

1917 She may be hurt with your pass on her special dessert.
그녀는 자신의 특별한 후식을 당신이 그냥 통과시키면 상처입을지도 모른다.

1918 The pass on the final question resulted in an overall shortfall.
마지막 질문에 대한 통과가 전체적인 부족을 야기했다.

35) promise : 타동사(약속하다), 명사(약속, 장래성, 가능성)

1919 FEMA has promised to make a full investigation into the disaster.
미 연방재난청은 그 재난에 대한 완전한 조사를 하겠다고 약속했다.

1920 All of us in the executive office promise you the full support.
중역 사무실의 우리 모두가 당신에게 전적인 지지를 약속한다.

1921 I've promised myself the luncheon with my colleagues.
나는 동료와 점심식사를 약속했다.

1922 The government has failed to keep its promise of lower taxes.
정부는 더 낮은 세금에 대한 약속을 지키지 못했다.

1923 May I have your promise that you won't tell anybody?
당신이 아무에게도 말하지 않을 것이라는 약속을 내가 받을 수 있는가?

1924 The country has kept its promise to protect the client state against military attacks.
그 나라는 군사적 공격으로부터 의존국을 보호하겠다는 약속을 지켰다.

36) cast : 타동사(던지다, 드리우다, 주조하다, 배역을 정하다), 명사(던지기, 배역, 주조물)

1925 He always casts a bright smile in my direction.
그는 늘 내 쪽으로 밝은 미소를 던진다.

1926 The tree cast a long shadow over the walls and roof of the house.
그 나무는 그 집의 벽과 지붕위로 긴 그림자를 드리웠다.

1927 The director wants to cast her as a sinister old woman.
그 감독은 그녀를 고약한 노파로 배역주기를 원한다.

1928 The dictator had his statue cast in bronze.
그 독재자는 그의 조각상이 동상으로 주조되도록 시켰다.

1929 The doctor has cast my left arm in gypsum.
그 의사는 내 왼팔을 회반죽속에 석고화했다.

1930 The doctor has given my arm a cast.
그 의사는 나의 팔에 석고치료을 했다.

1931 Give a good cast to the fishing rod.
그 낚시대를 잘 던져라.

1932 My arm is in a cast.
내 팔은 석고 속에 있다.

37) sentence : 타동사(선고하다), 명사(형의 선고)

1933 When the judge sentenced the criminal, the audience started to jeer.
판사가 범죄자에게 선고를 했을 때 방청객은 야유하기 시작했다.

1934 The judge passed sentence to the criminal.
그 판사는 그 범죄자에게 판결을 내렸다.

38) wish : 자동사(바라다), 타동사(바라다, *절을 받을 때는 가정법으로, 빌어주다), 명사(소망, 의도)

1935 I wish to speak to the manager.
나는 관리책임자에게 대화하고 싶다.

1936 I am not sure whether he wishes me to stay or go.
나는 그가 나에게 머물기를 원하는지 가길 원하는지 확신이 안 선다.

1937 I wish I were taller.
나는 키다 더 크다면 얼마나 좋을까.

1938 It is no use wishing for the impossible.
불가능한 것울 바라는 것은 소용없다.

1939 I wished her a happy Christmas.
나는 그녀에게 행복한 성탄절을 기원했다.

1940 He had no wish to keep on fighting.
그는 계속 싸우고 싶은 생각이 없었다.

1941 I understand your wish for a secret treatment.
나는 비밀스런 치료에 대한 당신의 소망을 이해한다.

39) demand : 타동사(요구하다), 명사(요구, 부담)

1942 She demanded an immediate reply.
그녀는 즉각적인 응답을 요구했다.

1943 I demand to see my lawyer.
나는 나의 변호사를 볼 것을 요구한다.

1944 The UN peace corps demanded each troop be withdrawn.
국제연합평화유지군은 각 부대가 철수될 것을 요구했다.

1945 I will file a demand for higher salary.
나는 봉급인상 요구를 제기할 것이다.

1946 There is an increasing demand for organic produce.
유기농산물에 대한 늘어나는 수요가 있다.

1947 Long distance flying can make enormous demands on pilots.
장거리 비행은 조종사들에게 엄청난 요구를 할 수도 있다.

40) request : 타동사(요구하다, 신청하다), 명사(요청, 신청)

1948 The director requested permission to film at the temple.
감독은 그 사원에서 촬영을 해도 좋다는 허락을 요구했다.

1949 The boss requested that no one be told of his decision until further notice.
그 대표는 추후통지 때까지 그의 결정이 아무에게도 말해지지 않아야 한다고 요구했다.

1950 The governor of the state made a request for further aid.
그 주의 주지사는 더 많은 원조에 대한 요구를 했다.

41) cost : 타동사(비용이 들게 하다), 명사(비용, 댓가)

1951 Tickets cost ten dollars each.
티켓들은 각각 10달러의 비용이 든다.

1952 It costs a fortune to fly first class.
일등석으로 비행하는 것은 상당한 비용이 든다.

1953 The dining cost us about 100 dollars per person.
그 저녁식사는 우리에게 일인당 대략 100달러의 비용이 들었다.

1954 Just one mistake could cost you your own life.
단 한 번의 실수라도 당신에게 목숨의 댓가를 지불케 할 수 있다.

1955 The total cost to your party is 500 dollars.
당신의 파티에 대한 전체비용은 500 달러이다.

1956 Compare the environmental cost of nuclear power with that of thermal power.
핵발전의 환경적 비용을 화력발전의 그것과 비교하라.

1957 The fire fighter saved the girl at the cost of his life.
그 소방수는 소녀를 구하고 목숨을 잃었다.

42) wonder : 타동사(궁금히 여기다), 자동사(크게 놀라다), 명사(놀라움)

1958 I wonder where we are going.
나는 우리가 어디로 가고 있는지 궁금하다.

1959 I do not wonder you're tired. You've had a hard day.
나는 당신이 피곤하다는 것을 확신한다. 당신의 하루는 힘들었다.

1960 I hope he is not a nine days' wonder.
나는 그가 잠시 동안 반짝할 사람이 아니길 바란다.

43) regard : 타동사(여기다, 평가하다, 보다) 명사(평가, 관심)

1961 They once used to regard capital punishment as inhuman and brutal.
그들은 한 때 사형을 비인도적이고 잔인하다고 여겼었다.

1962 Boss regarded us suspiciously.
대표가 우리를 의심스럽게 여기고 있다.

1963 The trucker was driving without regard to speed limits.
그 트럭 운전수는 속도제한을 신경쓰지 않고 운전하고 있었다.

44) treat : 타동사(대하다, 취급하다, 치료하다, 대접하다), 명사(대접)

1964 He treated her to lunch.
나는 그녀에게 점심을 대접했다.

1965 I will make a special treat for you.
나는 너에게 특별한 접대를 하겠다.

1966 His treat to lunch was great.
그의 점심대접은 대단했다.

45) guess : 타동사(추측하다), 명사(추측)

1967 Can you guess her age?
당신은 그녀의 나이를 추측할 수 있는가?

1968 She guessed the answer right away.
그녀는 즉각 해답을 추측했다.

1969 Why don't you take a guess at the reason he didn't like her?
그가 그녀를 좋아하지 않았던 이유에 대한 추측을 한 번 해보라.

1970 The article is based on guesses about what might happen in the future.
그 기사는 미래에 일어날 지도 모를 것에 대한 추측들에 바탕을 두고 있다.

46) name : 타동사(이름 짓다, 이름을 밝히다, 지정하다), 명사(이름)

1971 Can you name all the American states?
모든 미국주들을 거명할 수 있는가?

1972 He named his son Tom.
그는 그의 아들을 탐이라고 이름지었다.

1973 He gave a strange name to his son.
그는 그의 아들에게 이상한 이름을 주었다.

47) need : 타동사(필요로 하다), 명사(필요성, 욕구, 요구)

1974 They needed food aid urgently.
그들은 식량원조를 긴급하게 필요로 했다.

1975 Applicants need to complete the form.
지원자들은 그 서식을 완성할 필요가 있다.

1976 There is an urgent need for qualified divers.
자격있는 운전자들에 대한 긴급한 필요가 있다.

1977 There is no need to cry.
울 필요는 없다.

1978 The company is in need of additional finance.
그 회사는 추가적 재정에 대한 필요에 있다.

48) notice : 타동사(의식하다, 주목하다), 명사(주목, 알아차림, 공고문, 통지)

1979 The first thing I noticed about him was his eye color.
그에 대해 내가 눈여겨 본 처음은 그의 눈색깔이었다.

1980 Did you notice that she had entered your room and taken the family photo?
그녀가 당신에 방에 들어가서 가족 사진을 가져간 것을 알았는가?

1981 I did not notice him come in.
나는 그가 들어오는 것을 보지 못했다.

1982 I did not take notice of his coming in.
나는 그가 들어오는 것을 보지 못했다.

49) watch : 타동사(지켜보다, 주시하다, 조심하다), 명사(감시, 주시, 망보기)

1983 Please watch the house for any signs of human activity.
그 집에 인간활동에 대한 조짐이 있는지 지켜보아 주세요.

1984 I watched the rickshaw disappear into the distance.
나는 그 인력거가 멀리 사라지는 것을 지켜보았다.

1985 Watch your head on the low ceiling.
당신의 머리가 낮은 천장에 닿지 않도록 조심하라.

1986 The government is keeping a close watch on how the economic situation is changing.
정부는 경제상황이 어떻게 변화하는지에 대해 면밀히 주시하고 있다.

50) attempt : 타동사(시도하다, 애쓰다), 명사(시도)

1987 They attempted to answer my questions.
그들은 나의 질문에 답하려고 애썼다.

1988 The prisoner attempted an escape in vain.
그 범죄자는 탈출을 시도했으나 실패했다.

1989 Two branches were closed in an attempt to cut costs.
비용을 절감하려는 시도에서 두 지점이 문을 닫았다.

1990 The couple made an unsuccessful attempt at(on) a compromise.
그 커플은 타협에 대한 성과없는 시도를 했다.

51) sign : 타동사(서명하다, 신호를 보내다), 명사(신호, 징후, 조짐, 간판, 부호)

1991 The crossed arms of a gorilla sign peace.
고릴라의 팔짱낀 팔은 평화를 의미한다.

1992 The crossed arms of a gorilla are a sign of peace.
고릴라의 팔짱 낀 팔은 평화의 상징이다.

1993 There was no sign of life in the woods.
숲에는 생명의 흔적이 없다.

52) start : 자동사(시작하다), 타동사(시작하다), 명사(시작)

1994 I want to start work at 10.
나는 10시에 일을 시작하고 싶다.

1995 The engine started, and we barely escaped being caught.
엔진시동이 걸렸고 우리는 겨우 붙잡히는 것을 모면했다.

1996 It is important to make a perfect start to the day.
하루를 완벽하게 시작하는 것은 중요하다.

1997 Can you give a start to your job from tomorrow?
내일부터 당신의 일을 시작할 수 있는가?

53) ban : 타동사(금지하다), 명사(금지)

1998 They ban chemical weapons from being imported.
그들은 화학무기가 수입되는 것을 금지한다.

1999 They will make a total ban on smoking in the office.
그들은 사무실내에서는 금연을 전면적으로 금지할 것이다.

54) benefit : 타동사(득을 주다), 자동사(득보다), 명사(이득, 혜택)

2000 The well digging project will benefit those who live in the dry region.
우물파기 사업은 건조지역에 사는 사람들에게 득이 될 것이다.

2001 Who exactly stand to benefit from these changes?
누가 정확하게 이런 변화로부터 득을 볼 입장인가?

2002 The benefit of a good education to them is urgent.
그들에게 하는 좋은 교육의 혜택이 긴급하다.

2003 The insurance plan will provide substantial cash benefits to your family in case of your death.
그 보험계획은 당신의 사망시에 당신의 가족에게 실질적인 현금혜택을 제공할 것이다.

55) blow : 자동사(불다), 타동사(불다, 폭파하다, 날려버리다), 명사(불기, 타격)

2004 A cold wind blows from the north in January.
차가운 바람이 1월에 북쪽으로부터 분다.

2005 The police officer asked me to blow into the breathalyzer.
그 경찰은 나에게 음주측정기에 대고 불 것을 요구했다.

2006 The referee blew the whistle to end the game.
그 심판은 호루라기를 불어서 게임종료를 알렸다.

2007 It is okay to blow your nose at table.
식탁에서 코를 풀어도 된다.

2008 Give a good blow to your nose.
코를 세게 풀어라.

2009 The blow of the whistle was meant for the end of the game.
호루라기를 부는 것은 게임종료를 의미했다.

2010 He asked me to make a hard blow on the breathalyzer.
그는 나에게 음주측정기를 세게 불 것을 요구했다.

56) call : 타동사(부르다), 명사(부르기, 호출, 방문, 외침, 요청, 수요)

2011 I call him boss.
나는 그를 대표라고 부른다.

2012 Why won't you help me, calling yourself a friend?
스스로 친구라고 칭하면서 왜 나를 도와주려고 하지 않는 것인가?

2013 Somebody called out my name.
누군가가 내 이름을 불렀다.

2014 Call the office to tell them you would be late.
사무실에 전화를 걸어서 당신이 늦을 것이라고 말하라.

2015 I will call on you on my way to the hospital.
병원가는 길에 너에게 들르겠다.

2016 Were there any calls for me?
나에게 온 전화있었는가?

2017 I think I heard a call for help.
나는 도움을 요청하는 소리를 들은 것 같다.

2018 There are many calls for the president to step down.
대통령이 하야하라는 많은 요구가 있다.

2019 This is the last call for passengers travelling on Northwest flight 212 to Honolulu.
이것은 호놀룰루로 가는 212 편의 승객들을 위한 마지막 호출입니다.

2020 He is going to pay a call on an old friend.
그는 오래된 친구를 방문할 예정이다.

57) roll : 자동사(구르다, 돌다, 뒹굴다), 타동사(굴리다, 말다, 돌리다), 명사(굴리기, 두루마리, 뒹굴기)

2021 The snowball rolled down the hill at an awesome speed.
그 눈덩이는 놀라운 속도로 언덕을 굴러 내려갔다.

2022 We watched the waves rolling into the beach.
우리는 파도들이 해변으로 밀려오는 것을 지켜보았다.

2023 He is good at rolling a pencil between his fingers.
그는 그의 손가락사이에서 연필을 돌리기에 능하다.

2024 She rolled over to give a mild suntan to her back and belly.
그녀는 등과 배에 가벼운 선탠을 주려고 몸을 뒤집었다.

2025 Roll the sausage in the bread crumbs.
빵가루 속에다가 써씻지를 굴려라.

2026 Once, we rolled up and down the car windows.
한 때 우리는 자동차의 창문을 돌려서 올리고 내렸다.

2027 You had better roll up your jeans to the knee level.
당신은 당신의 진바지를 무릎까지 말아 올리는 것이 좋겠다.

2028 She gave her front and back a frequent roll in the sun.
그녀는 햇빛 속에서 그녀의 등과 배에 빈번한 굴리기를 주었다. (자주 뒹굴었다)

2029 The order of play is decided by the roll of a dice.
경기의 순서는 주사위의 굴림으로 결정된다.

58) cause : 타동사(야기하다), 명사(원인, 이유, 명분)

2030 The cold wave has caused serious problems for many farmers.
한파가 많은 농부들에게 심각한 문제들을 야기했다.

2031 Poor education is a major cause of poverty in this country.
형편없는 교육이 이 나라에서 가난의 원인이다.

59) change : 자동사(변화하다), 타동사(변화시키다), 명사(변화, 전환)

2032 Computers have changed the way we perform our work.
컴퓨터들은 우리가 일하는 방식을 바꾸었다.

2033 The wind will soon change its direction.
바람은 곧 그 방향을 바꿀 것이다.

2034 Caterpillars change into moths.
애벌레들은 나방으로 바뀐다.

2035 I want to change my house for a larger one.
나는 나의 집을 더 큰 것으로 바꾸고 싶다.

2036 Let me report the change of my address.
나의 주소변동을 보고하고 싶다.

2037 Computers have made a great change to the way we work.
컴퓨터들은 우리가 일하는 방식에 커다란 변화를 만들었다.

60) claim : 타동사(주장하다, 요구하다, 청구하다, 목숨을 앗다), 명사(주장, 권리, 청구)

2038 She claims that she was not allowed a fair hearing.
그녀는 자신에게 공평한 청문회가 허용되지 않았다고 주장한다.

2039 He doesn't claim to be the only expert on that.
그는 그것에 대한 유일한 전문가라고 주장하지 않는다.

2040 Nobody has claimed the lost bag.
누구도 그 잃어버린 가방의 권리를 주장하지 않았다.

2041 You deserve to claim damages from the restaurant for the food poisoning we had suffered.
당신은 우리가 겪었던 그 식중독에 대해 그 식당으로부터 손해배상을 청구할 자격이 있다.

2042 The bomb terror claimed more than 20 lives.
그 폭탄테러는 20명 이상의 목숨을 앗아갔다.

2043 Nobody has any claim on the lost bag.
그 누구도 그 잃어버린 가방에 대한 권리를 갖지 않는다.

2044 She can make a claim for 10,000 dollars.
그녀는 만 달러에 대한 청구를 요구할 수 있다.

2045 Your claim to have access to your children has been turned down.
당신의 자녀접근권에 대한 요구는 기각당했다.

2046 Her claim that she was not allowed a fair hearing proved to be groundless.
그녀에게 공정한 청문이 허용되지 않았다는 그녀의 주장은 근거없는 것으로 판명났다.

61) doubt : 타동사(확신하지 못하다, 믿지 않다, 아니라고 생각하다), 명사(의심)

2047 There seems to be no reason to doubt his statement.
그의 진술을 의심할 이유는 없어 보인다.

2048 I never doubt that you will be there if I call your name.
나는 당신의 이름을 부른다면 당신이 와 준다는 것을 의심하지 않는다.

2049 New evidence has made doubt on the innocence of the man.
새로운 증거가 그 사람의 무죄에 대한 의혹을 제기했다.

2050 The report raised doubts about how effective the new drug really was.
그 보고는 그 신약이 실제로 얼마나 효과적인지에 대한 의혹을 제기했다.

62) order : 타동사(명령하다, 주문하다), 명사(명령, 주문, 순서)

2051 The commander ordered us to cease fire.
그 사령관은 우리에게 발포를 중지하라고 명령했다.

2052 The attorney general ordered an investigation into the accident.
그 법무장관은 그 사건에 대한 조사를 명했다.

2053 The forestry authority ordered that two more be planted for every tree cut down.
임업당국은 매 벌목 당 두 그루가 더 심어져야 한다고 명령했다.

2054 Shall I order this book in a large number?
내가 이 책을 대량으로 주문할 수 있을까?

2055 The attorney general gave an order for an investigation.
그 법무장관은 수사명령을 내렸다.

2056 I'm under orders not to allow anybody in.
나는 아무도 들어오지 못하게 하라는 명령을 받고 있다.

2057 We can't take the order for more than 100 copies at a time.
우리는 한 번에 100부 이상의 주문은 받을 수 없다.

63) miss : 타동사(놓치다, 아쉬워하다, 그리워하다, 없어진 것을 알다), 명사(실책, 오류, 놓침)

2058 The arrow missed me by a hair's breadth.
그 화살은 나를 아슬아슬하게 빗나갔다.

2059 She is a perfect style. She never miss much.
그녀는 완벽한 스타일이다. 그녀는 놓치는 것이 없다.

2060 You should not miss the party.
당신은 그 파티를 놓쳐서는 안 된다.

2061 What do you miss most when you are away?
당신이 떠나 있을 때 무엇이 가장 아쉬운가?

2062 I didn't miss my wallet until I had to pay for my gas.
나는 기름값을 지불해야 할 때까지 내 지갑을 잃어버리지 않았다.

2063 Your miss on the meeting means something regrettable.
당신의 회의불참은 유감스러운 것이다.

2064 Luck allowed the miss of a bullet at me.
행운이 그 총알이 나를 빗나가게 허용했다.

64) check : 타동사(점검하다, 살피다, 확인하다, 억제하다, 맡기다), 명사(확인, 저지, 위탁)

2065 He checked every window for leaks and cracks.
그는 새는 곳이나 균열이 있는지 모든 창문을 점검했다.

2066 We need to check the cost of oil importing.
우리는 수입기름의 비용을 점검할 필요가 있다.

2067 I have some baggage to check.
나는 탁송할 짐이 있다.

2068 Could you give a check to my tires.
나의 바퀴를 좀 점검해 주겠는가?

2069 It is necessary to keep a check on your speed on this route.
이 길에서 당신의 속도를 주시하는 것이 필요하다.

2070 A cold winter and spring gives a natural check on the number of vermin.
차가운 겨울과 봄이 해충들의 숫자에 대해 자연스런 억제를 제공한다.

2071 I need to make a luggage check before it is too late.
나는 늦기 전에 짐을 탁송할 필요가 있다.

65) command : 타동사(명령하다, 통제할 위치에 있다, 장악하다), 명사(명령, 장악력, 통솔)

2072 The committee of human right stepped in and commanded the release of the refugee.
인권위원회가 개입해서 그 난민의 석방을 명령했다.

2073 The ruling party was no longer in position to command a majority in Parliament.
여당이 국회에서 다수를 통제할 위치에 더 이상 있지 않다.

2074 The FBI arrived and took command of the situation.
연방수사국이 도착해서 그 상황에 대한 통제를 했다.

2075 Applicants are required to have a good command of English.
지원자들은 영어에 대한 훌륭한 장악력을 갖출 것이 요구된다.

2076 Let me make a command on the release of the prisoners.
그 포로들에 대한 석방을 명령하게 해달라.

66) decline : 자동사(줄다), 명사(감소)

2077　Supports for the opposition party continue to decline.
　　　야당에 대한 지지들이 계속적으로 감소한다.
2078　A rapid decline of the opposition party evoked a movement for new politics.
　　　야당의 급격한 쇠퇴가 새로운 정치에 대한 운동을 불러일으켰다.
2079　The company reported a serious decline in its returns.
　　　그 회사는 수익에 있어서 심각한 감소를 보여주었다.

67) report : 타동사(보고하다, 보도하다, 신고하다), 자동사(도착을 알리다),
　　　　　　명사(보도, 이야기, 보고, 기록, 보고서)

2080　The ship was lost after the captain reported engine trouble.
　　　그 배는 엔진고장을 선장이 보고한 후 실종되었다.
2081　The newspaper reported the stabbing case in too a vivid manner.
　　　그 신문은 칼부림사건을 너무 생생하게 보도했다.
2082　I reported my son missing but the police ignored it as a mere runaway.
　　　나는 나의 아들의 실종을 신고했지만 경찰은 그것을 단순한 가출로 무시했다.
2083　All the employees should report for duty to the manager.
　　　모든 직원은 출근을 관리자에게 알려야 한다.
2084　Can you believe all those reports of ghost sightings?
　　　당신은 유령의 목격에 대한 그 모든 보고를 믿을 수 있는가?
2085　The newspaper's report on the stabbing case was too vivid.
　　　그 신문의 칼부림사건에 대한 보도는 너무 생생했다.
2086　Do not fail to make a prompt report to the manager for duty.
　　　관리자에게 신속한 출근보고를 반드시 해야 한다.

68) draw : 타동사(그리다, 끌어당기다, 추첨하다), 자동사, 타동사(비기다), 명사(추첨, 끌어당김, 무승부)

2087 I tried to draw her aside.
나는 그녀를 옆으로 끌어당기려고 애썼다.

2088 The screams drew passers-by to the scene.
그 비명들은 행인들을 그 현장으로 끌어당겼다.

2089 My father drew the winning ticket.
나의 아버지는 당첨티켓을 뽑았다.

2090 Korea drew (the game) with Japan.
한국이 일본과 경기를 비겼다.

2091 It is bad to draw deep on cigarettes.
담배를 깊이 들이마시는 것은 좋지 않다.

2092 The draw for the winning ticket takes place every Saturday.
당첨티켓을 제비뽑기는 매주 토요일 한다.

2093 Do not make deep draw on pipe.
파이프를 깊게 들이 마시지 마라.

2094 Give your sword a little draw and you will be dead meat.
당신의 칼을 조금이라도 뽑으면 당신은 죽게 될 것이다.

69) drive : 타동사(몰다, 몰고 가다, 밀어 넣다) 명사(주행, 몰기, 조직적 운동, 충동)

2095 Don't drive yourself too hard.
스스로를 너무 세게 몰아대지 말라.

2096 She is driving me crazy.
그녀는 나를 미치게 한다.

2097 Be sure to drive a long nail into the two pieces of wood.
두 장의 나무 조각에 긴 못을 확실히 박아 넣어라.

2098 May I drive you home?
당신을 집까지 태워다 주어도 되는가?

2099 Make a slow drive of the nail into the concrete wall.
콘크리트 벽에 그 못을 천천히 박아 넣어라.

2100 Do you think you can stand a strong drive for sleep while you are driving?
운전을 하는 동안에 수면에 대한 강한 충동을 저항할 수 있다고 생각하는가?

70) rule : 자동사, 타동사 (통치하다, 지배하다, 판결하다, 줄긋다), 명사(규칙, 통치)

2101 At that time Elizabeth the first ruled England.
그 당시 엘리자베스 1세는 영국을 다스렸다.

2102 The court ruled that the alien worker was unfairly dismissed.
법정이 그 외국인 노동자가 부당하게 해고당했다고 판결했다.

2103 The court ruled on the legitimacy of the action.
법정은 그 행위의 합법성에 대해 판결했다.

2104 The judge ruled against the plaintiff.
판사는 원고패소판결을 했다.

2105 The Victorian rule over England has much to study.
영국에 대한 빅토리아시대의 통치는 연구할 거리가 많다.

2106 The judge's rule in favor of the plaintiff had much jeer from the audience.
원고에 유리한 판사의 판결은 방청석에서 많은 야유를 낳았다.

71) dream : 자동사(꿈꾸다), 명사(꿈, 희망)

2107 She dreamt of her own business.
그녀는 자신의 사업을 꿈꾸었다.

2108 I dreamed about you last night.
나는 어제밤 너에 대한 꿈을 꾸었다.

2109 I had a vivid dream about you last night.
나는 어제밤 너에 대한 생생한 꿈을 꾸었다.

2110 Dream a little dream of me.
나에 대해 꿈을 조금 꾸기 바란다.

72) excuse : 타동사(용서하다, 변명하다, 양해를 구하다, 면제해 주다), 명사(변명, 구실)

2111 Nothing can excuse such carelessness.
무엇도 그런 부주의를 구제할 수 없다.

2112 You must excuse my mother. Her mind is failing.
당신은 나의 어머니를 용서해야 한다. 그녀는 정신이 오락가락한다.

2113 She excused herself and left the table early.
그녀는 용서를 구하고 식탁을 일찍 떠났다.

2114 There is no excuse for your behavior.
당신에 행동에 대한 용서는 없다.

73) ease : 타동사(편하게 하다), 명사(편안함, 쉬움)

2115 I will ease your mind.
내가 당신의 마음을 편하게 해 주겠다.

2116 Your idea should ease traffic congestion in this city.
당신의 생각은 이 도시의 교통체증을 누그러뜨릴 것이다.

2117 We had better have some ramps to ease access for the disabled.
우리는 장애자에 대한 접근을 용이하게 하기 위해 램프를 설치해야 한다.

2118 All important information is numbered for ease of reference.
모든 중요한 정보는 참고가 쉽도록 번호가 매겨져 있다.

2119 This washing machine is popular for its good design and ease of use.
이 세탁기는 그것의 훌륭한 디자인과 사용편이성으로 인기가 있다.

74) fancy : 타동사(원하다, 반하다, 믿다, 상상하다), 명사(상상, 욕망)

2120 Do you fancy a drink?
한잔 하고 싶은가?

2121 I think he fancies me.
나는 그가 나를 이성으로 좋아한다고 생각한다.

2122 She fancied that she had heard footsteps.
그녀는 발자국소리를 들었다고 상상했다.

2123 I had night time fancies about many happy moments.
나는 밤에 많은 행복한 순간들에 대한 상상을 했다.

2124 I have no fancy on her.
나는 그녀에게 욕망이 없다.

75) fear : 타동사(두려워하다), 명사(두려움)

2125 All his students fear him.
그의 모든 학생들이 그를 두려워한다.

2126 He feared to tell his father the truth.
그는 아버지에게 진실을 말하는 것을 두려워했다.

2127 We fear that the kids may be kidnapped.
우리는 그 아이들이 납치되었을지도 모른다는 두려움이 있다.

2128 I have a fear of insects.
나는 벌레에 대한 두려움이 있다.

2129 His fear for her safety is well grounded.
그녀의 안전에 대한 그의 두려움은 근거가 충분하다.

76) regret : 타동사(후회하다, 유감스러워 하다), 명사(유감, 후회)

2130 You will regret your decision soon.
당신은 당신의 결정을 곧 후회할 것이다.

2131 We regret any inconvenience.
우리는 불편을 끼쳐서 유감이다.

2132 I regret that I am unable to accept your offer.
나는 당신의 제안을 받을 수 없어서 유감이다.

2133 We regret to inform you that there is no position for you.
우리는 당신에게 자리가 없음을 알리게 되어 유감이다.

2134 You will have a regret at your decision.
당신은 당신에 결정에 대한 유감을 경험할 것이다.

2135 He has had a few regrets about his life.
그는 그의 삶에 대한 약간의 유감을 가지고 있다.

77) plan : 자동사, 타동사(계획하다), 명사(계획)

2136 I planned the meeting down to the last detail.
나는 그 회의를 아주 상세한 부분까지 계획했다.

2137 They planned that the two men would meet at the preview.
그들은 그 두 남자가 시사회에서 만나도록 계획했다.

2138 I am planning to leave some time after 4.
나는 4시 이후에 떠날 계획이다.

78) gain : 타동사(얻다, 늘리다), 명사(증가, 개선, 이익)

2139 The country gained its economic status fifty years after the war.
그 회사는 전쟁이후 50년 만에 그 경제적 지위를 얻었다.

2140 She's gained weight recently.
그녀는 최근에 체중이 늘었다.

2141 This watch gains 1 minute a day.
이 시계는 하루 당 일 분이 더 간다.

2142 His gains on weight are due to the lack of exercise.
그의 체중증가는 운동부족 탓이다.

2143 These policies have resulted in great gains in housing.
이런 정책들이 주택짓기에서 큰 개선을 낳았다.

79) push : 타동사(밀다, 누르다, 강요하다), 명사(밀기, 누르기)

2144 She pushed me away when I tried to kiss her.
그녀는 내가 그녀에게 입맞추려 했을 때 나를 밀어냈다.

2145 I pushed the door open.
나는 그 문을 밀어서 열었다.

2146 Don't try to push me into joining your party.
나를 당신의 파티에 억지로 참가시키려 하지 말라.

2147 She gave a gently push to him when he tried to kiss her.
그녀는 그가 그녀에게 입맞추려 했을 때 그를 살짝 밀었다.

2148 At the push of this button you would be surrounded by the police.
이 단추를 누르면 당신은 경찰에게 포위될 것이다.

2149 She made a hard push against the door but it wouldn't move at all.
그녀는 그 문을 세게 밀었으나 그것은 전혀 움직이지 않으려 했다.

80) pull : 타동사(잡아당기다, 특정방향으로 끌다, 내놓았던 것을 거두어들이다), 명사(끌기, 견인)

2150 She pulled him gently towards her.
그녀는 그를 자기 쪽으로 살짝 끌었다.

2151 Please pull the window shut.
창문을 잡아당겨서 닫아 주세요.

2152 He pulled his sweater on.
그는 그의 스웨터를 당겨서 입었다.

2153 I pulled on it to see if the rope was tightly secure.
나는 밧줄이 단단한지 보기 위해 그것을 당겨보았다.

2154 The band pulled huge crowds in on its latest tour.
그 밴드는 최근의 투어에서 많은 군중을 모았다.

2155 He took the last pull on the cigarette.
그는 담배를 마지막으로 빨았다.

2156 I gave a sharp pull to the drawer only to have the handle broken.
나는 그 서랍을 강하게 당겼는데 손잡이가 부서지고 말았다.

81) search : 자, 타동사(뒤지다, 수색하다), 명사(수색, 뒤지기)

2157 The rescue team searched the house for any survivors.
그 구조팀은 생존자가 있나 그 집을 수색했다.

2158 The police searched the area for some clues.
경찰은 단서를 찾으려고 그 지역을 수색했다.

2159 The customs officer may search through all your bags.
그 세관직원은 당신의 가방을 샅샅이 뒤질 수도 있다.

2160 The search for some clues must go on.
단서에 대한 수색은 계속되어야 한다.

2161 He stepped into the kitchen in search of a drink.
그는 마실 것을 찾아서 부엌으로 들어섰다.

2162 We are very sceptical of the long search for the murder weapon.
우리는 그 살인무기에 대한 오랜 수색에 매우 회의적이다.

82) mix : 자, 타동사(섞이다, 섞다), 명사(섞음, 혼합물)

2163 You and I do not mix.
당신과 나는 어울리지 않는다.

2164 I am the one who mixes cocktails.
나는 칵테일을 만드는 사람이다.

2165 The little town shows a wonderful mix of old and new.
그 작은 마을은 신, 구의 멋진 조화를 보여준다.

2166 Mix the ingredients with two cups of water.
내용물을 두 컵의 물로 잘 섞어라.

83) rest : 자동사(쉬다), 타동사(쉬게 하다), 명사(휴식)

2167 Don't forget to rest your eyes from the book every half an hour.
매 30분 마다 당신의 눈을 책에서부터 쉬게 하는 것을 잊지 마라.

2168 Don't forget to give a good rest to your eyes from time to time.
이따금씩 당신의 눈에 충분한 휴식을 주는 것을 잊지 마라.

84) worry : 자동사(걱정하다), 타동사(걱정시키다), 명사(걱정)

2169 You don't have to worry about me, It is alright with me.
당신은 나에 대해 걱정할 필요 없다. 나는 멀쩡하다.

2170 What worries me is how I can tell this to my father.
나를 걱정시키는 것은 이것을 내가 어떻게 아버지에게 말해야 하나 하는 것이다.

2171 The threat of losing his hearing was a constant source of worry to Beethoven.
그의 청력상실에 대한 위험은 베토벤에게 끊임없는 걱정의 원천이었다.

2172 Let's forget about the worries about the future.
미래에 대한 걱정은 잊자.

85) hurry : 자동사(서둘다), 타동사(재촉하다, 급하게 하다), 명사(서두름)

2173 You need to hurry to the station if you don't want to miss the train.
당신은 기차를 놓치고 싶지 않으면 역으로 서둘러 가야할 필요가 있다.

2174 The snake hurried across the yard into the woods.
그 뱀은 서둘러 마당을 가로질러 숲으로 들어갔다.

2175 Do not hurry me into making mistakes.
나를 실수하게 다그치지 마라.

2176 A good time should never be hurried away.
좋은 시간이란 결코 서둘러서 보내져선 안된다.

2177 If you are in a hurry to do something, you may forget something important behind.
만약 당신이 무엇인가 하려고 서둔다면 중요한 것을 뒤에 잊고 남겨둘 수도 있다.

2178 Your hurry to the station could have let you see her one last time.
당신이 역으로 서둘러 갔었다면 마지막으로 그녀를 볼 수도 있었을 텐데.

86) use : 타동사(이용하다, 소비하다), 명사(이용, 용도, 사용능력)

2179 They use red files for storing invoices.
그들은 영수증을 보관하기 위해서 붉은 서류철을 이용한다.

2180 This type of woman uses a lot of money for jewelry.
이런 여성은 보석에 많은 돈을 사용한다.

2181 Think about the most valuable use of your life.
당신의 인생에 대한 가장 가치있는 용도에 대해 생각하라.

2182 What use can I give to this electric toy?
내가 이 전기 장난감에게 어떤 용도를 제공할 수 있겠는가?

87) stir : 타동사(휘젓다, 자극하다), 명사(휘젓기, 동요)

2183 He stirred the tea as if there were some sugar in it.
그는 마치 설탕이라도 있는 듯이 그 차를 저었다.

2184 The sad story stirred her.
그 슬픈 이야기는 그녀를 동요시켰다.

2185 Could you give a stir to the stew?
그 찌개를 좀 저어줄 수 있는가?

2186 His sudden death caused quite a stir to us.
그의 갑작스런 죽음은 우리에게 상당한 동요를 초래했다.

88) drop : 자동사(떨어지다), 타동사(떨어뜨리다), 명사(낙하, 하락, 액체의 방울)

2187 Do you want me to work until I drop?
당신은 내가 쓰러질 때까지 일하기를 바라는가?

2188 Can you drop him at the third stop from now?
그를 여기서 세 번 째 정류장에서 떨구어 줄 수 있는가?

2189 Drop what you are doing and come see this.
하던 일을 멈추고 와서 이것을 보아라.

2190 Could I have a few drops more milk in my coffee?
내 커피에 우유를 몇 방울만 더 첨가해 달라.

89) tip : 타동사(팁을 주다), 명사(봉사료)

2191 Koreans are always welcome because they tend to tip us handsomely.
한국인들은 우리에게 후하게 팁을 주므로 언제나 환영이다.

2192 You are advised to tip the room maid a dollar when you require new bedding.
당신은 새로운 침구를 원할 때 방청소 담당에게 1달러를 주는 것이 좋다.

2193 Do not forget to leave a tip for the room maid on your bed.
당신의 침대위에 방청소담당을 위한 봉사료를 꼭 남겨라.

90) end : 자동사(끝나다), 타동사(끝내다), 명사(끝, 멈춤)

2194 The story ends here and much curiosity remains.
그 이야기는 여기서 끝이 나서 많은 호기심이 남는다.

2195 I've made up my mind to end our relationship.
나는 우리의 관계를 끝내기로 결심했다.

2196 We must make an end to this situation.
우리는 이 상황을 종식시켜야 한다.

91) help : 자동사(도움이 되다), 타동사(돕다), 명사(도움)

2197 Heaven helps those who help themselves.
하늘은 스스로 돕는 자를 돕는다.

2198 He helped me with English.
그는 나의 영어를 도왔다.

2199 I just need your help with my homework.
나는 내 숙제에 당신의 도움이 필요하다.

2200 Can I be of any help to her?
내가 그녀에게 어떤 도움이 될 수 있는가?

92) shift : 자동사(바뀌다), 타동사(바꾸다, 옮기다), 명사(이동, 전환, 변화)

2201 Public attitudes towards government foreign policy have shifted over 10 years.
정부의 외교정책에 대한 대중의 태도는 10년에 걸쳐 바뀌었다.

2202 The hostess shifted in her chair.
여주인은 의자에서 자세를 바꾸었다.

2203 Do not shift your weight too soon from the left foot to the right.
체중을 왼발에서 오른쪽으로 너무 빨리 옮기지 마라.

2204 The public make a dramatic shift of their opinions between the two extremes.
대중들은 양 극단 사이에서 그들의 의견에 대한 심한 이동을 한다.

93) fix : 타동사(고정시키다, 마련하다, 고치다), 명사(해결책, 위치결정)

2205 I have to fix a shelf to the wall of a dining room.
나는 식당의 벽에 선반을 고정시켜야 한다.

2206 You have to fix a post in the ground other than anything else.
당신은 무엇보다도 땅에 기둥을 고정시켜야 한다.

2207 We had a hard time getting a fix on our boat.
우리는 배 위에서 위치를 잡으려고 애썼다.

94) move : 자동사(움직이다, 옮기다), 타동사(옮기다, 감동시키다, 움직이게 하다), 명사(움직임)

2208 I can't move any parts of my body.
나는 나의 몸의 어떤 부분도 움직일 수 없다.

2209 His plight has moved us.
그의 곤경이 우리를 움직였다.

2210 If you make any move of your head, you will be a target.
당신이 머리를 조금이라도 움직이면 타겟이 될 것이다.

95) practice : 자, 타동사(연습하다, 실행하다), 명사(연습, 실행, 관행, 다반사, 전문적 업무)

2211 I have to practice the skill until it is perfect.
완벽해질 때까지 그 기술을 연습해야 한다.

2212 He is practicing medicine in New York.
그는 뉴욕에서 의사업무를 하고 있다.

2213 There is a gap between the theory and practice of humanism.
인간중심주의에 대한 이론과 실천 사이에는 격차가 있다.

2214 It takes pretty much practice to play an instrument well enough.
악기를 매우 잘 연주하는 것은 많은 연습이 필요하다.

96) splash : 자, 타(물을 튀기다, 첨벙대다), 명사(첨벙거리는 소리, 행위)

2215 Water splashed onto my head from nowhere.
물이 난데없이 나의 머리 위에 쏟아졌다.

2216 Rain splashed against the windshield so hard that I could hardly see anything.
비가 차창에 너무나 많이 쏟아져서 나는 제대로 볼 수가 없었다.

2217 Splash him with cold water and wake him up.
그에게 차가운 물을 부어서 깨워라.

2218 Splash cold water on him and wake him up.
그에게 차가운 물을 부어서 깨워라.

2219 Give him a splash with cold water.
그에게 차가운 물을 부어라.

97) trouble : 타동사(괴롭히다, 애먹이다, 귀찮게 하다), 명사(골칫거리, 문제)

2220 I don't want to trouble my father with such a small problem.
나는 그런 사소한 문제로 아버지를 괴롭히고 싶지 않다.

2221 You may get in without troubling to knock.
노크하는 수고를 하지 않고 들어가도 좋다.

2222 I don't want to make trouble for my father with such a small problem.
나는 그런 사소한 문제로 아버지에게 문제를 일으키고 싶지 않다.

2223 You may get in without any trouble to knock.
당신은 노크하는 수고 없이 들어가도 좋다.

**98) talk : 자동사(수다 떨다, 이야기하다, 논의하다),
      타동사(언어를 목적어로 받아서 말하다, 혹은 허튼소리하다),
      명사(담화, 이야기, 회담, 논의, 소문,)**

2224 I don't know what she is talking about.
나는 그녀가 무슨 소리를 하는지 모르겠다.

2225 Are you talking to me?
당신은 나에게 말하고 있는 것인가?

2226 You are talking nonsense.
당신은 말도 안 되는 소리를 하고 있다.

2227 Please talk English.
영어로 알아듣게 말하라.

2228 I had a long talk with my father about my future career.
나의 미래의 직업에 대해 아버지와 긴 대화를 나누었다.

2229 I will give a talk on my visit to Korea.
나는 한국방문에 대한 이야기를 할 것이다.

99) pick : 타동사(고르다, 따다), 명사(고르기)

2230 He tried to pick his words carefully.
그는 어휘를 신중하게 고르려고 애썼다.

2231 I am afraid you have picked a wrong time to talk to her.
나는 당신이 그녀에게 말을 거는 적절치 못한 시간을 택한 것이 걱정스럽다.

2232 If you get caught picking berries or flowers here, you will be punished.
당신이 여기서 열매나 꽃을 따다가 걸리면 처벌 받을 것이다.

2233 You can get the first pick of the prizes.
당신은 첫 수상을 고를 수 있다.

2234 He gives his words careful picks.
그는 그의 어휘에게 신중한 선택을 준다.

100) try : 자, 타동사(애쓰다, 노력하다, 시도하다, 재판하다), 명사(시도)

2235 Just try your hardest.
최선을 다하라.

2236 I'll try and help you find your son.
나는 당신이 아들을 찾도록 열심히 돕겠다.

2237 Have you tried this new cream on your face?
얼굴에 이 새로운 크림을 써 보았는가?

2238 Why don't you have a try at persuading her?
그녀를 한 번 설득해 보는 것이 좋겠다.

2239 Let's give it a try.
한 번 시도해 보자.

51 명사의 가산성과 불가산성

명사의 가산성과 불가산성은 명사의 운용과 해석에 있어서 중요한 차이를 만들어 내는데 전통적 가산명사와 불가산명사의 분류는 다음과 같다.

I. 가산명사 (countable nouns)

1) 보통명사 : 개체화 된 명사로서 가산명사이다.

a day, a night, a car, an egg, an hour..

2) 집합명사 : 보통명사가 특정한 성격을 가지고 모여서 이룬 집단이다.

a family, a circle, a group, a couple, a jury, a committee...

♦ 이런 가산명사는 세는 것과 관련된 모든 수식어를 사용할 수 있고 수사나 조수사를 사용해서도 셀 수 있으며 부정관사를 붙일 수 있다.

two eggs, a basket of eggs, every hour, a few nights...
two families, each group...

II. 불가산명사 (uncountable nouns)

1) 물질명사 (material nouns)

money, cash, furniture, traffic, cash, sugar, salt, water, coffee, ham, stone, iron, air, wine, cheese, rice, bread,...

2) 추상명사 및 행위명사(abstract nouns)

peace, love, hatred, convenience, fear, honesty, temptation, trial, push, pull, walk, run, cry, ,...

3) 고유명사 (proper nouns)

Bill Gates, New England, Cambodia, Asia, Seoul,...

◆ 이런 불가산 명사는 세는 것과 관련된 수식어를 사용할 수 없고 수사나 부정관사를 쓸 수 없으며 원칙적으로 복수로 만들지 않는다. 조수사를 사용해서 단위로 셀 수 있다.

III. 불가산 명사의 가산 명사화

일반적으로 불가산 명사는 개체화나 개별화되지 않은 상태를 말할 때 사용한다. 그러므로 세는 것과 관련된 수식어 특히 부정관사를 쓰지 않는 것을 원칙으로 한다. 그러나 부정관사등을 붙일 때에는 화자나 저자가 해당명사에 개별성을 부여하여 세는 명사로 받아들일 것을 요청하는 것이다. 이 때, 이 개별성을 어떤 의미로 받아들이느냐가 중요한 문제가 된다.

◆ 다음의 예문을 보자.

1) You should not give in to temptation.
2) He needs more courage.
3) He drank wine, not water.
4) You cannot get air to breath if you go up too high.
▲ 각각의 예문에서 줄 친 명사들은 개별화 할 수 없는 상태로 사용되었다.
즉 temptation 은 개념으로서의 '유혹' 이며, courage 는 개념으로서의 '용기' 이고 wine 과 water 는 물질자체로서 개체화 할 수 없는 '포도주' 와 '물' 이라는 액체물질이다. 또한 air는 셀 수 없는 기체로서의 '공기' 이다.

◆ 다음의 예문과 비교해 보자.

1) A nice-smelling pizza is an undeniable temptation.
2) It was a great courage saving the pedestrian fallen to the railway.
3) He has tasted many wines, only to lose consciousness.
4) I want to order two waters for my fat friends.
5) He is likely to put on airs when he doesn't necessarily need to show a bravado.
▲ 각각의 예문에서 줄 친 명사는 부정관사나 가산 형용사를 쓰고 있으므로 개별화 한 것이다.
pizza 자체는 인간이 만든 음식을 규정할 때는 개체화하지 않지만 한 판의 피자로 규정할 때는 셀 수 있으며 an undeniable temptation 은 '거부할 수 없는 유혹체' 라는 피자의 개체를 일컫는다.

철길로 떨어진 보행자를 구한 것은 대단한 용기의 행동으로 개체화된 사건이며, many wines 는 포도주의 양이 아니라 종류로 보아서 개체화 한 것이며 물을 제공하는 용기에 담아서 낸다는 것을 전제하고 개별화한 two waters 는 two glasses, two bottles of water 의 개체화이다. 공기자체는 셀 수 없지만 airs 가 뿜내는 분위기라는 의미로 사용되어 복수로 쓴 것은 복수로 개체화되는 단어가 원래 가지고 있던 의미에서 의미분화가 일어날 수 있다는 것을 암시하며 bravado 는 '허세' 지만 이것이 부정관사를 붙이면 구체적 한 건의 행위가 될 수 있다. 불가산 명사의 가산명사화는 정해진 규칙으로 일어난다기 보다 화자나 저자가 특정 상황에서 해당 명사에 대한 개체화를 시도하면 그것을 청자나 독자가 특별한 개체적 의미로 받아들일 수 있다는 전제하에 사용한다. 그러므로 이 가산명사화에는 고도의 기술적 판단이 필요하다. 만약 개별화에 대한 의미 수색이 약한 어린 아이나 저지능을 가진 당사자들은 이런 전환과정에 대해 오해를 가질 수 있다. 외국인으로서 영어를 배우는 사람들에게 있어서도 바로 이런 어려움이 있는 것이므로 매우 많은 예를 비교해 가면서 가산과 불가산의 경계를 넘나드는 연습을 하는 것이 필요하다.

♦ 더 많은 예를 살펴보자.

1) We have talked about two different Koreas of the 1960s and of the 2010s.
2) I have received a mail from a Bill Gates, who wrote as if he were the Bill Gates.
3) I am poor at ironing clothes, so I don't have an iron for home use.
4) He came second to his rival in men's 100 meter, adding a silver.
5) I don't drink coffee but I have had two coffees this morning.

▲ 1)에서 한국은 고유명사로 하나의 국가이므로 셀 수 없지만 여기서는 60년대와 2010년대의 각기 다른 상황에 놓인 두 개의 한국을 상정하고 있다. 2)에서 a Bill Gates 는 내가 알지 못하는 많은 사람 중의 하나일 뿐이고 the Bill Gates 가 바로 우리가 알고 있는 그 사람을 의미하는 말이며 a mail 은 우편물 하나를 의미한다.
3)에서 iron 은 물질로서의 '철' 이 아니라 그것으로 만든 제품으로 사람들이 널리 사용하는 '다리미' 이며,
4)에서 a silver 는 금속으로서의 '은' 이 아니라 경기에서 사용되는 '은메달'을 상징하는 개별화된 명사이며,
5)에서 '커피' 라는 물질을 마시지는 않지만 오늘 아침에 벌써 '두 잔'을 마신 것이라고 암시하고 있다.

6) I like my pizza with potato on it.
7) I don't want sweet potato in my latte since I have had a whole one for desert.
8) We have asked for several Davids, the original of which is not available for exhibitions for the time being.
9) Noise annoys me more than anything else.
10) Don't make a noise, particularly a rattling one.

▲ 6)에서 potato 는 완전한 개체로서의 '감자' 가 아니라 '감자식재료' 를 말하며 7)에서 '고구마' 는 성분이고 a whole one 은 개체로서의 고구마 한 개를 말한다.
8)에서 Davids 는 '다비드 상' 들을 의미하며 exhibitions 는 행위가 아니라 구체적 사건들이 '전시회들' 이다.
9)에서 소음은 개체화할 수 없는 소음개념을 말하며
10)에서는 '한 번의 소음' 내지 '한 건의 소음'을 말한다. a rattling noise 는 다른 소음이 아닌 '딸랑거리는 소음' 이라는 구체적 종류를 말하여 개체화시켰다.

11) This expression is used in speech mainly, not in writing.
12) I want to make a special thanks - giving speech to him.
13) Speech is silver but silence is gold.
14) He opened his mouth after a long silence.
15) Mom prepared a large turkey for dinner.

▲ 11)에서 speech 는 '구어' 를 말하며 12)에서 a special speech 는 구체적인 '한 건의 연설' 이다.
13)에서 speech 는 '말' 이며 silence 는 이에 상응하는 '침묵' 이고 금과 은은 각각 물질을 상징하지만 차등을 두는 의미로 사용했다.
14)에서 a long silence 는 '한 번의 긴 침묵' 이라는 시간적 개별성을 확보했다.
15)에서 dinner 는 '저녁식사' 라는 개념이다.

16) She was invited to a dinner.
17) He seems to be incapable of love.
18) We're in love for each other.
19) Do you care for a love of learning?
20) I have read a love between the two.
▲ 16)에서 a dinner 는 '만찬행사' 라는 개별화이며
　17)과 18)에서 love는 '사랑' 이라는 추상적 개념이라면 19)에서는 '배움에 대한 한 번의 애정'
　20)에서는 ' 두 사람 사이의 사랑이야기나 사건'으로 개체화되었다.

21) The two communities live together in peace.
22) They agreed to make a truce and a short peace followed.
23) Necessity is the mother of invention.
24) Is A microwave oven a necessity or a convenience for the modern housewives?
25) I had several pains in my chest last night.
▲ 21)에서 peace 는 개념으로서 '평화' 지만 22)에서는 '짧은 평화의 시기'를 말하며
　23)에서 필요와 발명은 각각 개념에서 개체화된 것이 아니라면
　24)에서는 '필수품'과 '편의품' 이라는 제품을 의미하는 말로 개체화되었다.
　25)에서 pains 는 '여러 차례의 통증들' 이어서 시간적 사건으로 개별화 시켰다.

26) Can you understand the value of pain?
27) Talk is more convincing than force.
28) We need to have a talk.
29) We should qualify for help with the costs of operating a car.
30) You are a real help.
▲ 26)에서 고통은 개념으로서의 고통이며
　27)에서 talk 과 force 는 각각 개념으로서 '대화' 와 '강제' 이지만 28)에서는 ' 한 번의 대화시간' 이고
　29)에서 help 는 '도움, 지원, 원조' 라는 개념이지만
　30)에서는 '도움이 되는 물건이나 사람' 이라는 의미로 개체화 시켰다.

31) It is sometimes open house at their place but I do not know when.
32) He may seem attractive to you but it's all show I guess.
33) There is an agricultural show in my town.
34) He is busy putting on a show, co-performing a quiz show on the radio.
35) Can we expect a show of support from him?
▲ 가산명사로 먼저 인식된 house 라는 단어도 하나의 개체로서라기 보다는 '공간'적 개념에선 불가산 명사가 되어
　31)에서 open house 는 '전시공간, 개방공간'이라는 의미이지 건물로서의 '집' 이 아니다.
　32)에서 show는 '허세,가식' 이라는 개념이지만
　33)에서는 '전시회' 라는 구체적 사건이고
　34)번에서는 구체적인 프로그램들이며
　35)번은 '감정의 구체적 표현행위' 가 된다.

36) Sound travels at the speed of 340 meters a second.
37) I want to enjoy the different sounds and smells of the forest.
38) He crept into the room trying not to make a sound.
39) Taste and smell are interrelated.
40) What a smell and what a taste!
▲ 36)의 sound 는 '소리, 음향' 이라는 개념을 말하므로 소리자체늘 셀 수 없지만
　37), 38)은 다른 것들과 구별되는 '구체적 소리들'이고
　39)는 '미각', '후각' 이며
　40)은 다른 것과 구별되는 '특정한 냄새', '특정한 맛'이다.

41) Taking just one smell would be enough to tell it's decayed.
42) We need to prepare more than 200g of garlic sausage.
43) Two pork sausages and a beef sausage have been ordered.
44) Is there tomato in this recipe?
45) Three regular tomatoes are needed for the spaghetti.
▲ 행위 또한 개념으로서냐 구체적 행동으로서냐에 따라 개별화의 여부가 판가름된다.
　41)에서 one smell은 '한 번의 냄새맡기' 라는 구체적 행위이다. 물질 또한 상품화되어서 개체로 볼 수 있느냐
　아니면 물질 자체를 의미하느냐에 따라 가산, 불가산이 나누어진다.
　42)의 sausage는 '재료로서의 소시지' 이며 43)에서는 '상품으로서의 소시지'이다.
　44)에서는 '재료로서의 토마토'이고 45)는 '개체로서의 토마토'이다.

46) Ankorwat is made of stone.
47) He picked up a stone and threw it at the snake.
48) Diamond is harder than most metals.
49) He showed me a diamond, which was the biggest I had ever seen.
50) The frame is made of metal.
▲ 물질이 평소에 자체로서 개별적인 모습을 가질 경우 조수사를 대신하여 바로 가산명사로 사용될 수 있는데
　46)에서 stone 은 재료로서 '석재'이고
　47)의 a stone 은 개체로서 '돌멩이' 이다.
　48)의 diamond는 물질로서 '다이아' 이고 metal 은 종류로서 개체화된 '금속들'이다.
　49)의 a diamond는 상품으로서의 개체이고 50)의 metal 은 물질로서 '금속'이다.

51) The play was intended particularly for radio.
52) Did you buy a radio or a cassette player?
53) Is the meal made of barley meal or oat meal?
54) Mom is busy fixing a meal.
55) Food and drink shall be brought by the party-goers themselves.

▲ 같은 단어가 다양한 의미를 가지면서 동시에 가산과 불가산으로 사용될 수 있다
51)에서 radio는 '소리전달에 의한 무선 방송' 이지만 52)에서는 구체적인 '기계'를 말한다. 53)에서 the meal 은 '식사' 지만 barley meal, oat meal 에서는 '곡물의 가루'를 말한다. 54)에서는 '한 끼의 식사' 이다.
55)에서 food , drink 는 각각 '음식' 과 '마실 것' 이라는 재료나 물질 전체를 이야기한다.

56) I hate frozen, canned, or smoked foods.
57) Can I stand you a drink or a soft drink?
58) I like my rice roll with egg in it but not with black sea weed upon it.
59) Boiled eggs are okay because it is easy to separate the yolk from the white.
60) There happen many road kills here and I saw dog or cat all over the lane the other day, which was both so disgusting and shocking.

▲ 집합적 의미로서 물질로 볼 것인가 아니면 개별화된 상품으로 볼 것인가에 따라 가산, 불가산이 판가름나기도 한다.
56)에서는 foods 가 상품으로서의 '식품들'을 이야기하며 57)에서는 '술 한잔' 혹은 '음료수 상품 하나' 이다.
58)에서는 egg, sea weed 가 재료나 물질인 반면 59)에서는 완성된 모양으로서의 '계란' 이다.
60)에서 kills 는 '살해사건들'이고 dog , cat 은 온전한 한 마리의 개와 고양이가 아니라 차에 의해서 산산히 부서진 형체만을 인식할 수 있는 물질로서의 '개' 와 '고양이'이다.

61) Starbucks is urged to sell 'ethical coffee'.
62) I think I'd walk out and go to another Starbucks.
63) Of course, Pizza Hut has to pay a heavy price.
64) I also work as a delivery man for a Pizza Hut in my town.
65) Mark the answers in pencil.

▲ 고유명사 중 기업체도 해당명사 자체를 의미하면 불가산이지만 그것이 의미하는 점포나 지사등을 의미하면
가산화된다. 61)번의 Starbucks 는 기업체인 스타벅스를 말하지만
62)번의 another Starbucks 는 '체인점으로서의 점포' 로 개체와 되었고
63)번의 Pizza Hut 역시 기업체인 '피자 헛' 이지만
64)의 a Pizza Hut 은 점포이다. 65)의 pencil은 '흑연'이라는 물질로서의 연필이다.

66) Do you want a pen or a pencil?
67) I have curly hair.
68) There is a hair in my soup and the rug is covered with cat hairs.
69) Nickel is a silver - colored metal that is used in making steel.
70) Is there still a slot machine that accepts a nickel?

▲ 물질로서의 연필은 흑연에 중점을 두지만 공산품으로서의 연필이나 볼펜은 개체를 중시하여 가산명사이다
　66)에서 a pen, a pencil 은 완성품으로서의 '필기도구'를 말하며
　67)의 hair 는 '머리칼'이므로 개체화되지 않지만
　68)의 a hair , hairs 는 개체화된 '털' 혹은 '한 올의 머리칼' 이 된다.
　69)의 nickel 은 금속으로서 물질이지만 70) 의 a nickel 은 '5센트짜리 백동화'를 말한다.

71) Taking just one walk a day will help lose some weight.
72) Will walk get me somewhere or do I need to have some more exercise, too?
73) After several small talks with him during the class, I got reprimanded.
74) Give it a gentle push into the European market and find out what they think of the product.
75) Push and pull are two ways of opening the door.

▲ 71)의 just one walk은 '한 번의 산책 행위' 이며 72)의 walk은 '걷기'라는 개념이다.
　73)에서는 시간에 의해 분할된 구체적 '대화 건수' 이며
　74)에서는 '부드럽게 밀고 들어가기'라는 구체적 한 건의 행위를 말하지만
　75)의 push and pull은 '밀기와 당기기'라는 개념을 말한다.

76) Thought must come before act.
77) Give it a second thought before you make an act.
78) There will be rain over all the peninsula.
79) A light rain began to fall.
80) Rain is made when the upper air cools down.

▲ 76)에서 thought, act 는 각각 '생각'과 '행동' 이라는 개념적 의미라면
　77)에서는 구체적인 '하나의 행동' 를 옮기기 전에 '한 번 더 생각'한다는 구체적 '행위'를 의미한다.
　눈과 비, 안개, 서리, 우박 등은 기상현상으로서는 불가산이지만 실제로 그것이 발생할 때는 한 건의 시간적 사건으로 보아 가산 명사로 쓸 수 있다.
　78)에서는 rain 이 기상현상으로 묘사한 것이지만 79)에서는 구체적 사건으로서의 '가벼운 비' 이고
　80)에서는 물질로서의 '비' 이므로 액체를 의미하는 불가산 명사이어서 개별화될 수 없다.

81) Snow was falling heavily.
82) We had a heavy snow last night.
83) Fog affects driving conditions.
84) A thick fog is forecast this morning in the north.
85) Light comes from the sun.
▲ 81)에서 일반적 기상현상인 '눈'을 말하지만 82)에서는 어제밤에 내린 '한 건의 폭설'이다.
83)에서 '안개'는 기상현상이지만 84에서는 구체적인 사건으로서 '짙은 안개'가 예보되었다.
85)번의 light 는 '빛'이라는 광물질이어서 개체화될 수 없다.

86) May I have a light?
87) She looked at me in surprise.
88) I have a surprise for you.
89) He is a success while his brother a total failure.
90) Success means nothing to me any more.
▲ 이에 반해 86)에서는 '밝혀진 등불, 타오르는 등불' 이라는 하나의 개체로서 '불' 을 말한다.
사람의 감정을 말하는 추상명사들은 감정자체를 말할 때는 개별화될 수 없지만 그 감정을 유발하는 하나의
대상으로서는 개별화될 수 있다. 따라서 a surprise, a disappointment, a pleasure, a satisfaction,
an embarrassment, a shock, a terror, a happiness, a pride .. 등의 표현은 구체적인 감정을
유발시키는 대상이나 물건, 혹은 개별화된 행위를 말하며 가산명사로 쓸 수 있다.
87)의 surprise는 '놀라움' 이라는 감정이지만 88)에서는 '놀라운 물건' 혹은
'사람을 놀라게 하는 사건, 행위' 등으로 개별화시킨 것이다.
89)에서는 '성공작', '실패작' 이지만 90)에서는 '성공' 이라는 개념이다.

91) There is national flag on the shirt.
92) His return is a great wonder.
93) Paper remains as a main source of recording information,
94) A paper is a must for your successful graduation.
95) Dry grass catches fire readily.
▲ 가산명사로 흔히 사용되는 것들도 불가산적으로 사용될 수 있으며 그 때는 개별화라는 성격이 무너지고
대신 그 물건이 대신하는 성격이나 개념이 남는 경우이거나 형체를 온전한 하나의 개체로 볼 수 없는 경우이다.
91)에서 셔츠위에 국기는 온전한 하나의 국기가 아니라 형체만으로서의 '국기' 이다.
92)에서 wonder는 '놀라운 사건' 이며 93)에서는 물질로서의 '종이'지만
94)에서는 '논문' 이며 95)에서는 '마른 잔디'로서 개체화하지 않고 전체를 다 말하는 일종의 집합적 물질이다.

96) This is an ornamental grass, not for your cattle.
97) It must be sword, if not a sword.
98) The warm feeds on book.
99) Time heals everything.
100) I had a great time sitting through the concert.

▲ 집합적 물질이 가산화되는 경우 개별적 종류를 의미하는 경우가 많으며
96)에서는 '관상용 풀, 관상용 식물'이라는 종류를 말하면서 개체화되었다.
97)에서는 sword 라는 단어가 온전한 칼의 형태를 띠고 있는 경우와 그렇지 않고 부서지거나
날의 일부만 남아서 확인을 위한 형체로서는 칼이지만 개체화 할 수 없는 도검의 일부일 경우 불가산화 한다.
98)에서 '책'은 개체화된 낱권으로서의 책이 아니라 물질적 의미로서 벌레의 식량으로 사용된
식품인 '책'이다. 99)에서 time 은 개념으로서의 '시간'이지만 100)에서는 구체적
사건으로서의 '시간' 이어서 '멋진 시간, 힘든 시간, 의미 있는 시간' 등을 말할 때 가산화된다.

결론적으로 보면 가산명사와 불가산명사는 명사가 형성될 때 미리 정해진 것이 아니라 그것이 사용될 때
결정되는 것이다. 따라서 가산명사를 상징하는 대표적 수식어인 부정관사 및 가산형용사인 many, few, a few,
수사, every, each 등이 붙어있거나 복수화 되어 있는 명사는 일단 개별화라는 자격을 얻었다고 보고 문맥에
맞게 이해해야 하며 불가산명사 역시 물질, 개념, 구체화할 수 없는 성격, 불확실한 형체, 온전하지 않은 성질,
전체를 한꺼번에 묶어서 더 이상 개별화할 수 없는 명사 등으로 이해해야 한다.

52 수동태 심화

관계사절이 타동사를 갖게 되면 그 목적어를 활용하여 수동태전환을 할 수 있다. 이 경우 관계사의 격이 바뀌게 되어 생략 가능여부가 달라질 수 있다. 또, 능동태 5형식에서 목적보어가 부정사일 경우 해당 부정사가 목적어를 가지면 목적어와 목적보어사이에서 수동전환이 일어날 수 있다.

I. 관계사절이 3형식일 때의 태전환

2240 Do you remember the man who saw you the other night?
= Do you remember the man by whom you were seen the other night?
= Do you remember the man (whom) you were seen by the other night?
요전날 밤 당신이 목격당한 그 남자를 기억하는가?

2241 The man who has listened to you seems to be very interested.
= The man by whom you have been listened to seems to be very interested.
당신이 경청당한 그 남자는 매우 관심있어 보인다.

2242 I know the man my boss is talking to.
= I know the man who is being talked to by my boss.
나의 상사에 의해 대화당하는 그 남자를 나는 안다.

2243 The statue you have just purchased is incredibly beautiful.
= The statue which has just been purchased by you is incredibly beautiful.
당신에게 구매된 그 조각상은 믿을 수 없을 정도로 아름답다.

2244 Being wanted is a feeling that women never shun.
= Being wanted is a feeling that is never shunned by women.
원해진다는 것은 여성들에 의해 저버려질 수 없는 감정이다.

2245 I offer nothing but inspires you.
= I offer nothing by which you are not inspired.
당신이 영감을 얻지 못하는 어떤 것도 제공하지 않는다.

2246 He used to carry more money with him than he needed at the moment.
= He used to carry more money with him than was needed at the moment.
그는 그 당시 필요로 되는 것보다 많은 돈을 지니고 다녔었다.

2247 He is as able a man as we want as our boss.
= He is as able a man as is wanted as our boss.
그는 우리에 의해 상사로 원해질 만큼 능력있는 사람이다.

2248 As is assumed from his accent, he is a Korean American.
= As we assume from his accent, he is a Korean American.
그의 억양에서 추정되듯이 그는 한국인출신 미국인이다.

II. 관계사절이 4형식일 때의 태전환.

2249 He is the last man that will tell you the truth.
= He is the last man by whom you will be told the truth.
= He is the last man by whom the truth will be told to you.
그는 너에게 진실을 전달해 줄 마지막 사람(결코 전달치 않을)이다.

2250 We have to find the one who handed the woman the deadly weapon.
= We have to find the one by whom the woman was handed the deadly weapon.
= We have to find the one by whom the deadly weapon was handed to the woman.
우리는 그 살인무기가 그녀에게 건네어진 사람을 찾아야 한다.

III. 관계사절이 5형식일 때의 태전환.

2251 Women wanted relationships which made them feel important and wanted.
= Women wanted relationships through which they were made to feel important and wanted.
여성들은 그들이 중요하다고 느껴지고 원해진다고 느껴지도록 만들어지는 관계를 원했다.

2252 The symptoms that they find to be alcoholic or drug abuse might get worse.
= The symptoms that are found to be alcoholic or drug abuse (by them) might get worse.
알콜중독이나 마약중독으로 파악되는 증상들은 악화될 수 있다.

2253 Those who make others speak for them are likely to be afraid of asserting themselves.
= Those by whom others are made to speak for them are likely to be afraid of asserting themselves.
남들이 그들을 위해 말하도록 만들어지게 하는 그런 사람들은 자신을 주장하는 것을 두려워하는 경향이 있다.

IV. 목적어와 목적보어의 수동적 전환

목적보어가 부정사로 이루어져 있을 경우 부정사가 타동사이고 그것의 목적어를 다시 갖게 되면 수동으로 전환할 수 있다.

2254 I want her to greet him.
= I want him to be greeted by her.
나는 그가 그녀에게 환영받기를 원한다.

2255 I had him clean the floor.
= I had the floor cleaned by him.
나는 그 문을 그 사람에게 청소시켰다.

2256 I expect them to raise my pay.
= I expect my pay to be raised.
나는 내 급여가 인상당하기를 기대한다.

2257 I wish them to tell me the whole story.
= I wish myself to be told the whole story.
= I wish the whole story to be told to me.
나는 그 모든 이야기가 나에게 말해지기를 기대한다.

2258 I urged them to make themselves look happier.
= I urged them to be made to look happier.
나는 그들에게 더 행복해보이도록 만들어지도록 촉구했다.

53

one 연구

1) 형용사

하나의, 한 개의, 한 사람의

2259 He was a hero in one word.
그는 한 마디로 영웅이었다.

2260 It will take one or two hours.
그것은 한, 두 시간 걸릴 것이다.

2261 They said with one voice that you were mistaken.
그들은 이구동성으로 당신이 실수했다고 말했다.

2262 It turns out that her husband and my boy friend are one and the same.
그녀의 남편과 내 남자친구가 동일인이라는 것이 판명났다.

2263 No one person can handle it.
한 사람으로는 그것을 다룰 수 없다.

2264 One day in July, she met a young businessman.
7월 어느 날 그녀는 한 젊은 사업가를 만났다.

2265 If he says one thing, she is sure to say another.
그가 한 가지를 말하면 그녀는 반드시 다른 말을 한다.

2266 One man's meat is another man's poison.
한 사람의 음식은 다른 사람에게는 독이 될 수 있다.

2267 Your advice comes in at one ear and goes out at the other.
당신의 충고는 한 귀로 들어와서 다른 귀로 나간다.

2268 Asia is one.
아시아는 하나다.

2269 We want to become one.
우리는 하나가 되고 싶다.

2) 명사

한 시, 하나, 한 개, 한 사람, 한 살, 서수의 대용어로서 일, 형용사 뒤에서 한 사람

2270 You can find the sentence in chapter one.
당신은 제 일 장에서 그 문장을 찾을 수 있다.

2271 Meet me at one.
한 시에 나를 만나라.

2272 Your one's look like seven's.
당신의 아라비아 숫자 일들은 칠들처럼 보인다.

2273 He was one when his mother died.
그는 엄마가 죽었을 때 한 살이었다.

2274 Please give my best wishes to your loved ones.
당신의 사랑하는 이들에게 나의 안부를 전해다오.

2275 We are all in one.
우리는 일치단결하고 있다.

2276 They came back to their homes by ones and twos.
그들은 하나씩 둘씩 집으로 돌아왔다.

2277 I, for one, am not very fond of it.
나 하나만 본다면 나는 그것을 그다지 좋아하지 않는다.

2278 The crow dropped stones one by one into the jar until he could drink the water.
그 까마귀는 물을 마실 수 있을 때까지 그 물병에 돌멩이들을 하나씩 떨어뜨렸다.

3) 대명사

일반인으로서의 한 사람, 세상사람, 누구나, 자신을 낮추는 일인칭, 가산명사의 반복을 피하기 위한 대명사

2279 One must observe the rules.
사람은 규칙을 지켜야 한다.

2280 I don't have a pen. Can you lend me one?
나는 펜이 없다. 나에게 하나를 빌려줄 수 있는가?

2281 Can I get you an apple? Give me a small one. Oh, I would rather have the one in that box.
사과를 가져다줄까? 작은 것을 달라. 그래 그 상자 안의 그것이 좋겠다.

2282 Is this the one that you mentioned yesterday?
이것이 당신이 어제 언급했던 그것인가?

2283 I saw cars running one after another.
나는 자동차들이 차례로 달리는 것을 보았다.

2284 They hit the boy one after the other.
그들은 그 소년을 교대로 폭행했다.

2285 The boys are talking to one another.
그 소년들은 서로 서로 대화를 하고 있다.

2286 Elements frequently join up with one another.
원소들은 빈번히 서로 합쳐진다.

2287 He is one of those statesmen who consider the future of our country from many angles.
그는 우리나라의 미래를 다각도로 생각하는 정치가들 중 하나이다.

54 [명사 - 형용사] 복합어 구조 연구

I. 형용사

형용사가 전치사를 매개로 하여 명사를 목적어로 받는 의미를 가지면 해당 전치사를 제외하고 전치사의 목적어였던 명사를 형용사 앞에 두고 하이픈 기호로 연결하거나 붙여서 하나의 형용사구를 만들 수 있다.
필자와 독자 간에 이해를 바탕으로 하여 많은 조어가 가능하다.

1) 형용사 proof

(1) (손상, 공격, 기운 등을) 견딜 수 있는, 저항이 가능한

2288 The sea wall was not proof against the strengths of the tsunami.
그 방파제는 쓰나미의 힘에 저항할 수 없었다.

▲ 이 구조에서 형용사 proof 는 전치사 against를 매개로 하여 목적어인 the strengths of the tsunami를 받았다. 여기서 전치사의 목적어를 수식어로 삼아 tsunami-proof sea wall을 만들어
[츠나미를 견디는 방파제] 라는 구조를 만들 수 있다.

(2) 같은 이치로 아래의 예를 살펴보자.

2289 This watch is waterproof and this cloth is porous waterproof.
이 시계는 방수이고 이 천은 발포방수이다.

2290 We need some more insect-proof packages.
우리는 방충포장제가 좀 더 필요하다.

2291 In case of a fire, we keep our computer backup files in a fireproof safe.
불이 날 경우 대비하여 우리는 우리 컴퓨터 파일들을 방화금고 안에 보관한다.

2292 This recipe is foolproof , it works every time.
이 조리법은 매우 간단하다. 매번 효과가 있다.

2293 You had better carry a rain-proof jacket on your way there.
당신은 거기 가는 길에 비옷을 가져가는 것이 좋겠다.

2294 A house is a reasonably inflation proof asset.
집이라는 것은 통화팽창과 관계없는 재산이다.

2295 Bencorps consumer products division has introduced a new child-proof safety cap for pharmaceutical packaging.
Bencorps 사의 소비재부서는 아이들이 열 수 없는 안전 뚜껑을 의약포장용기에 도입했다.

2) 형용사 resistant 는 보통 뒤에 전치사 to를 받아서 [-을 견디는] 이라는 의미를 갖는다.

(1) 이 때 전치사의 목적어인 명사를 앞으로 끌어내서 역시 유사한 의미의 형용사구를 만들 수 있다.

2296 We need vulcanized rubber, which is very heat resistant.
우리는 경화고무가 필요한데 그것은 열에 매우 강하다.

2297 Mad cow disease resistant calves are likely to be cloned en masse.
광우병내성이 있는 송아지들은 대량으로 복제될 수 있다.

2298 The slip resistant surface must be installed here.
미끄럼저항표면이 여기에 설치되어야 한다.

2299 Brass is still an important alloy because it is hard and corrosion-resistant.
놋쇠는 여전히 중요한 합금인데 그것이 강하다 부식을 견디기 때문이다.

2300 They have to clear out the vestiges of their change-resistant culture.
그들은 그들의 변화저항적 문화의 잔재를 제거해야 한다.

2301 Of course, the software has to be ruggedized and tamper-resistant if not, budding hackers will dismantle it.
물론 그 소프트웨어는 진동을 견디는 내구성이 있어야 하며 손대기 어려워야 한다. 만약 그렇지 않으면 초보해커들이 그것을 분해할 것이다.

2302 It is difficult to make a car watertight and pressure-resistant enough to be maneuverable underwater.
자동차를 물속에서 조작할 수 있을 정도로 방수, 방압적으로 만드는 것은 어렵다.

2303 The over-prescription of antibiotics is leading to new strains of drug-resistant bacteria.
항생제 과다처방은 약에 견디는 새로운 변종미생물을 초래하고 있다.

2304 Rumors that claim iPad mini does not benefit from neither a gorilla glass nor a simple scratch resistant coating kept me using a screen protector which just reduces the image quality and with that on, I feel more like using the old iPad original than this.
아이패드 미니가 고릴라 유리나 단순한 긁힘 방지 코팅으로 혜택을 얻지 못한다는 소문이 나를 이미지 품질을 저하시키는 화면 보호재를 계속 사용하도록 만들었는데 그 보호재가 있으면 나는 이것보다 예전의 구형 아이패드를 더 사용하고 싶어진다.

(2) 그 외 다양한 형용사와 그 대상이 되는 명사가 복합어를 만드는 예를 보자

2305 Mike is a manager who is result-responsible and opinion-open.
마이크는 결과에 책임지고 의견에 개방적인 매니저이다.

2306 His success story has attracted worldwide attention.
그의 성공담은 전 세계적인 관심을 끌었다.

2307 Finally the newspaper has earned a nationwide circulation.
마침내 그 신문은 전국적 시판을 얻어냈다.

2308 Is this a public-open space?
여기는 대중에게 개방된 장소인가요?

2309 Why are those animals human-afraid?
왜 그 동물들은 인간을 무서워하나요?

2310 He is a partner-responsible detective so you can rely on him.
그는 동료를 책임지는 형사이고 너는 그를 신뢰해도 된다.

2311 He's always been self-conscious about being so fat.
그는 너무 비만인 것에 대해 늘 자의식이 있다.

2312 We must be totally self-sufficient in food production.
우리는 식량생산에서 자급자족해야 한다.

2313 Color blind people cannot easily perform this task.
색맹인 사람들은 이 업무를 쉽게 수행할 수 없다.

2314 It is important that the justice system is color blind.
사법부는 유색인종차별이 없어야 한다.

2315 Truth blind people are the ones who cannot see the truth.
진실에 눈이 어두운 사람들은 진실을 보지 못하는 사람들이다.

2316 The fish-abundant river is very popular among the vacationers.
그 물고기가 풍부한 강은 휴가객들에게 매우 인기 있다.

2317 You need to have a vitamin-rich diet.
당신은 비타민이 풍부한 식단을 가질 필요가 있다.

2318 Are you a real money-indifferent man?
당신은 진정으로 재물에 관심이 없는 사람인가?

2319 How can we get a virus-immune body or is it possible?
어떻게 우리는 세균면역적인 몸을 가질 수 있는가 혹은 그것이 가능한가?

2320 He has become more disease-susceptible as he has lived on canned foods only.
그는 통조림 음식만을 먹어서 더욱 질병 취약적이 되었다.

2321 The device must be more smoke-sensitive to give a timely alarm.
그 장치는 적시에 경보를 주기 위해 더욱 연기에 민감해야 한다.

2322 This packaging is breakage-vulnerable.
이 포장재는 파손 취약적이다.

2323 House wives musk patron eco-friendly laundry detergent.
주부들은 친환경세제들을 후원해주어야 한다.

2324 I've never seen such a capacious, strongly-built, and user-friendly container like this.
나는 이것처럼 넓고, 튼튼하게 만들어진, 사용자 친화적 용기를 본적이 없다.

2325 It is not cost-effective to build the power lines necessary to bring electricity from central sources to outlying or isolated areas.
발전소에서 멀리 떨어지거나 고립된 지역으로 전기를 끌어오는데 필요한 전선을 설치한다는 것은 비용 효율적이지 않다.

2326 Is this a New York-bound airliner?
이것은 뉴욕 행 비행사입니까?

2327 I feel humble in the presence of the world-famous monument.
나는 그 전 세계적 기념비 앞에서 겸손함을 느낀다.

2328 The world-notorious dictator Kim Jong-Il died at 69.
세계적으로 악명 높은 독재자 김정일은 69 세에 죽었다.

2329 My 15 year, idol-crazy daughter seems to have run away.
내 15살짜리, 아이돌 열광적인 딸아이가 가출한 것으로 보입니다.

2330 Christians do not want a totally tax-free church.
기독교도들은 전적으로 면세적인 교회를 원치는 않는다.

2331 Can you build a drug-free society here in this land?
당신은 여기 이 땅에 마약 없는 사회를 건설할 수 있는가?

2332 His future-positive manners sometimes seem so naive.
그의 미래낙관적인 태도는 때로 천진하게 보인다.

2333 He is very agreeable with different people but he seems very food-picky.
그는 다른 사람들과 대단히 화합적이지만 음식은 까다로워 보인다.

2334 His success-sure attitude has no ground, which makes him so unreliable.
그의 성공확신적인 태도는 근거가 없는데 이것이 그를 믿음직스럽지 못하게 만든다.

2335 What makes you look so privacy-curious is your question manner.
당신을 사생활 탐구적으로 보이도록 만드는 것은 당신의 질문방식이다.

II. 형용사는 그 정도를 비유하는 명사를 앞에 쓰는 복합어로 만들기도 한다.

1) thin은 '얇은'이라는 의미인데 razor가 '면도날'이므로 이 둘을 붙여서 '면도날처럼 얇은'이라는 복합어를 만들어 낸다. 이 형용사는 차이가 거의 없다는 의미로 널리 사용된다.

2336 Profit margins on gasoline sales are razor thin.
휘발유 판매의 이익폭이 너무 적다.

2337 He has razor thin eyes.
그는 너무 실눈이다.

2338 The center-left coalition won the elections by a razor-thin margin.
중도좌파연합이 아슬아슬하게 선거에서 이겼다.

2) white는 '하얀'이라는 의미인데 snow가 '눈'이므로 이 둘을 붙여서 '눈처럼 하얀'이라는 복합어를 만들어 낸다.

2339 I am so sorry to see my mother's snow-white hair, which was coal-black but a few years ago.
나는 어머니의 눈처럼 하얀 머리칼을 보면 마음이 아픈데 그것은 불과 몇 년 전에 석탄처럼 검었다.

(1) 이와 유사한 예를 더 보자

2340 His groundless confidence is still sky-high.
그의 근거 없는 자심감이 여전히 하늘을 찌른다.

2341 I am at a loss what to do with those sky-high interest rates.
나는 그 하늘같이 높은 금리에 어찌할 바를 모르겠다.

2342 I feel a stone-heavy responsibility for the poor performance.
나는 그 형편없는 실적에 돌처럼 무거운 책임을 느낍니다.

2343 The silk-soft surface of the panel is a wonder of modern technology.
그 비단처럼 부드러운 패널의 표면은 현대과학의 경이로움이다.

2344 The room is sun-bright with 4 wide windows.
그 방은 4개의 넓은 창문으로 눈부시게 밝다.

2345 It is ice-cold today with the dry winter wind though it isn't below zero.
오늘은 영하는 아니지만 마른 겨울바람으로 얼음처럼 차갑다.

2346 Beauty is just skin-deep.
미모는 단지 피부의 깊이일 뿐이다.

2347 The door is diamond-hard so we cannot blow it up.
그 문은 다이아몬드처럼 강해서 우리는 그것을 폭파시킬 수 없다.

2348 This is my life-long dream, which has no expiration date.
이것은 나의 평생에 걸친 꿈이고 만료시일도 없다.

2349 The wire is just one inch-short to connect the two poles.
그 선은 두 개의 극을 연결시키기에 단지 일인치가 부족하다.

2350 The gift card which is 100 dollar-equivalent shall be rewarded.
100불에 달하는 상품권이 주어질 것이다.

55 복합분사구조 연구

1) 부사 - 타동사의 과거분사 : 수동태에서 부사와 과거분사의 조합으로 이루어진다.

2351 That was a carefully-delivered speech, which had intended not to hurt the feelings of the victim's family.
그것은 조심스럽게 전달된 연설이었고 희생자의 가족들이 가지는 감정을 다치지 않도록 의도되었다.

2352 You should use well-chosen words in the letter of apology.
사과의 편지에서는 잘 선택된 용어들을 사용해야 한다.

2353 They used to be a thoroughly-neglected people, which had no written language.
그들은 철저하게 무시된 민족이었는데 문어를 갖지 못했다.

2354 It had been a completely-forgotten and badly-deprived palace until it was rediscovered in the 19th century.
그것은 19세기에 재발견되기 까지 완전히 잊혀지고 심하게 약탈된 궁전이었다.

2355 I' recently met a long-lost friend on my way to a convenient store.
나는 편의점에 가던 길에 오래 동안 잃었던 친구를 만났다.

2356 It was a carelessly-wrapped toy gun.
그것은 아무렇게나 포장된 장난감 총이었다.

2357 The hotel is famous for well-appointed suite rooms.
그 호텔은 잘 갖추어진 고급객실로 유명하다.

2358 She has got poorly-treated hair.
그녀는 형편없이 다루어진 머리칼을 가지고 있다.

2) 명사 - 타동사의 과거분사 : 수동태에서 전치사의 목적어인 명사와 과거분사의 조합

2359 You need to adopt an expert-recommended manner.
당신은 전문가에 의해 권유된 방식을 채택할 필요가 있다.

2360 A physician-tested skin product should be applied.
의사에 의해 검증된 피부제품이 발라져야 한다.

2361 They are famous for home-made rugs.
그들은 집에서 만들어진 양탄자로 유명하다.

2362 He was a self-taught person.
그는 자수성가한 사람이었다.

2363 He resolved to leave his poverty-stricken home.
그는 가난에 의해 찌든 그의 집을 떠나기로 결심했다.

2364 It had a weather-worn barn.
그것은 풍화가 심한 헛간을 하나 가지고 있었다.

2365 You may have a hard time taking a long shot with a hand-held camera.
당신은 손에 의해 들려진 카메라로 긴 장면을 찍느라 애를 먹을지도 모른다.

2366 They had a New York-based headquarters.
그들은 뉴욕에 근거를 둔 본사를 가지고 있었다.

2367 All air-delivered parcels must be checked by X ray devices.
모든 항공배송화물들은 방사선 장치에 의해 검사되어야 한다.

2368 I counted on those computer-calculated figures without any doubt.
나는 그 컴퓨터에 의해 계산된 수치들을 아무 의심 없이 믿었다.

2369 Do not give a scratch to your sun-burned skin.
태양화상을 입은 당신의 피부를 긁지 마세요.

2370 They utilized many horse-powered mills.
그들은 말에 의해 동력이 제공되는 제분소를 이용했다.

2371 I hate microwave-cooked foods.
나는 전자레인지에 의해 요리된 음식이 싫다.

2372 The river-fed lake has no outlet.
그 강에 의해 공급되는 호수는 배출로가 없다.

2373 I am afraid to offer you an all-shared bathroom.
모든 이들에 의해 공유되는 화장실을 제공하게 되어 유감입니다.

2374 I attended a music-biased school.
나는 음악에 의해 편향된 학교에 다녔다.

2375 Let me introduce a European-favored resort to you.
당신에게 유럽인들에 의해 선호되는 휴양지를 하나 소개하겠습니다.

2376 We ultimately need to build a law-protected society.
우리는 궁극적으로 법에 의해 보호받는 사회를 건설할 필요가 있다.

2377 I am not good at dealing with emotion-ruled people.
나는 감정에 의해 지배당하는 사람들을 잘 다루지 못한다.

2378 You should be careful not to touch ointment-applied wounds.
당신은 연고가 발라진 상처들을 건드리지 않도록 조심해야 한다.

2379 The foam-insulated walls are very effective in cutting out the chills and heats.
발포고무에 의해 단열된 벽들은 냉기와 열기를 차단하는데 매우 효과적이다.

2380 The paint-dotted windshield could be very dangerous.
페인트가 점점이 묻은 그 자동차 앞 유리는 매우 위험할 수도 있다.

2381 The grandparent-reared man is very attached to his old country home.
조부모에 의해 길러진 그 사람은 자신의 시골집에 애착이 강하다.

3) 명사 - 타동사의 현재분사 : 타동사의 목적어와 타동사에 의해 만들어진 구조

2382 It is a grass-eating animal, not a carnivore.
그것은 풀을 먹는 동물이지 육식동물이 아니다.

2383 There live blood-sucking bats in the cave.
이 동굴에는 피를 빠는 박쥐들이 산다.

2384 Can you see that flower-picking girl over there?
저기 있는 꽃을 따는 소녀가 보이는가?

2385 The plan sounds like a time-consuming process.
그 계획은 시간을 소비하는 과정처럼 들린다.

2386 They call themselves a law-abiding people.
그들은 스스로를 법을 지키는 민족으로 부른다.

2387 The shop is equipped with an orange-peeling device.
그 가게는 오렌지껍질을 까는 장치를 갖추고 있다.

2388 Is there any smoke-detecting sensor in the office?
그 사무실 안에 연기를 탐지하는 센서가 있습니까?

2389 You will feel better after hearing this mind-easing story.
당신은 이 마음을 누그러뜨리는 이야기를 들은 후에 기분이 나아질 것이다.

2390 It was a third rate tear-jerking film.
그것은 삼류 눈물을 짜내는 영화였다.

2391 Please install a screen-saving program in my computer.
내 컴퓨터 안에 화면 보호 프로그램을 설치해 주세요.

2392 He was more a fame-chasing man than a money targeting person.
그는 돈을 목표로 하기 보다는 명성을 쫓는 사람이었다.

2393 You will be awarded for your energy-saving idea.
당신에게 당신의 에너지 절약 아이디어로 인해 상이 주어질 것이다.

2394 They are not a war-loving tribe as is known.
그들은 알려진 대로 전쟁을 좋아하는 종족이 아니다.

2395 Put on the head protecting gear before you enter the workplace.
당신이 작업장으로 들어가기 전에 머리를 보호하는 장구를 쓰세요.

2396 He has found a wound-curing material in the plant.
그는 그 식물에서 상처를 치유하는 물질을 발견했다.

2397 The heart-breaking news soon spread through the entire nation.
그 가슴을 아프게 하는 소식은 곧 그 나라 전역으로 퍼져나갔다.

2398 We have received a heart-warming hospitality from our host.
우리는 우리의 초대주인으로부터 가슴을 훈훈하게 하는 환대를 받았습니다.

2399 Their son-favoring tradition will worsen the present situation of unbalanced gender ratio.
그들의 아들을 선호하는 전통이 불균형 성비의 현 상황을 악화시킬 것이다.

2400 We are forced to dispatch our peace-keeping forces into the troubled area.
우리는 그 분쟁지역에 우리의 평화유지군을 파견하도록 강요받고 있다.

2401 Does this device have enough information-storing capacity?
이 장치는 충분한 정보저장능력을 가지고 있는가?

2402 The data-retrieving process of this computer takes too long.
이 컴퓨터의 자료복구과정은 시간이 오래 걸린다.

2403 He has got a girl-charming talent.
그는 소녀를 매혹시키는 재능이 있다.

2404 The sales of fuel-burning heaters are decreasing.
연료를 태우는 난방기의 판매가 감소하고 있다.

2405 I want to have an eye-catching countenance.
나는 눈을 끄는 용모를 가지고 싶다.

2406 Such a trouble-inviting behavior should be abandoned.
그런 문제를 일으키는 행동은 버려져야 한다.

2407 I would like to make a stress-relieving prescription for you.
나는 당신에게 스트레스를 줄이는 처방전을 써주고 싶다.

2408 He enjoys life-risking adventures.
그는 목숨을 거는 모험을 즐긴다.

2409 We are in need to encourage disease-preventing habits.
우리는 질병을 예방하는 습관들을 격려할 필요가 있다.

2410 It is fire-extinguishing powder.
그것은 화재를 진압하는 분말이다.

2411 They are planning to launch a deep sea-probing vessel.
그들은 심해를 탐사하는 배를 진수할 계획이다.

2412 Daddy got me a story-telling book for a Christmas present.
아빠는 나에게 크리스마스 선물로 이야기책을 사주었다.

2413 He grew into a rainbow-chasing man.
그는 어른이 되어 무지개를 쫓는 사람이 되었다.

2414 Any weight-lifting exercise could harm your spine.
어떠한 역기를 드는 운동도 당신의 척추에 손상을 줄 수 있다.

2415 My dog also responded to the mouth-watering smell of freshly baked cookies.
나의 개도 역시 갓 구운 쿠키의 군침을 돌게 하는 냄새에 반응했다.

4) 부사 - 자동사의 현재분사

2416 The early-rising bird catches the warm.
일찍 일어나는 새가 벌레를 잡는다.

2417 There are many hard-working employees in this department.
이 부서에는 열심히 일하는 종업원들이 많다.

2418 It sounds like a never-ending punishment.
그것은 끝나지 않는 형벌처럼 들린다.

2419 It has been a late-coming spring but it is better than the last one.
늦게 오는 봄이지만 지난 해 것보다 더 좋다.

2420 Do not disturb the fast-sleeping boy.
숙면하고 있는 그 소년을 방해하지 마라.

2421 The school authority was worried about the wide(ly)-spreading leftism.
학교당국은 넓게 퍼지는 좌익사상에 대해 걱정했다.

2422 The narrowly-escaping slave was on the run from its ex-master.
간신히 탈출하는 그 노예는 예전 주인으로부터 도망치고 있었다.

2423 Hawks are sorted into a high-flying bird.
매들은 높게 나는 새로 분류된다.

2424 Those deep-diving adventures help boost the tourism industry of the island.
그런 깊게 잠수하는 모험들이 그 섬의 관광산업을 활성화하는데 도움을 준다.

2425 The boss wants to hire a carefully-driving chauffeur.
보스는 조심스럽게 운전하는 자가용운전사를 고용하고 싶어 한다.

2426 I can feel slowly but surely-retuning economic boom in my country.
나는 우리나라에서 느리지만 확실히 돌아오는 경기번영을 느낄 수 있다.

56 동격표현 심화연구

I. 절의 내용을 한 단어로 축약하는 동격

앞의 절 내용에 대한 압축적 표현으로 저자의 의견을 삽입하는 방식이다.

2427 Almost all big restaurants in Seoul divide their facilities into smoking and no-smoking rooms, a practice unheard of a few years ago in fact.
> 많은 식당들이 그들의 시설을 흡연과 비흡연실로 나누고 있는데 이것은 사실상 몇 년 전만 해도 우리가 들어본 적이 없는 관행이다.

2428 William Turner, the famous British painter, had no conventional education worth mentioning, and all his life remained an illiterate - a fact that may have sharpened his visual sensibility.
> 윌리엄 터너는 영국의 유명한 화가인데 언급할 가치가 있는 전통적 교육을 받은 적이 없었고 평생토록 문맹인으로 남았는데 이것이 그의 시각적 민감성을 예리하게 해 주었을지도 모르는 사실이다.

2429 Through the last few months of his life, Vincent Gogh finished about two thirds of all his paintings, an amazing feat considering that he was suffering from mental illness and severe poverty.
> 그의 인생 마지막 몇 달을 통하여 고흐는 그의 전 작품의 약 3분의 2을 완성했는데 이것은 그가 정신적 질환과 지독한 가난으로 고통 받고 있었다는 사실을 고려하면 놀랄만한 업적이다.

2430 He received a Medal of Honor for his distinguished mission performance, the one and only thing that he takes pride in.
> 그는 그의 뛰어난 임무수행으로 명예훈장을 받았는데 그것은 그가 자랑스러워하는 유일한 하나이다.

2431 He says he will never ever have a girl friend whatsoever - an understandable reaction after all his hard time with his old one.
> 그는 다시는 여자 친구라는 것을 갖지 않겠다고 말하는데 예전 여자 친구와의 그 모든 힘겨운 시기 후여서 이해할만 한 반응이다.

II. 명사와 동격의 that 절을 쓰는 방법

앞의 명사에 대한 내용을 설명하고 있으며 이 경우 앞의 명사는 개념을 가질 수 있는 명사이어야 한다.

2432 The general principle that concrete words are better than abstract ones and that the shortest way of saying anything is always best should first be taught to any foreign students as well.
구체적인 말들이 추상적인 말들보다 더 좋고 무엇인가를 말하는 가장 짧은 방식이 늘 최고라는 일반적 원리는 외국 학생들에게 역시 먼저 가르쳐져야 한다.

2433 Haven't you ever had an uneasy feeling that an attendant evil must accompany unusual good luck - that good fairies never come without a bad on in their midst - that every silver lining has a cloud.
당신은 수반되는 불운이 늘 엄청난 행운을 따라다니고 좋은 요정들은 그 가운데 나쁜 요정을 데리고 오지 않는 법이 없으며 은빛 안감의 아래에는 구름이 있다는 그런 불안한 감정을 가져본 적이 없는가?

2434 My belief that I could get her love through all those efforts to help her with her studies was a fallacy.
그녀의 연구를 도와주려는 그 모든 노력을 통해 그녀의 사랑을 얻을 수 있다는 나의 믿음은 오류였다.

2435 Lincoln's opponents ridiculed him because of his frequent reference to the words of the Declaration of Independence, to the effect that all men are created equal.
링컨의 반대자들은 모든 인간들이 평등하게 창조되었다는 취지의 미국독립선언서에 적힌 말들을 그가 자주 언급했다는 이유로 그를 조롱했다.

2436 Despite the fact that ancient civilization relied upon the apparent motion of heavenly bodies through the sky to determine seasons, months, and years, we know little about the details of timekeeping in prehistoric eras.
고대문명이 계절이나, 월, 그리고 해를 규정하기 위해 하늘을 가로지르는 천체들의 명백한 움직임에 의존했다는 사실에도 불구하고 우리는 선사시대의 시간 계산의 세부사항들에 대해 아는 바가 거의 없다.

2437 We should be very careful not to draw a quite erroneous conclusion that less complaints equal good ; more complaints equal bad.
우리는 불평이 적은 것이 좋은 것이고 불평이 많은 것이 나쁜 것이다 라는 잘못된 결론을 도출하지 않도록 매우 조심해야 한다.

2438 It is because of the difference between us that you prefer vegetables and I can't bear those rabbit foods.
그것은 당신은 야채를 선호하고 나는 그런 토끼음식들을 견딜 수 없다는 차이점 때문이다.

III. 명사와 명사의 동격

앞의 명사를 부연설명하기 위해 사용되며 보통 콜론 부호나 하이픈 부호 다음에 두 번째 명사를 사용한다.

2439 Stephen Hawking conquered his depression, and fought the creeping paralysis. His genius for mathematics was unimpaired, and he proceeded to revolutionize cosmology, the study of universe. Hawking - author of the bestseller, A Brief History of Time, has been acclaimed the world's living scientist.

스티븐 호킹은 그의 우울증을 극복했고 서서히 다가오는 마비증상과 싸웠다. 그의 수학에 대한 천재성은 손상입지 않았고 그는 계속해서 우주에 대한 연구인 우주학을 혁명화했다. 시간의 간략한 역사라는 베스트셀러의 저자인 호킹은 세계의 살아있는 과학자로 칭송된다.

2440 For many centuries, we have enjoyed certain blessings : a stable law, before which the poor man and the rich man were equal ; freedom within which law to believe what we pleased ; a system of government which gave the ultimate power to the ordinary man.

오랜 세기동안 우리는 어떤 축복을 누렸다. 즉 그 앞에서 빈자와 부자가 평등했던 안정적인 법, 그 법의 범주 안에서 우리가 좋아했던 것을 믿을 자유, 그리고 평범한 사람에게 궁극적인 권력을 주었던 정부체제.

2441 An autobiographer is really writing a story of two lives : his life as it appears to himself, from his own position, when he looks out at the world from behind his eye-sockets ; and his life as it appears outside in the minds of others ; a view which tends to become in part his own view of himself also, since he is influenced by the views of others.

자서전 저자는 실제로 두 개의 삶의 이야기를 쓰는 것이다 ; 즉 자신의 눈 뒤에서부터 세상을 쳐다볼 때 그 자신의 입장에서 그에게 보이는 것으로서의 삶과 타인들의 마음속에서 외부로 보이는 바로서의 삶인데 이것은 그가 타인들의 견해에 의해서 영향을 받기 때문에 부분적으로 자기 자신에 대한 스스로의 견해가 되기 쉬운 그런 견해이다.

2442 There are two parts of a college education - the part that you get in the classroom from the professors, and the part that you get outside of it from the boys and girls.

대학교육에는 두 가지 부분이 있는데 하나는 당신이 교실에서 교수들로부터 얻는 것이고 다른 하나는 당신이 교실 밖에서 소년들과 소녀들로부터 얻는 부분이다.

2443 Consider an hour of any person's life. It holds out innumerable possibilities. Which of these are realized depends upon two main factors : the external situation in which he is living, his surroundings, including the other people with whom he is in contact ; and secondly, his psychological make-up. The first of these, the external situation, is sometimes given too much importance. What an individual responds to is not the whole situation but a selection from it, and as a rule few people make the same selection. What is selected is decided by the organization of the individual's interests.

모든 사람의 인생에서 한 시간을 생각해 보자. 그 한 시간은 수많은 가능성을 제공한다. 이런 가능성들 중 어떤 것들이 실현되는지는 두 가지 주요한 요소들에 달려있다. 즉 그가 살고 있는 외적인 상황 다시 말해 그가 접촉하는 타인들을 포함하는 그의 환경이 하나이고 두 번째 것은 그의 심리적 성질이다. 첫 번째 것인 외적 상황은 때로 그것에게 너무나 많은 중요성이 주어진다. 한 개인이 반응하는 것은 그 전체의 상황이 아니라 그것으로부터의 단 하나의 선택적 순간이며 대체로 같은 선택을 하는 사람들은 거의 없다. 선택되는 것은 그 개인의 관심사의 모양에 의해 결정된다.

IV. 대명사와 명사의 동격

명사를 먼저 쓰기도 하고 대명사를 먼저 쓰기도 한다.

2444 I will teach you this : Always treat a friend by calling his name with respect. The persons whose nicknames are often called may get hurt when they hear Freckles, Skinny, Slats, Shorty, or Pigs.
내가 당신에게 이것을 가르쳐 주겠다. 즉 존경심을 가지고 그 이름을 부름으로써 친구를 대하라. 그들의 별명이 자주 불려지는 사람들은 그들이 주근깨, 비쩍씨, 갈비씨, 짤막이, 혹은돼지라는 말을 들을 때 상처 입을 수도 있다.

2445 It stood shining high above us, a huge white cone, girdled with clouds, a miracle of regular and geometrical form among the chaotic hills which it overtopped, the sacred mountain of the country.
구름들이 걸쳐져 있는 거대한 흰색 깔때기이자 그것이 위로 솟아나있는 무질서한 봉우리들 가운데서 규칙적이고 기하학적 형태를 띤 하나의 기적인 그 나라의 신성한 산, 그것이 우리 위 높은 곳에서 빛을 내며 서 있었다.

2446 Meanness and generosity, prudence and audacity, courage and timidity, weakness and strength ; all these men show at the card table.
쩨쩨함과 관대함, 신중함과 대범함, 용기와 소심함, 약함과 강함, 이 모든 것들을 남자들은 카드게임에서 보여준다.

2447 The most important thing about science is this : that it is not a search for truth but for error.
과학에서 가장 중요한 것은 이것이다, 즉 과학은 진실을 찾는 과정이 아니라 오류를 찾는 과정이다.

2448 The mistletoe plant grows on deciduous trees - those that lose their leaves in autumn.
겨우살이풀은 활엽수 즉 가을에 잎이 지는 그런 나무들에서 자란다.

57
[삽입, 생략] 구문의 심화

I. 삽입

1) 주어 동사의 삽입

보통 주어 다음에 술어동사를 사용하기 전에 콤마와 함께 다른 주어 동사를 삽입시켜서 전체지문에 대한 인식의 범주를 설정할 때 사용한다.

2449 Two travellers of any nation, she used to say, will find some common topic of talk at once when they are thrown into the same floor of a guest house together.

어떤 국가에서 온 두 명의 여행객도 그들이 여인숙의 같은 층에 집어넣어지질 때 즉각 공통의 대화주제를 찾아낼 것이라고 그녀는 말하곤 했다.

2450 The face of a woman, I need hardly say, is the most discussed face in the world's great portrait gallery, and the smile has been the subject of endless speculations, some mysterious and uncanny, some meaningless and Freudian.

한 여인의 얼굴이(모나리자) 세계의 커다란 초상화전시에서 가장 많이 논의되는 얼굴이라는 것을 나는 말할 필요도 없을 것이며 그 미소는 끝없는 사색의 주제였는데 약간은 신비롭고 초자연적이며 약간은 무의미하고 프로이드적이기도 했다.

2) 관계사절의 삽입

관계사절은 부연설명이나 의미를 중간에 좀 더 정밀하게 다듬기 위해서 삽입한다.

2451 If we slept more hours, took longer to procure our foods, or, which is perhaps to say the same thing, had to work longer hours, we should have less leisure than men of the past.

만일 우리가 더 오래 자고, 음식을 확보하는데 더 오랜 시간이 걸리고, 혹은 결국 같은 말을 하는 셈이겠지만 더 긴 시간을 노동해야 한다면 우리는 과거의 사람들보다 더 적은 여가시간을 갖게 될 것이다.

2452 The nation in which the average individual economizes his energy and his money, or which means the same thing, spends them wisely, will always be a prosperous nation.

보통의 사람들이 자신의 에너지와 돈을 경제적으로 사용하는 혹은 같은 것을 의미하는 것이겠지만 그것들을 현명하게 사용하는 그런 국가는 늘 부유한 국가일 것이다.

3) what 절의 삽입

what 절을 삽입하는 경우는 저자의 주관적 판단에 의한 의미의 보충을 위해서이다.

2453 More has been added to the sum of the human knowledge in most of the sciences during the first quarter of the twentieth century than in any whole century previous, and what is more important from the viewpoint of the historian, all of the sciences have been more quickly and exclusively applied to daily life than ever before.

> 과학의 대부분영역에서 이전한 어떤 백년 기간 동안 보다도 10세기 전반의 25년 동안에 더욱 많은 양의 지식이 인간지식 전체에 더해졌다. 그리고 역사가의 관점에서 더욱 중요한 것은, 이전의 그 어느 때보다 더욱 빠르고 광범위하게 모든 과학들이 일상생활에 응용되었다.

2454 She is good - looking, smart, and what is best of all, kind to other people.

> 그녀는 인상 좋고 총명한데 가장 좋은 것은 타인들에게 친절한 것이다.

4) 유사관계대명사 as 의 삽입

as 가 주격으로 사용되면서 삽입될 경우 주로 [as is often the case, as is natural, as is known, as might be expected, as is always the case, as is generally used, as can be guessed, as is usual] 등의 모습으로 절 사이에 들어가고 해석은 '-하듯이' 라고 양태적으로 해석한다.

2455 She looked very young in her pajamas and, as was natural at her age, she had awakened fresh, with all the lines smoothed out of his face.

> 그녀가 잠옷을 입었을 때 매우 젊어 보였고 또한 그녀의 나이 때에 자연스러운 일이듯이 자신의 얼굴의 모든 주름살이 펴진 상태로 잠에서 상쾌하게 깨어났다.

2456 Our most important and deeply rooted convictions are acquired, as might be expected, in childhood and in youth.

> 우리의 가장 중요하면서도 깊숙이 뿌리박힌 확신은, 예상될 수 있듯이, 유년기와 청년기에 얻어지는 것이다.

2457 The word propaganda, as is generally used, is not a bad word. However, you can see that the propaganda in ads is made up of half-truths, and perhaps even lies.

> 널리 사용되는 것처럼 선전 이라는 단어는 나쁜 단어가 아니다. 그러나, 당신은 광고에서 사용되는 선전이 절반의 진실 혹은 거짓으로 구성되어 진것을 알 수 있을 것이다.

2458 Propaganda comes close to being a bad word when the propagandist uses it to stack the cards against unsuspecting readers.

> 선전이라는 단어는 일반적으로 이용되듯이 나쁜 단어가 아니다. 그러나 당신은 광고 속에서의 선전이 반만 진실인 것, 혹은 거짓으로 이루어진다는 사실을 알게 된다. 선전하는 사람이 의심하지 않는 대상자에 대해서 카드쌓기 즉 상황을 조작하기 위해 이용할 때 선전은 나쁜 말에 가까워지게 된다.

5) 관계대명사절 내의 의견 삽입

이 경우 관계사절에서 관계사 다음에 삽입되는 주어 동사가 나오게 되므로 그것을 관계사절 자체의 구조로 혼동할 수 있으므로 늘 관계사 다음에 주어 동사가 나오면 또 다른 주어나 술어동사가 있는지 확인할 것

2459 The idiomatic writer differs from the slangy in using what was slang and is now idiom ; of what is still slang he chooses only that part which his insight assures him was the sort of merit that will preserve it.

관용어를 쓰는 작가는 과거에는 속어였으나 이제는 관용어가 된 말을 쓴다는 점에서 속어를 쓰는 작가와는 다르다. 여전히 비속어인 것 중에서 그는 그것을 보존하게 될 장점을 가지고 있다고 그의 통찰력이 그에게 확신시켜주는 그런 부분들만을 골라내게 되는 것이다.

2460 Watch a boy studying who you are sure is not aware of being observed.

자신이 관찰되어지고 있다는 것을 알지 못한다고 당신이 확신하는 소년이 공부하고 있는 것을 지켜보라.

2461 Ancient people threw salt on food that they suspected might contain poison.

고대인들은 그들이 독을 함유하고 있다고 의심했던 그런 음식위에 소금을 뿌렸다.

II. 생략

의미 전달을 간결하게 하기 위해 생략이라는 기법을 쓰되 주로 반복되는 내용이나 없어도 문맥을 파악하는데 지장이 없는 구조를 생략한다.

1) 부사절 접속사 다음의 주어와 be 동사의 생략

모든 부사절접속사에 다 적용되는 것이 아니라 주로 if, unless, whether, though, although, even though, even if, while, when, until, till, once, 그리고 양태 접속사 as 와 양보의 부사절을 이끄는 wh + ever 접속사류에 적용된다.

2462 Whether spoken with admiration or distrust, science is a word fashionable in political speeches and in the various means of mass communication.

감탄과 함께이던 불신과 함께 말해지던 간에 과학은 정치연설과 다양한 대중적 의사소통에 있어서 유행하고 있는 단어이다.

2463 Recent dream research has shown that a person deprived of dreaming, even though not deprived of sleep, is nevertheless impaired in his ability to manage reality.

비록 수면자체를 빼앗기지는 않는다 해도 꿈꾸는 것을 빼앗긴 사람은 현실의 일을 처리하는데 있어서 손상을 입는 다는 사실을 최근의 꿈 연구가 보여주었다.

2464 A house without books is a mindless and characterless house, however elegant the furniture and ornaments.

책들이 없는 집은 영혼이 없고 특성이 없는 집이다 아무리 가구와 장식이 우아하다 해도.

2) be 동사 다음 구조의 생략

be 동사는 주로 뒤의 구조가 이미 앞에서 언급되었을 때 더 이상 뒤의 구조를 중복해서 사용하지 않는 대표적인 동사이다. 일반동사에서는 do 가 대동사로 그 역할을 한다.

2465 Most Oriental people admire and understand a calm acceptance of things rather than struggle ; and with the Korean, a keen love of Nature enhances this gentle spirit. They are still part of nature to a degree that we scarcely are.

대부분의 동양인들은 투쟁보다는 오히려 사물을 침착하게 수용하는 것을 이해하고 존중한다. 그리고 한국인의 경우에 자연에 대한 뜨거운 애호는 이런 부드러운 정신을 강하게 해준다. 한국인들은 우리가 좀처럼 어려운 정도까지 자연의 일부인 것이다.

2466 For every man the world is as fresh as it was at the first day, and as full of untold novelties for him who has the eyes to see them.

모든 사람에게 세상이란 최초의 날만큼 신선하고 신기한 것들을 바라볼 수 있는 눈을 가진 사람에게 있어서는 들어본 적도 없는 신기함들로 가득한 것이다.

2467 She always tries to say she is in the wrong when she knows she is.

그녀는 자신이 잘못이라는 것을 알 때 잘못이라고 말하려고 항상 애쓴다.

2468 Those who write books are eloquent about the joy of reading. It is natural that they should be.

책을 쓰는 사람들은 읽는 즐거움에 대해 웅변적이다. 그들이 그러는 것은 당연하다.

2469 Almost all the knowledge we have of the early domestication of the cat comes from Ancient Egypt ; the cat may also have been domesticated elsewhere, but there is no evidence that it was.

우리가 가지고 있는 고양이 길들이기의 초창기 거의 모든 지식은 이집트에서 나온 것이다. 고양이는 이집트가 아닌 곳에서 길들여졌을지도 모르지만 그것이 그랬다는 증거는 없다.

3) not을 제외한 부분의 생략

부정어 not 은 언급되는 부분이 앞에 기언급 되었을 경우 not 만 남기고 생략하는 경우가 많다.

2470 Money made is an accepted measure of brains. A man who makes a lot of money is a clever fellow ; a man who does not, is not.

번 돈이라는 것이 두뇌의 수용되어지는 척도이다. 많은 돈을 버는 사람은 영리한 사람이고 그렇지 못한 사람은 그렇지 않다.

2471 What indeed is a great city? It is almost easier to say what is not.

대도시란 진정으로 무엇인가? 대도시가 아닌 것을 말하는 것이 거의 더 쉬운 일이다.

2472 It is commonly observed that we can exhibit distinct strength in one of the two, speaking or writing, and not in the other.

우리는 말하기와 쓰기 둘 중 하나에서 뚜렷한 강점을 보여주지만 둘 중 다른 하나에서는 그렇지 못하다는 것은 평범하게 관찰되고 있는 일이다.

2473 Our governments belong to us, not we to them ; and our purpose is to use them for the enlargement of our personal freedom, not to be used by them as instruments.

정부가 우리에게 속한 것이지 우리가 정부에게 속한 것이 아니며 우리의 목적은 정부에 의해 도구로서 이용당하는 것이 아니라 우리의 개인적 자유를 확대하기 위해 정부를 우리가 이용하는 것이다.

4) 그 외의 반복을 피하기 위한 생략

2474 Lost wealth may be replaced by industry, lost knowledge by study, lost health by temperance or medicine, but lost time by nothing.

잃어버린 재산은 근면으로 되찾을 수 있고 잃어버린 지식은 연구로 잃어버린 건강은 절제와 약으로 찾을 수 있지만 잃어버린 시간은 무엇으로도 찾을 수 없다.

2475 To some life is pleasure ; to others, everything.

어떤 이에게 삶은 즐거움이고 다른 이들에게는 모든 것이다.

2476 Some books are to be tasted, others to be swallowed, and some few to be chewed and digested ; that is, some books are to be read only in parts ; others to be read, but not curiously, and some few to be read wholly, and with diligence and attention.

어떤 책들은 음미되는 것이고 다른 것들은 꿀꺽 삼켜져야 한다, 어떤 소수의 책들은 씹어서 소화되어져야 한다. 즉 어떤 책들은 한 부분만 읽으면 되지만 다른 것들은 호기심으로 읽혀서는 안 되며 어떤 소수의 것들은 전체를 다 읽되 그것도 근면과 정신집중을 가지고서 읽어야 한다는 것이다.

THE ENGLISH GRAMMAR

www.properenglish.co.kr
www.tommysm.co.kr

정답 및 해설

001 : 2)

002 : 1)

003 : 1)

004 : 1)

005 : 2)

006 : 1) [3번을 사용하는 경우도 있음]

007 : 1)

008 : 2)

009 : 4)

010 : 2)

011 : 9)

012 : 3)

013 : 4)

014 : 4)

015 : 4)

016 : 2)

017 : 1)

018 : 2)

019 : He once weighed(had) half my weight

020 : Those who lose weight by eating less (nothing) are 3 times as (more) likely to come back when they give up as (than) those who lose weight by exercising.

021 : It has been calculated that the earth's circumference around the equator is about 40 miles longer than that of the two poles.

022 : We have 2 more miles to go.

023 : Pediatricians are estimated to earn one thousand dollars more than obstetricians per month.

024 : The dog relies more on its sense of smell than on any other sense.

025 : He has been eating more kimchi (kimchi more) than the salads rich in dressing because he thinks that the Korean traditional cabbage salad is delicious rather than to lose weight.

026 : Neutrality on the part of the teacher is more of a key than intervention to a successful discussion of controversial issues.

027 : Helium is the hardest of all the gases (the most difficult of all gases) to liquefy and is impossible to solidify at normal air pressure.

028 : 5)

029 : 1)

030 :
nineteen / thirty / eighty / ninety / one hundred / one thousand / one million /one thousand six / five thousand one hundred two / thirty two thousand four hundred ten / three hundred three million / one hundred thousand / six hundred men / ten thousand pounds

031 :
first(1st),   second(2nd),   third(3rd),
fourth(4th),   fifth(5th),   sixth(6th),
seventh(7th),   eighth(8th),   ninth(9th),
tenth(10th),   eleventh(11th),   twelfth(12th),
thirteenth(13th),   fourteenth(14th),   fifteenth(15th),
sixteenth(16th),   seventeenth(17th), eighteenth(18th),
nineteenth(19th),   twentieth(20th),   twenty first(21st),
thirtieth(30th),   thirty first(31st), fortieth(40th),
fiftieth(50th),   sixtieth(60th),   seventieth(70th),
eightieth(80th),   ninetieth(90th),   one hundredth(100th),
one hundred first(101st),   one thousandth(1,000th),
one thousand first(1,001st),   ten thousandth(10,000th),
one hundred thousandth(100,000th),   one millionth(1,000,000th)

032 : James the second, World War Two = The Second World War

033 :
01) a kind of rose, smile, gentleman, intuition, salvation,
02) a group of people, roses
03) a crowd of tourists, faces
04) a yard of cloth, wire, stick,
05) an inch of snow, rain, wire, one life, gold bar
06) a meter of snow, silk
07) a foot of snow, cloth, beef
08) a mile of field, rope
09) a liter of water, juice
10) a pint of beer, blood
11) a gallon of oil, gas, milk
12) an ounce of gold, copper
13) a gram of coffee beans, dust
14) a pound of flesh, fish
15) a ton of stone, iron
16) an acre of forest, grass, ground, land, space
17) a hectare of vineyard, ricefield, lowland forest
18) a cube of soap, radish
19) a sort of conscience, sixth sense, apple, reward, piece
20) a bowl of cereal, cherries, oatmeal, porridge, rice, soup
21) a basin of cold water, oil
22) a dish of soup, stew
23) a plate of fish, oysters, cake, wheat noodles, sandwiches
24) a jar of clay, coffee, mustard, pickle
25) a bottle of wine, beer, olive oil
26) a flask of liquor, coffee, tea, spirits, sesame oil
27) a barrel of beer, oil, fun, laughs, dollars
28) a can of beer, soda, beans, cola, paint, peas
29) a glass of diet soda, tea, tequila, champagne
30) a cup of tea,
31) a jug of punch, wine
32) a kettle of oil, green tea
33) a pitcher of coke, water, draft beer, orange juice
34) a scoop of homemade vanilla ice cream
35) a spoonful of syrup, sugar, salt
36) a handful of rice, beans, sand, dirt, leaves, dust
37) a mouthful of air, food, bread
38) a pot of jam, tea, butter
39) a crock of shit, pickle
40) a goblet of wine, blood
41) a mug of coffee, cocoa, soup, beer, chocolate
42) a pan of boiling water
43) a piece of cake, meat, chalk, advice, information, news
44) a pack of cigarettes, cards, matches
45) a pad of paper, ink
46) a pride of kin, lions, cats
47) a flock of birds, sheep
48) a bunch of flowers, balloons, carrots, bananas
49) a school of dolphins, fish, porpoises
50) a drop of water, dew, fever, ink, rain
51) an ear of corn
52) a bag of chips, candy, grain, oranges
53) a sack of candy, corn, potatoes, flour
54) a canteen of water
55) a lump of butter, coal, ice, sugar, wood, clay
56) a loaf of bread
57) a bolt of thunder
58) a flash of lightning, moonlight
59) a pair of shoes, socks, pants, binoculars, aces, scissors
60) a roll of carpet, film, paper
61) a cloud of dust, smoke, suspicion, arrows
62) a sheet of paper, flame, glass, ice, steel
63) a set of ideas, china, earphones, dentures
64) an item of clothing, news, furniture
65) a cluster of bananas, bees, fruit, grapes
66) a hand of bananas

67) a bite of bread,
68) a lick of paint, ice cream, frost
69) a carton of apple juice, milk, cigarettes
70) a box of chocolate, candles, candy
71) a slice of bread, apple, cheese, ham, lemon, bacon
72) a quart of milk, beer
73) a couple of days, hours, times, young men
74) a gang of bandits, children, criminals, thieves,
75) a board of directors, governors
76) a crew of firemen, reporters, cameramen, flight attendants
77) a choir of singers
78) a staff of employees,
79) a tribe of cannibals, cats
80) a crowd of people, happy faces, trees

034 : 5)

035 : 5)

036 : 3)

037 : 1)

038 : 1)

039 : 5)

040 : (1) the, the, the, the (2) the

041 : 9)

042 : 4)

043 : 3)

044 : 5)

045 : 3)

046 : 5)

047 : 1)

048 : 1)

049 : 2)

050 :
1) women are를 are women 으로
2) humans have를 have humans 으로
3) we are promoted를 are we promoted 로
4) nor are를 nor do 로
5) has를 have 로
6) it can을 can it 으로
7) I fully appreciated를 did I fully appreciate 로
8) I came을 did I come 으로
9) 고칠 부분 없음
10) Seldom does the American viewership identify 로
11) No sooner was the snake 로
12) No sooner I had를 No sooner had I 로
13) Hardly it had를 Hardly had it 으로
14) neither를 nor 로
15) can move North Korea를 can North Korea move 로
16) we should를 should we 로
17) buyers shall을 shall buyers 로
18) she would를 would she 로
19) does not go를 goes 로
20) they could를 could they 로
21) visitors can를 can visitors 로
22) anyone has를 has anyone 으로
23) an hour passes를 does an hour pass 로
24) 조동사 can을 the conflict 앞으로
25) Little does she know 로
26) No longer will they have to 로
27) nor is there 로
28) is를 the old saying 앞으로
29) neither would you and I로
30) 고칠 부분 없음

051 : 1)

052 : 4)

053 : more than forty miles longer 로 고칠 것

054 : on any other 로 고칠 것

055 : much better-developed 혹은 more well-developed 로 고칠 것

056 : 3)

057 : Fewer, study

058 : 4)

059 : 3)

060 : 1)

061 : 5)

THE
ENGLISH
GRAMMAR

초 판 1쇄 발행   2013. 9. 13

저자 김정호
기획 및 책임 편집 이도경
디자인 박수빈
감수 N.Buchan
제작 (주) 바른영어사

발행인 (주) 바른영어사
발행처 (주) 바른영어사 출판사업부
등록일자 2013년 5월 21일
등록번호 제2013-000146호
주소 서울 강남구 도곡동 453-16번지 (아성빌딩) 지하 1층
대표전화 (02) 817-8088 | **팩스** (02) 813-0501
홈페이지 www.properenglish.co.kr

이 책의 내용에 대한 무단 전재 또는 복제행위는 저작권법 제 97조의 5에 의거, 5년 이하의 징역 또는 5,000만원의 벌금에 처하거나 이를 병과할 수 있습니다.

정가 35,000원

국립중앙도서관 출판시도서목록(CIP)

The English grammar / 편저자: 김정호. -- 서울 : 바른영어사, 2013
    p. ;   cm

본문은 한국어, 영어가 혼합수록됨
ISBN 979-11-950937-0-0 13740 : \35000

영문법[英文法]

745-KDC5
425-DDC21   CIP2013017899